本书获得中国社会科学院大学中央高校基本科研业务费优秀博士学位论文出版资助项目经费支持，谨此致谢！

国家社科基金"冷门绝学"研究专项"学术团队"项目"基于汉语通语与方言研究的番汉对音数据库建设"（20VJXT016）；中国社会科学院"登峰战略"特殊学科"西夏文"（DF2023TS13）；中国社会科学院"青启计划"项目"黑水城出土辽代通理大师著作整理与研究"（2025QQJH65）。

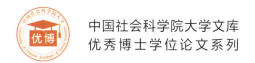

中国社会科学院大学文库
优秀博士学位论文系列

西夏文《性海圆明镜知足》研究

A TEXTUAL RESEARCH ON THE TANGUT VERSION
OF *XINGHAI YUANMING JING ZHIZU*

吴 宇 著

社会科学文献出版社
SOCIAL SCIENCES ACADEMIC PRESS (CHINA)

总　序

　　呈现在读者面前的这套中国社会科学院大学（以下简称"中国社科大"）优秀博士学位论文集，是专门为向社会推介中国社科大优秀博士学位论文而设立的一套文集，属于中国社会科学院大学文库的重要组成部分。

　　中国社科大的前身，是中国社会科学院研究生院。中国社会科学院研究生院成立于1978年，是新中国成立最早的研究生院之一。1981年11月3日，国务院批准中国社会科学院研究生院为首批博士和硕士学位授予单位，共批准了22个博士授权学科和29位博士生导师。作为我国人文社会科学学科设置最完整的研究生院，其拥有博士学位一级学科16个、硕士学位一级学科17个；博士学位二级学科118个、硕士学位二级学科124个；还有金融、税务、法律、社会工作、文物与博物馆、工商管理、公共管理、汉语国际教育等8个硕士专业学位授权点；现有博士生导师736名、硕士生导师1205名。

　　为鼓励博士研究生潜心治学，作出优秀的科研成果，中国社科大自2004年开始评选优秀博士学位论文。学校为此专门制订了《优秀博士学位论文评选暂行办法》，设置了严格的评选程序。秉持"宁缺勿滥"的原则，从每年答辩的数百篇博士学位论文中，评选不超过10篇的论文予以表彰奖励。这些优秀博士学位论文有以下共同特点：一是选题为本学科前沿，有重要理论意义和实践价值；二是理论观点正确，理论或方法有创新，研究成果处于国内领先水平，具有较好的社会效益或应用价值与前景；三是资料翔实，逻辑严谨，文字流畅，表达确当，无学术不端行为。

《易·乾》曰："君子学以聚之，问以辩之"。学术研究要"求真求实求新"。博士研究生已经跨入学术研究的殿堂，是学术研究的生力军，是高水平专家学者的"预备队"，理应按照党和国家的要求，立志为人民做学问，为国家、社会的进步出成果，为建设中国特色社会主义的学术体系、学科体系和话语体系做贡献。

习近平总书记教导我们：学习和研究"要求真，求真学问，练真本领。'玉不琢，不成器；人不学，不知道。'……学习就必须求真学问，求真理、悟道理、明事理，不能满足于碎片化的信息、快餐化的知识。"按照习近平总书记的要求，中国社科大研究生的学习和学术研究应该做到以下三点。第一，要实实在在地学习。这里的"学习"不仅是听课、读书，还包括"随时随地的思和想，随时随地的见习，随时随地的体验，随时随地的反省"（南怀瑾先生语）。第二，要读好书，学真知识。即所谓"有益身心书常读，无益成长事莫为"。现在社会上、网络上的"知识"鱼龙混杂，读书、学习一定要有辨别力，要读好书，学真知识。第三，研究问题要真，出成果要实在。不要说假话，说空话，说没用的话。

要想做出实实在在的学术成果，首先要选择真问题进行研究。这里的真问题是指那些为推动国家进步、社会发展、人类文明向前需要解决的问题，而不是没有理论意义和实践价值的问题，更不是别人已经解决了的问题。其次，论述问题的依据要实在。论证观点依靠的事例、数据、观点是客观存在的，是自己考据清楚的，不能是虚假的，也不能是自以为是的。最后，要得出新结论。这里说的新结论，是超越前人的。别人已经得出的结论，不能作为研究成果的结论；对解决问题没有意义的结论，也不必在成果中提出。要依靠自己的独立思考和研究，从"心"得出结论。做到

"我书写我心，我说比人新，我论体现真"。

我希望中国社科大的研究生立志高远，脚踏实地，以优异的学习成绩和学术成果"为国争光、为民造福"。这也是出版此优秀博士学位论文集的初衷。

王新清

目 录
CONTENTS

绪　论

西夏（1038～1227 年）是中国历史上以党项族为主体建立的王朝，境内还有汉、吐蕃、回鹘、鲜卑等民族。党项族自称"番"，突厥语称之为"唐兀"，藏语称之为"弥药"。西夏建国时所管辖的"河西走廊"区域，佛教早已在此得到了广泛的传播，西夏逐渐成为一个极度崇佛的国度。西夏佛教受到周边的汉、吐蕃、契丹、回鹘等民族佛教信仰的影响，具有吸纳性、融合性的特点。自西夏建国起近 190 年的时间里，西夏多次从宋朝赎买"大藏经"，并由官方组织将其译为西夏文。译经活动历经景宗、毅宗、惠宗、崇宗四朝皇帝，历时 53 年，译出佛经凡 812 部，3579 卷，仁宗皇帝时更是掀起了前所未有的译经和校经的高潮。①

契丹人本没有佛教信仰，至辽太宗时期，契丹贵族取得燕云十六州，这些佛教兴盛地区被纳入辽朝版图之后，才有了真正意义上的辽朝佛教。②辽初虽建有一些寺院，但并不非常重视佛教，佛教的兴盛大约是在辽圣宗统和中期以后。③辽代佛教既接续了唐五代的佛教，同时又具有自身的特点。辽代佛教政策与寺院经济发展显著，僧人的社会地位与政治地位空前

---

① 聂鸿音、孙伯君：《西夏译华严宗著作研究》，宁夏人民出版社、中华书局，2018，第 1 页。
② 魏道儒：《辽代佛教的基本情况和特点》，《佛学研究》2008 年第 17 辑，第 229 页。
③ 齐心、王玲：《辽燕京佛教及其相关文化考论》，《北京文物与考古》第 2 辑，北京燕山出版社，第 106 页。

提高。义学发展繁荣，先后出现了侧重研究或弘扬净土、唯识和律的学僧，但佛学主流是密教、华严，① 唯识也具有重要地位。辽代末期，南禅的传入使得禅宗得以发展。据袁志伟考证，辽代志福在其《通玄钞》中给予南宗禅思想较多关注，除了晚唐宗密等人的禅学著作外，他还特别引用了北宋禅宗文献《景德传灯录》的内容。② 北宋和辽的一些代表性僧人创作了具有华严禅思想特色的著作，他们的作品在这三个国家之间流通，以著作的交换为中心，形成了东北亚地区华严信仰的交流圈。

历代佛教的兴盛和帝王对佛教的态度密切相关，辽圣宗、兴宗和道宗这三朝是辽代佛教的百年兴盛时期。尤其是辽道宗耶律洪基，大力提倡佛教，多方位地推动了辽代佛教发展。道宗积极参与佛事活动，尊崇高僧，推动寺院佛塔的建造。他的佛学研究广博而精深，对华严、唯识、天台、密宗等都有独到的研究。辽朝佛教界的"真心"思想为政权的统一提供了本体论方面的依据，对于精通华严学和唯识学的道宗皇帝来说，"统一"华严和唯识的心性论思想也是其佛学思想的重要组成部分。因此道宗皇帝主张以华严学的真心思想为核心理论，融合诸宗，统一佛学思想。③ 辽道宗将《释摩诃衍论》视为诸宗思想融合的代表作，道宗《释摩诃衍论御解》的核心内容就是追求思想的圆融，这与他提倡华严"圆教"的目的一致，即希望通过建立一个综合性的佛教体系来实现诸宗思想的融合统一。④

辽道宗对佛教的支持和佛教主张对辽代诸多高僧产生了重要影响，尤其是受到道宗礼遇的大师。这些大师的著作中大都表现出"兼奉诸宗"的特点，经师们往往以某一宗派为主修，同时兼奉诸宗。⑤ 如道宗皇帝于大

---

① 魏道儒：《辽代佛教的基本情况和特点》，《佛学研究》2008 年第 17 辑，第 230 页。
② 袁志伟：《〈释摩诃衍论〉辽朝注疏与辽道宗的佛学思想》，《中国哲学史》2021 年第 2 期，第 67 页。
③ 袁志伟：《〈释摩诃衍论〉辽朝注疏与辽道宗的佛学思想》，《中国哲学史》2021 年第 2 期，第 62 页。
④ 袁志伟：《〈释摩诃衍论〉辽朝注疏与辽道宗的佛学思想》，《中国哲学史》2021 年第 2 期，第 69 页。
⑤ 杨军、鞠贺：《辽朝佛教信徒"兼奉诸宗"考论》，《古代文明》2020 年第 4 期，第 78 页。

安五年（1189年）特授鲜演"圆通悟理"四字师号，鲜演主修华严，对律宗、唯识宗和密宗也有研究，著有《仁王护国经融通疏》、《菩萨戒纂要疏》、《唯识论掇奇提异钞》、《华严经玄谈决择记》、《摩诃衍论显正疏》、《菩提心戒》暨《诸经戒本》等。① 再如道和主持编修契丹《大藏经》的觉苑在尊奉密宗的同时，又都主张"显密圆通"，即兼奉显教和密宗。② 又如通理恒策曾受宗天皇太后、道宗皇帝接见，特赐紫袍，号通理。通理大师兼通华严、唯识、禅宗等佛学思想。通理大师是"曹溪的嗣、法眼玄孙"③，"十六启讲，后习性相，靡不圆通"④，并传授"达摩传心之要"⑤ 等。

一 华严禅在西夏的流传

"华严宗"依《华严经》立名，又称贤首宗、法界宗、圆明具德宗。中原《华严经》的传行在唐武周时代进入鼎盛。这时的华严经学历经百年积累，通过法顺、智俨、法藏等一批义学大师的阐发，已形成完整的思想体系。其后从安史之乱到唐武宗会昌灭佛的九十年间，以澄观和宗密为代表的华严义学历经与密宗、禅宗的交融，创造性地把外来宗教哲学与中国传统的儒道思想相融合，对宋代以后的禅学乃至哲学均产生了深远的影响。⑥ 宗密既被后人尊为华严五祖，又是荷泽禅的传人，在华严和禅学两个方面都有极高的造诣。与智俨、法藏所代表的早期华严宗推崇《华严经》，广泛吸收地论、摄论乃至慈恩宗的唯识学有所不同，宗密依据《圆觉经》和《大乘起信论》（其后子璿等人又增加了《楞严经》），重点吸收了菏泽禅

① 向南编《辽代石刻文编》，河北教育出版社，1995，第668页。
② 杨军、鞠贺：《辽朝佛教信徒"兼奉诸宗"考论》，《古代文明》2020年第4期，第78页。
③ 琼焕：《大安山莲花峪延福寺观音堂记碑》，佟洵主编、孙勐编著《北京佛教石刻》，宗教文化出版社，2012，第78页。
④ 琼焕：《大安山莲花峪延福寺观音堂记碑》，佟洵主编、孙勐编著《北京佛教石刻》，宗教文化出版社，2012，第79页。
⑤ 向南编《辽代石刻文编》，河北教育出版社，1995，第682页。
⑥ 聂鸿音、孙伯君：《西夏译华严宗著作研究》，宁夏人民出版社、中华书局，2018，第1页。

的教义思想，全面提出了华严禅的教义和实践法门。① 宗密融合华严宗与禅宗的思想，创立了"华严禅"，以荷泽禅思想释华严，以华严思想释荷泽禅，视两者为完全合一。狭义而言，华严禅的核心内容是宗密所代表的以真心为基础，融合了华严宗和荷泽禅的思想。广义而言，将华严理事方法论，理事分析、理事无碍、事事无碍的方法和禅法相融合的禅法，都属于华严禅。其核心的特征是融合，是不同思想流派之间的交流、沟通的整合，而这两种意义上的华严禅，在宗密之后的唐五代和两宋时期，都有流行。②

西夏和辽朝之间存在着密切的佛教交流，尤其是道宗在位期间（1055~1101 年）。据《辽史》记载，辽咸雍三年（1067 年）"冬十一月壬辰，夏国遣使进回鹘僧、金佛、梵觉经③"，④ 辽寿昌元年（1095 年）"十一月……夏国进贝多叶佛经"。⑤ 辽代佛教是西夏汉传佛教的一个重要来源，成为西夏佛教承接唐五代佛教思想的桥梁。

西夏曾广为流传华严宗以及华严禅的著作。《嘉兴大藏经》中收有一部《大方广佛华严经海印道场十重行愿常遍礼忏仪》⑥，款题"唐兰山云岩慈恩寺护法国师一行沙门慧觉依经录"，其卷四二列出了 9 位"大夏国弘扬华严诸师"，详细记载了华严宗在西夏乃至元代的传承：

> 南无大方广佛华严经中讲经律论重译诸经正趣净戒鲜卑真义国师⑦；
> 南无大方广佛华严经中传译经者救脱三藏鲁布智云国师⑧；

---

① 王颂：《十一世纪中国北方广泛流行的华严禅典籍与人物》，《世界宗教文化》2018 年第 4 期，第 99 页。

② 董群：《论华严禅在佛学和理学之间的中介作用》，《中国哲学史》2000 年第 2 期，第 35 页。

③ "梵觉经"（Sanskrit-bodhi-sūtra）泛指梵文的佛经。《辽史》点校有误加了书名号。

④ （元）脱脱等：《辽史》卷二二，中华书局，1974，第 267 页。

⑤ （元）脱脱等：《辽史》卷一〇，中华书局，1974，第 108 页。

⑥ 《大方广佛华严经海印道场十重行愿常遍礼忏仪》，全书 42 卷，为明末云南丽江土司木增携其子孙捐资，由常熟毛氏汲古阁雕刊。见《嘉兴大藏经》第 15 册影印版，台北：新文丰出版社，1987。

⑦ 可勘同于榆林窟第 29 窟壁画供养人榜题"真义国师鲜卑智海"（𗇋𗑗𗣓𗎫𗫔𘞖𗉛）。

⑧ 可勘同于国家图书馆藏西夏文《现在贤劫千佛名经》卷首版画"西夏译经图"中的"鲁布智云"（𘃅𗙼𗉛𗄮）。

南无大方广佛华严经中令观门增胜者真国妙觉寂照帝师①；

南无大方广佛华严经中流传印造大疏钞者新圆真证帝师；

南无大方广佛华严经中开演疏钞久远流传卧利华严国师②；

南无大方广佛华严经中传译开演自在唅咩海印国师；

南无大方广佛华严经中开演流传智辩无碍颇尊者觉国师；

南无大方广佛华严经中西域东土依大方广佛华严经十种法行劝赞随喜一切法师；

南无大方广佛华严经中兰山云岩慈恩寺流通忏法护国一行慧觉法师③。

1909 年科兹洛夫率领的俄国皇家蒙古四川地理考察队在内蒙古额济纳黑水城遗址发掘出的西夏文献，大多数是佛教著作。据克恰诺夫《西夏文佛教文献目录》显示，译自中土的著作最重要的当是"华严七祖"以及唐宋时期华严禅教派宗师的经典著作。④《华严经》的三种汉文译本（六十卷本、八十卷本和四十卷本）都已译成西夏文。俄藏共有 82 个编号的《华严经》，目前所见最早的《华严经》汉文刻本刊于大安十年（1084 年）⑤。西夏华严教派的文献不限于《俄藏黑水城文献》，还有《英藏黑水城文献》《中国藏西夏文献》等。中藏西夏文佛经中，以《华严经》最多。

华严禅教派作品的西夏文译本有法藏述《修华严奥旨妄尽还源观》

① 西夏文《求生净土法要门》（䷀䷁䷂䷃䷄䷅）中有传经者"寂照国师"（䷆䷇䷈），不过师承关系有所不同，参见聂鸿音、孙伯君（2018）《西夏译华严宗著作研究》。
② "新圆真证帝师"和"卧利华严国师"目前未确定身份，但名号里的"印造大疏钞"和"开演疏钞"，证明他们对澄观的《大方广佛华严经疏》和《大方广佛华严经随疏演义钞》在西夏的印造和讲读均有所贡献，也说明澄观的作品曾经在西夏信徒中广泛流传。
③ 即《大方广佛华严经海印道场十重行愿常遍礼忏仪》的编录者，夏末生人，生平材料见《故释源宗主宗密圆融大师塔铭》。一行慧觉著有西夏文《金光明经流传序》、西夏文《涤罪礼忏要门》等作品。早期关于一行慧觉及其作品的研究有周叔迦（1931）、史金波（1981、1983、1988）、白滨（2006）等。
④ 聂鸿音、孙伯君：《西夏译华严宗著作研究》，宁夏人民出版社、中华书局，2018，第 1~7 页。
⑤ 史金波：《西夏佛教史略》，宁夏人民出版社，1988，第 156 页。

（инв. № 6174、7689），法藏撰、晋水净源注《金师子章云间类解》（инв. № 739）；澄观《大方广佛华严经随疏演义钞》（инв. № 7211）①；宗密《禅源诸诠集都序》（инв. № 725、800）、《华严法界观科》（инв. № 5656）②、《中华传心地禅门师资承袭图》（инв. № 2261、2856、2893）；汉文本有《中华传心地禅门师资承袭图》（TK 254）；一行慧觉编《大方广佛华严经海印道场十重行愿常遍礼忏仪》（S21·002［2gz64］）等。禅宗类的西夏文文献有《达摩大师观心论》（инв. № 582、6509）、《洪州宗师教仪》（инв. № 2529）、《六祖大师法宝坛经》（Or12380/3870RV、B11.001［84192V］等）、《洪州宗师注明解要记》（инв. № 2540）、《三观九门枢钥》（инв. № 2251）、《镜心录》（инв. № 2548）、《灯要三》（инв. № 5542、2629、6238、7117）、《唐昌国师住光宅伽蓝内时众人问佛理二十五问答》（инв. № 2514）等。

聂鸿音、孙伯君对《禅源诸诠集都序》《中华传心地禅门师资承袭图》《注华严法界观门通玄记》《修华严奥旨妄尽还源观》《金师子章云间类解》五部华严禅文献进行了全文释读③和相关研究④，为梳理中华禅宗思想在12~14世纪中国北方的传播和发展脉络补充了资料。

华严禅教派的作品中有很多译自辽代学僧的著作，如鲜演《华严经玄谈决择记》的西夏文译本（инв. № 7211）；道殿的《显密圆通成佛心要集》；通理恒策《性海圆明镜知足》（инв. № 2541）和《究竟一乘圆明心义》（инв. № 2848）的西夏译本，汉文本《究竟一乘圆明心义》（A6V）、《无上圆宗性海解脱三制律》（A26）和《立志铭心诫》（TK134、A26）等。

---

① 与《华严经玄谈决择记》卷四合编为同一卷号。
② 为宗密《注华严法界观门》某个科文的西夏译本。
③ 聂鸿音、孙伯君：《西夏译华严宗著作研究》，宁夏人民出版社、中华书局，2018。
④ 聂鸿音：《〈禅源诸诠集都序〉的西夏译本》，《西夏学》第5辑，上海古籍出版社，2010；聂鸿音：《西夏文〈注华严法界观门通玄记〉初探》，《民俗典籍文字研究》第8辑，商务印书馆，2011；孙伯君：《西夏文〈修华严奥旨妄尽还源观〉考释》，《西夏学》第6辑，上海古籍出版社，2010；孙伯君：《黑水城出土西夏文〈金师子章云间类解〉考释》，《西夏研究》2010年第1期。

从现存文献来看，西夏所流行的华严禅与唐宋时期奉行的教派有很深的渊源，受到了圭峰宗密、清凉澄观等华严宗师的思想影响。其中值得注意的是，辽代盛行的佛教成为西夏佛教传承唐代的华严禅思想的桥梁，起到了非常重要的连接作用。据史书记载，有西夏人去辽地求戒的现象，如《法均大师遗行碑铭》载："至有邻邦父老，绝域羌军，并越境冒刑，捐躯归命。自春至秋，凡半载，日度数千辈。"① 其中，"邻邦父老"指邻国宋朝来的人，羌指以党项族为主的西夏人。②

此前学者已注意到这些著作对研究辽代和西夏所流行的华严宗派，以及它们之间的传承关系的价值和意义。冯国栋认为通理恒策是辽道宗时期兼弘禅法之律学大师，对辽代禅宗发展甚有贡献。10~12世纪辽朝对东北亚及西域之政治、文化影响皆不容忽视，因而对辽夏佛教的研究有利于进一步理解西夏佛教的复杂性。③ 索罗宁（K. Solonin）曾指出通理大师的著作在中原被忽视，而其夏汉版本在西夏都有流行，反映出辽和西夏在佛教领域的联系，④ 西夏曾经存在着自辽传入西夏的基于"华严学"的"圆教"体系。⑤ 索罗宁认为《镜心录》《究竟一乘圆明心义》等是难以确定其宗派特征的作品，其核心思想是针对"真心""灵心"等的探讨，内容特色在于解释真心成佛，推演"见性成佛""灵心"的概念。⑥《镜心录》和宗密思想有关，但可能属于辽代华严禅思想发展的靠后阶段。⑦

① 向南编《辽代石刻文编》，河北教育出版社，1995，第438页。
② 古松崇志：《从考古、石刻资料看契丹（辽）的佛教》，姚义田译，《辽金历史与考古》（第一辑），2009，辽宁教育出版社，第288页。
③ 冯国栋、李辉：《俄藏〈黑水城文献〉中通理大师著作考》，《文献》2011年第3期。
④ K. Solonin, *The Teaching of Daoshen in Tangut Translation*: *The Mirror of Mind*, F. Girard, I. Hamar, R. Gimello eds., Huayan Buddhism in East Asia: Origins and Adaptation of a Visual Culture (Wiesbaden: Harrasowitz Verlag 2012): p.137–187.
⑤ 索罗宁：《西夏佛教之"系统性"初探》，《世界宗教研究》2013年第4期，第35页。
⑥ 索罗宁：《西夏佛教的"真心"思想》，杜建录主编《西夏学》第五辑，上海古籍出版社，2010，第164页。
⑦ K. Solonin, *The Teaching of Daoshen in Tangut Translation*: *The Mirror of Mind*, F. Girard, I. Hamar, R. Gimello eds., Huayan Buddhism in East Asia: Origins and Adaptation of a Visual Culture (Wiesbaden: Harrasowitz Verlag, 2012), pp.137–187.

二 研究价值及意义

首先，本研究首次对西夏文《性海圆明镜知足》进行全文译释，为研究辽代末年燕京地区佛教发展状况，尤其是菩萨戒坛的流行和南禅传入后的发展等方面提供了一份新资料。通理大师是一位辽代高僧，兼通性相，受到辽道宗礼遇，为永泰寺内殿忏悔主，后又主持续刻房山石经工作，且在辽代末年燕京地区南禅的传播过程中发挥了重要作用。但通理大师保存至今的文献资料并不多，所作《性海圆明镜知足》汉文本已失传，因而西夏文译本为孤本，此前未经全文整理释读，无法为学界利用。恒策与法颐、悟敏等有来往，法颐即通圆大师，与通理大师同时记载于《观音堂记》，"因倦学肆，访寻山水。闻此莲花胜概，杖锡而至，与通理策公同时挂锡，自届此居"①。法颐与通理契合，大康十年（1084 年）在云居寺任"尚座沙门"，也曾参与云居寺刻经事宜。法颐曾于燕西紫金寺开坛，而法均大师自幼得紫金寺非辱律师教诲，又"于马鞍山惠聚寺内开大乘菩萨戒坛，广度于四众……洎南宋间来求戒者，不可胜录"②。

其次，本研究对西夏文《性海圆明镜知足》的整理与译释，为研究辽夏佛教关系、西夏地区流行的华严禅思想特点等方面提供了一份新资料。该文献体现出华严与禅的融合，继承了唐代的禅宗思想，结合黑水城文献中留存华严禅教派宗师法藏、澄观、宗密的不少著作，表明西夏流行的华严禅思想流传的一个重要途径是辽朝。西夏的佛教受到了周边王朝佛教的影响。10~12 世纪，辽朝佛教对高丽、日本、北宋产生了强大的辐射力。同样，与辽关系密切的西夏王朝无疑也受其影响。辽代通理大师的著作在西夏传译，一方面反映出辽代末年的佛教思想对西夏佛教的影响，另一方面也体现出西夏所奉行的华严信仰特点。此前讨论华严禅在西夏的具体流

---

① 向南、张国庆、李宇峰辑注《辽代石刻文续编》，辽宁人民出版社，2010，第 287 页。
② 向南编《辽代石刻文编》，河北教育出版社，1995，第 350 页。

传情况时，多以《镜心录》《究竟一乘圆明心义》等为中心，和《究竟一乘圆明心义》同出自通理大师的《性海圆明镜知足》被忽视，因而该文献对于研究西夏所流传的华严禅特点，对"一心"概念的探讨具有重要的参考意义。

　　最后，西夏文本作品的解读、西夏语复句的研究以及草书字形的整理，对于西夏文献的解读和西夏语言文字研究具有一定的参考价值，同时为西夏文语料库增添了资料。西夏语言文字学的研究是其他西夏研究的基础，西夏文字的识别、西夏语言译释是准确解读西夏文献的前提条件。本研究在西夏文文献的解读基础上，结合其他西夏文语料对西夏语复句进行研究，可以作为此前西夏学界缺乏对西夏语复句专门研究的补充。西夏语复句的关系标志并非全都符合语法学意义上的关联词语，也正因为如此才成就了西夏语自身的特点，具有语言学的研究价值。西夏文笔画繁复，草书更是难以辨认。本研究是在没有其他文本对勘的情况下，对草书佛教文献进行释读的一次尝试，可以为西夏文孤本文献和草书文献的解读、西夏文字学的研究提供一定参考。

第一章 西夏文《性海圆明镜知足》的作者、内容和翻译时间

　　1909 年，科兹洛夫率领的俄国皇家蒙古四川地理考察队在内蒙古额济纳旗的黑水城遗址城墙外的一座佛塔里发现了一个巨大的文献和文物库藏，文献部分现收藏于俄罗斯科学院东方研究所。20 世纪的西夏学是在整理和研究这批文献的基础上建立起来的。这批文献自 1996 年《俄藏黑水城文献》（第 1 册）出版后得到陆续刊布，但至今仍有大量文献未获刊布。

　　俄藏黑水城文献 инв. № 2541 西夏文《性海圆明镜知足》，2017 年刊布于《俄藏黑水城文献》（第 26 册）①。克恰诺夫《西夏佛典目录》著录为：《家在大师觉海院明镜略后文》，白麻纸写本，册叶装，21 厘米×14 厘米，55 页，每页 8 行，行 17~21 字，天头 3 厘米，地脚 2.5 厘米。佚卷首，有尾题。②《俄藏黑水城文献》（第 26 册）刊布的图版共 52 页，相较克恰诺夫所著录缺失 3 页。第一页首行 2541.1A.01 开始为偈颂的后半部分，缺失 3 页的内容应包含首题、作者和偈颂的前半部分。前面为楷书书写，自 47 页开始渐变为草书。根据尾题可知，此书作者为"通理大师"。

---

① 俄罗斯科学院东方研究所圣彼得堡分所、中国社会科学院民族研究所、上海古籍出版社：《俄藏黑水城文献》（第 26 册），上海古籍出版社，2017，第 232~240 页。

② Е. И. Кычанов, Каталог тангутских буддийских памятников, Киото：Университет Киото, 1999, p. 580.

西夏文《性海圆明镜知足》此前未获得解读，未见存世的其他版本，西夏学界鲜有相关研究。索罗宁曾对通理大师的另一部作品《究竟一乘圆明心义》进行过研究，这部作品与《性海圆明镜知足》关系密切且出土有西夏文本。他认为通理大师的作品可分为两种，一种是民间的开法，比如《立志铭心诫》和《三制律》①，另一种是具有比较浓厚的学术性，但也是一种民间易解的作品，并从《究竟一乘圆明心义》看出真心思想，认为通理大师所推动的修行为观心，推测西夏可能有一种"通理派"②。

第一节　通理大师考

西夏文《性海圆明镜知足》有尾题"𗥃𘛈𗼑𘂤𘗠𗭪𗥫𗉛𗹏𗪚𗤋𗏹（通理大师性海圆明镜知足文竟）"。西夏文献中只保存有通理大师的著作，未见有关其身份信息的记载。在西夏时期以及同时代的辽、金等，号"通理大师"的不止一人，从时代上看，可能出现在黑水城文献中的"通理大师"有辽代的通理恒策（1049～1098 年）、金代的通理圆性（1104～1175 年）③和元朝建立之前的通理善柔（1198～1269 年）。④关于"通理大师"，冯国栋、李辉曾指出黑水城文献中的"通理大师"是辽代主持续刻房山石经的通理恒策。⑤此项研究所讨论的"通理大师"仅限于黑水城汉文文献，西夏文文献中的情况是否与之一致还需进一步验证。为便于叙述，本节先对通理大师⑥的生平及其重要实行进行梳理。

---

① 为行文方便，通理恒策的著作《无上圆宗性海解脱三制律》简称《三制律》。

② 索罗宁：《西夏佛教的"真心"思想》，《西夏学》2010 年第五辑，第 163～172 页。

③ 见明河《补续高僧传》卷一二。相关研究有李辉、冯国栋《曹洞宗史上阙失的一环——以金朝石刻史料为中心的探讨》、李辉《金朝临济宗源流考》、陈晓敏《北京地区现存辽金佛教遗迹考》等。

④ 见明河《补续高僧传》卷四及程矩夫《奉圣州法云寺柔和尚塔铭》（《程矩夫集》卷二一）。提及善柔的研究有赵振华《元朝白马寺释源宗主塔铭考》等。

⑤ 冯国栋、李辉：《〈俄藏黑水城文献〉中通理大师著作考》，《文献》2011 年第 3 期，第 162～169 页。

⑥ 下文所提及的"通理大师"，皆为辽代的通理恒策。

一 通理大师生平简介

(一) 文献记载

文献中所记载通理大师信息的材料主要是《大安山莲花峪延福寺观音堂记》①（以下简称《观音堂记》）和《涿州涿鹿山云居寺续秘藏石经塔记》②（以下简称《石经塔记》），另外《辽史》③《琬公大师塔铭》④《崇昱大师坟塔记》⑤《传戒大师悟敏遗行碑》⑥《悟空大德发塔铭》等材料有零星记载。《观音堂记》明确记载了通理名讳、家世、生卒年及其实行等信息，《石经塔记》中主要记载了通理大师在房山云居寺主持的刻经活动。此前，陈燕珠对通理恒策的生平做了较仔细的探讨，从房山《石经塔记》中发现通理大师名恒策。⑦包世轩确定了大安山碑文和石经塔记所载通理大师为同一个人。⑧黄春和对通理恒策一生重要的实行作了补充考证。⑨

《观音堂记》记载：

> 粤以觉雄现相，醒悟含灵，大士传灯开道，道眼宗裔大系于西印竺国，芽惊法雨，普沾于东土，震旦咸滋。永平岁，摩腾入汉，曰藏初兴；普递达摩来梁，玄风创扇。由是禅讲隆兴，久传唐宋。至我大辽历业以来，教传盛而三惠齐生，宗未隆而一心阙

---

① 原题"大辽燕京西大安山延福寺莲花峪"更改为"通圆通理旧庵为观音堂记并诸师实行录"。向南、张国庆、李宇峰辑注《辽代石刻文续编》，辽宁人民出版社，2010，第286~290页。
② 佟洵主编、孙勐编著《北京佛教石刻》，宗教文化出版社，2012，第87~90页。
③ （元）脱脱等：《辽史·游幸表》，中华书局，1974，第1073页。
④ 向南、张国庆、李宇峰辑注《辽代石刻文续编》，辽宁人民出版社，2010，第218页。
⑤ 向南编《辽代石刻文编》，河北教育出版社，1995，第682~683页。
⑥ 张云涛：《北京戒台寺石刻》，北京燕山出版社，2007，第115~117页。
⑦ 陈燕珠：《房山石经中通理大师刻经之研究》，台北：学苑出版社，1993，第41~42页。
⑧ 包世轩：《辽〈大安山莲花峪延福寺观音堂记〉碑疏证》，《北京文博》1997年第3期。
⑨ 黄春和：《辽〈大安山莲花峪延福寺观音堂记〉通理实行补考》，《北京文博》1998年第3期。

印，至日场教虽隆，见性得地者□矣。至康安二号，南宗时运，果有奇人来昌大旨。遂以寂照大师、通圆、通理此三上人，捷生间出，□□中之龙焉。传佛心印，既累代之高风，□无胜幢，作不请文。俾祖光回照，□灯无昧者，始自三师……斯乃学□虽众，原其根本，唯三上人，乃曹溪的嗣、法眼玄孙，为此方宗派之原，传心之道者矣。

……

永泰寺内殿忏悔主，通理大师者。师讳恒策，字开玄，姓王氏，上谷礜山县新安①人也。世袭农业，家积纯善，父名保寿，母名刘氏，昆季三人，第三爱子也。生有异表，幼而神俊，肆居宝峰寺②崇谨为师。七岁遇恩得度，本名义从。幼岁曾伏二虎，百法③为业。十六启讲，后习性相，靡不圆通。永泰寺守司徒④欲摄为资师，资道合方改今号，自兹左右，抠衣无倦。二十三岁，从师门下。宗天皇太后、道宗皇帝见重，特赐紫袍，号通理焉。至于涿州讲罢之日，杖锡⑤孤征。暨至于此，结茅草宴居林下，精进弥勤，心通转益，笃爱此山，朝夕无倦。五京缁素⑥，响师道风者，若葵心向日；谙决心疑者，如蚁之慕□；暂预瞻仰者，莫不消殃而致福；亲承垂训者，咸得去危而获安。

---

① 今河北省涿鹿县矾山镇。
② 据元代《重修灵岳寺记》碑（1293年）记载，宝峰寺为灵岳寺下院。宝峰寺在辽玉河县斋堂（今北京市门头沟区斋堂镇斋堂村），位于灵岳寺以南十里。
③ 赵洋认为："百法或指《百法明门论》"。
④ 通理大师与正慧大师同参一师，《忏悔正慧大师遗行记》有"自后回礼永泰寺□守司徒疏主大师为师"。"守司徒"是辽朝对僧人的最高封爵，"疏主"是佛教学衔，表示对佛教经论的阐释有极高造诣。可勘同于山西应县所出《略示戒相仪》的"燕京永泰寺崇禄大夫守司徒通慧大师赐紫莎门守臻集"。参见黄春和《辽〈大安山莲花峪延福寺观音堂记〉通理实行补考》。
⑤ 谓僧人出行。僧人自出家"具戒"之后为达某种目的而主动"杖锡"，例如访友拜师、弘法问学、化缘布施、自主择地建佛寺或修复残破之庵庙、做佛事道场、刻造石经、觅清幽处而静止禅修等；也有受邀至某寺任寺职，至某处设坛讲经、修寺建塔，为崇佛信教的契丹皇帝讲经说法等原因而"杖锡"。参见张国庆、陶莉《辽代高僧"杖锡""挂锡"及相关问题探究——以石刻文字资料为中心》。
⑥ 缁，黑衣，僧众之服；素，白衣，常人之服。这里是用借代的手法。

可谓清凉热烦，增福之田者矣。主上闻风，宣请为内殿忏悔主，由是外缘四备，隐志难成。坚请下山，顺缘赴感。复加检校司空，让不受。至于永泰寺开讲，五京缁侣闻风而至，龙象学徒日不减三千之数。踞登狻座启鋄玄开；玉尘挥而性相融宣，玄机叩而箭锋相拄；涌泻玄河之辩，□□乃根之机。可谓问难云兴，洪钟普应，随问应训，疑云风卷。一口宣扬，众心开悟，□□施为成大化焉。造《梵行直释》三卷，《记文》四卷，□有遗文盛行于世①。至寿昌四年戊寅岁二月十三日寅时，入灭。是时，奉圣巨桥折为两断，二岸旅人拥滞无数。其中神人太，唱师入灭之期；语报含灵，用表征祥之应。寿五十，腊四十三。茶毗之日，无云雨雪，状若天口，焰似紫莲，光明间错，双睛不烬，颔齿犹存。灵骨舍利分葬四处，各起灵塔。度菩萨戒弟子一百五十余万，皇储已下及百官等八十余人，公主国妃已下等五十余人，并礼为师，善字训名②，上首学资一百余人，剃度门徒四十八。上师之灵异弥德，不可具陈云尔。据上二师旧□此地，前后蘋盂约五六次。每来挂锡，或经一稔二稔，或居一季二季，刬除妄想，均平定惠，玄味勋修，孜孜无倦。通理获悟观音之辩，毗卢亲记；通圆静力习凝，同道咸知。③

《石经塔记》记载④：

> 有故上人通理大师，缁林秀出，名实俱高；教风一扇，草偃八宏。

---

① 未见《梵行直释》《记文》，盛行于世的"遗文"中或许包括其著作《性海圆明镜知足》《究竟一乘圆通心要》《立志铭心戒》《无上圆宗性海解脱三制律》。另有，（元）行秀《万松老人评唱天童觉和尚拈古请益录》卷上《保福光境》："天童颂道：及时节，力耕犁，谁怕春畴没胫泥？拖犁拽耙，入泥入水，屈为今时也。通理大师《梵行直释》屡举此话，理极深玄，不通注释。"
② 通理大师的弟子为"善"字辈，如善定、善锐（《石经塔记》）、善伏（《大方等陀罗尼经》题记）等。
③ 向南、张国庆、李宇峰辑注《辽代石刻文续编》，辽宁人民出版社，2010，第286~288页。
④ 佟洵主编、孙勐编著《北京佛教石刻》，宗教文化出版社，2012，第87页。

其余德业，具载宝峰本寺遗行碑中①。师因游兹山，寓宿其寺，嘅石经未圆，有续造之念。兴无缘慈，为不请友。至大安九年正月一日，遂于兹寺开放戒坛，仕庶道俗，入山受戒。巨以数知，海会之众，孰敢评之。师之化缘，寔亦次之。方尽暮春，始得终罢。所获施钱乃万余镪，付门人见右街僧录通慧圆照大师善定校勘刻石。

由上可知，通理大师生于辽重熙十八年（1049年），圆寂于寿昌四年（1098年），一生处于辽道宗时期，对应同时期的西夏属于夏毅宗、惠宗和崇宗时期。通理恒策七岁从宝峰寺出家，剃度师为宝峰寺崇谨。通理恒策二十三岁从师永泰寺守司徒守臻，永泰寺守司徒守臻是恒策的得法师。恒策在二十三岁得法之前就已经随侍其左右。守臻是一位谙熟佛教义理，对佛教经论阐释极有造诣的佛学大师。通理大师师承守臻，疏解佛经、撰写著述，现知通理大师著有《立志铭心诫》《无上圆宗性海解脱三制律》《究竟一乘圆明心义》《性海圆明镜知足》四部著作。

1085年通理大师活动于王家岛，授"达摩心要"②。《崇昱大师坟塔记》："年二十四本寺启讲唯识论、瑜珈论，次岁开花严大经，周满三遍，玄谈七十席。大安初……首抵王家岛，先有通理策师住止于此。师受以达摩传心之要，一见情通，事无重告。至八年结心相与返诸西峰，驻锡于石经山云居寺，与师同办石经，复更数祀。次又迁往佛岩山丈室寂居，门绝宾友。暨天庆四年（1114年）秋八月因还本刹，拜先师塔。"③

根据文献材料可推测1089~1093年间，通理大师活动于佛崖山。慧聚寺④悟敏曾到佛崖山拜谒通理大师。据《传戒大师遗行碑》记载，法均大

① 今宝峰寺已重建，未见通理大师遗行碑。
② 《禅源诸诠集都序》："能秀二师，俱传达摩之心。"通理大师精通禅法，授"达摩心要"，可以和"法眼玄孙"相互印证。法眼宗三祖延寿尊崇达摩禅，强调"一心"，这在通理大师的著作中都有所体现。
③ 向南编《辽代石刻文编》，河北教育出版社，1995，第682页。
④ 今北京戒台寺。

康元年（1075年）示寂后，悟敏至报德寺，二十岁具足受戒，又研习《唯识论》达七年之久，又经五年讲肆，之后遁居山林，"至佛崖山谒通理策师，言下有省，豁然知所归"。按此计算，悟敏到佛崖山拜谒通理大师的时间至少在1089年及以后。佛崖山在大安山以西不足三十里，佛崖山以北约四十里即通理大师出家的宝峰寺，佛崖山上有一显光寺。① 辽大安九年（1093年）通理大师开始主持续刻房山石经。据此可以推测1089~1093年之间的某个时间段，通理恒策可能活动于佛崖山显光寺。

辽大安八年（1092年），通理大师驻锡云居寺。大安九年（1093年），通理大师为了接续静琬的事业，开始房山石经的续造工作。此次房山石经的续造没有官方支持，由民间自发进行。辽代寺院经济发达，甚至在道宗末年政府财政困难的情况下，出现了寺院向国家捐献的现象。辽一代的寺院经济，始终是在王室、贵族大量施舍的示范效应下，通过社会各阶层广泛参与捐资而发达起来的。② 民间对参与寺院兴办佛事积极性很高，通理大师及其弟子在云居寺发起授戒大法会，募集民间资金。《石经塔记》记载"遂于兹寺开放戒坛。仕庶道俗，入山受戒"。

（二）"法眼玄孙"

对于《观音堂记》中的记载"曹溪的嗣、法眼玄孙"，此前包世轩认为"曹溪"有两种解释，一曰禅宗六祖曹溪慧能，另一所指为禅宗的曹洞宗。③ 黄春和认为"曹溪的嗣"指六祖慧能的嫡传没有问题，但"法眼玄孙"不符史实。理由是法眼宗自第三世永明延寿之后便开始衰微，到北宋中期法脉就已断绝。他认为"法眼玄孙"之"眼"为"演"的别字，应指临济宗的法演，五祖法演与通理等三人在时间上基本相符。④ 综合通理所处时代和其著作风格来看，"曹溪的嗣"指的是禅宗六祖曹溪惠能的

① 《宛署杂记》《帝京景物略》《日下旧闻考》有记载。
② 魏道儒：《辽代佛教的基本情况和特点》，《佛学研究》2008年第17辑，第230页。
③ 包世轩：《辽〈大安山峪延福寺观音堂记〉碑疏证》，《北京文博》1997年第3期。
④ 黄春和：《辽代燕京禅宗传播史实考述》，首都博物馆编《首都博物馆丛刊》（第13辑），地质出版社，1999，第3页。

嫡嗣，"法眼玄孙"指的应该是南禅法眼宗清凉文益的玄孙。

首先，通理恒策（1049~1098 年）为法眼宗清凉文益（885~958 年）的"玄孙"，从时间上来看是合理的。法演和通理等三人所处同时代，五祖法演逝于北宋徽宗崇宁三年（1104 年），通理恒策逝于辽寿昌四年（1098 年），"玄孙"的说法似乎时间上不太相符。10 世纪末法眼宗虽在宋地或已几近断绝，但可能在向辽地和西夏传播。辽代末年，燕京地区传入南禅宗，曹洞宗的传播重心在潭柘寺，临济宗主要活动于竹林寺，大安山莲花峪延福寺或许就是法眼宗传播的重地，如《观音堂记》所言，寂照大师、通圆大师和通理大师三人为"曹溪的嗣、法眼玄孙"，传心之道者。

其次，通理恒策作品中体现了法眼宗的宗风。法眼宗深受华严宗教义影响，并以之阐明禅宗的基本主张，提出"真如一心"，即华严宗所谓的"总相"，视"心"为最高精神性本体，表现出"禅教兼重"的趋向。文益禅师宣讲禅要，以眼为先。《性海圆明镜知足》的说法特点和清凉文益的思想一脉相承。

再者，法眼宗与儒家声气相投，法眼宗延寿提倡禅教融合、诸宗合一，要求佛教回到世间。通理大师的著作中引用了历史人物典故对世俗政治和社会伦理进行讨论。例如：

　　《性海圆明镜知足》："是故屈原贪位丧命，尸散泽畔；伍员灭吴国，身浮水面。此二福君，山隐七净。扬相对隐，如何？张良让位，自隐深山。范蠡静志，泛舟海上。此二成功，不著未来。""是以色不足故，殷纣二王身坏；仪不足故，陈侯以此灭亡；国不足故，项籍死海水边；尊不足故，符坚败于东晋；名不足故，武安系颈而死；盛不足故，李斯身死命断。"

　　《性海圆明解脱三制律》："吴主欲乱而亡，殷纣色迷而灭。倾家败国，辱族危身。"

最后，文益认为传法应当抓住理与事两个方面，"贵在圆融"。依此理论"大海可纳于芥子之中，一即一切，一切即一，万法一如，佛与众生平等无二。将这种理论贯彻到修行当中，不仅可以使人相信自己与佛没有根本差别，也可以引导人们将眼前的修行与最终的成佛联结在一起。"① 通理大师著作中也体现了这一点：

《性海圆明镜知足》："一切万法，惟即心是。亦即分明，实不可得。色即心故，自聚于色。聚于色故，心无障碍。心无碍故，色即无碍。此相变换，相互变换。海水摄毛端，须弥纳芥子。"

二 西夏文《性海圆明镜知足》的作者

由于此前研究不能直接表明西夏文《性海圆明镜知足》的作者就是通理恒策，这里将该文献的主要内容和以上史料以及相关研究相结合，进一步分析确定其作者为辽代的通理恒策。

首先，根据名讳和法脉可知，《观音堂记》和房山石经中之通理恒策即为黑水城文献《三制律》《立志铭心诫》的作者通理大师。俄藏 A26《三制律》后有一封信函，结尾署名为"法弟沙门 恒润 上"②。加之《大安山莲花峪延福寺观音堂记》中记载通悟大师"师讳恒简……志慕出家，遂礼燕京永泰寺疏主臻公为师，与通理策师同门尔"，③ 可知通悟恒简和通理恒策为同门师兄弟，④ 和俄藏 A26 文献信函中的恒润，同为"恒"字辈。

---

① 何剑明：《论佛教法眼禅宗的兴盛与南唐国的衰亡》，《学海》2004 年第 5 期，第 104 页。
② 俄罗斯科学院东方研究所圣彼得堡分所、中国社会科学院民族研究所、上海古籍出版社：《俄藏黑水城文献》（第 5 册），上海古籍出版社，1998，第 315 页。
③ 向南、张国庆、李宇峰辑注《辽代石刻文续编》，辽宁人民出版社，2010，第 288 页。
④ 据《观音堂记》记载，永泰寺内殿忏悔主通悟大师恒简也是守臻的得法弟子，和恒策是同门。"受具之后宗习识论，□于学肆，寻于山水"，"访寻古迹，志在林泉"；问学于通理之后，恒简大师又"杖锡名山。得诣中都青峦古迹而挂锡焉"。

通理恒策的弟子为"善"字辈。《观音堂记》记载通理恒策弟子"善字训名上首学资一百余人，剃度门徒四十八"①。善定为通理恒策的上首弟子。俄藏 A26 的信函中所提及的"三解脱律及立志戒心铭"，恒润于"近善定处获捧"②，善定正好是续刻房山石经的通理恒策的弟子。《石经塔记》中也有记载："有故上人通理大师……至大安九年正月一日，遂于兹寺开放戒坛，所获施钱乃万余镪，付门人见右街僧录通慧圆照大师善定，校勘刻石。"③《悟空大德发塔铭》记载有通理恒策的弟子善诚，"初大安中，曾从母太夫人谒通理策上人，拜之为弟子，得法号□是不易，讳曰善诚"。④ 从著作上可以进一步印证，房山石经《菩萨本行经》题记有"先师通理《三制律》"，其书名及内容和黑水城所出通理大师的《三制律》都可以对应。

其次，通理恒策的佛学思想和《性海圆明镜知足》内容思想相符。通理大师具有多重身份，首先通理大师"乃曹溪的嗣、法眼玄孙，为此方宗派之原，传心之道者"。《性海圆明镜知足》体现了南宗禅反对执着于坐禅的主张，用南岳怀让和马祖道一磨砖成镜的典故，强调"即心是佛"，应当了心。延寿依照《楞伽经》以及《起信论》的范式，把大乘佛教所说的佛性（亦称法身）、菩萨之心地、导致众生轮回的主体的识藏（阿赖耶识）、心识的智能功能归入心的范畴，称"心"为"真源""觉海""真心""真如""法性"等。⑤ 文中将法身归入心的范畴，称心法是"真如"等，继承了延寿的"一心摄万法"⑥。

---

① 向南、张国庆、李宇峰辑注《辽代石刻文续编》，辽宁人民出版社，2010，第 288 页。
② 俄罗斯科学院东方研究所圣彼得堡分所、中国社会科学院民族研究所、上海古籍出版社：《俄藏黑水城文献》（第 5 册），上海古籍出版社，1998，第 313 页。
③ 佟洵主编、孙勐编著《北京佛教石刻》，宗教文化出版社，2012，第 87 页。
④ 向南编《辽代石刻文编》，河北教育出版社，1995，第 511～512 页。
⑤ 杨文斌：《延寿、宗密"禅教合一"论的差异》，《安徽大学学报》（哲学社会科学版）2009 年第 2 期，第 38 页。
⑥ 延寿的"一心摄万法"之意不仅囊括了天台、华严、唯识、禅门内的说法，也广泛吸纳了儒、道等世俗之言，参见杨文斌《延寿、宗密"禅教合一"论的差异》。

通理大师还曾受到宗天皇太后、道宗皇帝见重，特赐紫袍，① 且1096 年辽道宗曾亲临通理大师的戒坛。② 因而通理大师的佛学思想受辽道宗影响，辽道宗主要以唐代华严学为理论根基，以真心思想为理论核心，并借助"一心二门"的思路融会禅宗、唯识宗、天台宗等佛学思想，进而建立以华严学为中心、诸宗融合的佛学体系。③ 通理大师"禅教合一"的特点在西夏文《性海圆明镜知足》得到了体现。赵洋指出过通理恒策的作品《三制律》戒色部分直接引用了《楞严经》原文，其余著作多选取《楞严经》中典故为例证，甚至化用《楞严经》的说理思路，通理恒策对《楞严经》有较为深入的研究。④ 法眼宗三祖延寿遵照《楞伽经》立言，而《性海圆明镜知足》也对《楞严经》灵活运用。

三 黑水城出土通理大师著作简介

黑水城出土文献中，明确署名为"通理大师"的著作共有 6 个编号。其中，西夏文文献有两部：俄藏 инв. № 2541《性海圆明镜知足》和俄藏 инв. № 2848《究竟一乘圆明心义》，汉文文献有三部：俄藏 TK 134 和俄藏 A26《立志铭心诫》⑤，俄藏 A26《无上圆宗性海解脱三制律》，以及俄藏 A6V《究竟一乘圆明心义》。

（一）西夏文著作

1. 俄藏 инв. № 2541《性海圆明镜知足》

本章开头已介绍该文献的版本信息，此处不再赘述。尾题作者名为

---

① 参见《观音堂记》。
② 参见（元）脱脱等：《辽史·游幸表》，中华书局，1974，第 1073 页。
③ 袁志伟：《〈释摩诃衍论〉辽朝注疏与辽道宗的佛学思想》，《中国哲学史》2021 年第 2 期，第 62 页。
④ 赵洋：《辽代通理禅师佛性思想及其与〈楞严经〉关系考辨》，《佛学研究》2020 年第 1 期，第 200~214 页。
⑤ 俄 TK134 封面题作"通理大师立志铭性海解脱三制律"，但实际只保存下来了《立志铭心戒》的一部分。

"𗹙𗌰𗄛𗥔（通理大师）"，与《究竟一乘圆明心义》首题作者名 "𗣼𗙴𗄛𗥔"（通理大师）译法不同，"𗣼𗙴" 为意译，"𗹙" wo² 与 "𗣼" wo² 同音，在文献中常互为通假，"𗌰" 为汉语借词 "通"。这表明通理大师非西夏人，西夏文献中对汉族、契丹等外族的人名译法往往不止一种形式①。

2. 俄藏 инв. № 2848《究竟一乘圆明心义》

2017 年刊布于《俄藏黑水城文献》（第 26 册）。书题著录首见戈尔巴切娃和克恰诺夫的《西夏文写本和刊本》，题作 "聚毕一乘凡明心义"。② 克恰诺夫《西夏佛典目录》著录为：《集毕一乘元明心义》，刻本，蝴蝶装。黄绢护封。19 厘米×12 厘米。34 页。全文留存。每页 7 行，行 18 字。天头 1.5 厘米，地脚 1.5 厘米。版心有西夏文页码。首题后有作者名字："𗣼𗙴"，通理大师编。有尾题："𗵒𗖰𗼻𗀚𗫉𗉟𗕿𗫡𗙴𗥑𗂧𗸰"（禅光山沙门慧护译，在山坐谛施）。首页有菱形补花。经书上端有火燎痕迹。③ 首题作者名 "𗣼𗙴𗄛𗥔"（通理大师）。

索罗宁《西夏汉传佛教文献研究》对该文本有全文的汉译，其中将尾题译为 "定光峰沙门慧护译居山善定施"④。尾题中的西夏文 "𗂧𗸰" dźjij dji 一词对应 "善定" 存疑。关于 "𗉟𗫡"（慧护），西夏文献中还有一处出现，《过去庄严劫千佛名经》的发愿文为皇庆元年（1312 年）没尚慧护（𗐯𗆟𗉟𗫡）所作刊经题记⑤，暂无法确定是否为同一人。

（二）汉文著作

1. 俄藏 TK 134《立志铭心诫》

辽刻本⑥，封面题为 "通理大师立志铭性海解脱三制律"。仅存《立志

---

① 索罗宁教授认为其人名写法不同说明两个本子传入西夏的途径不同。
② 白滨译《西夏文写本和刊本》，中国社会科学院民族研究所历史研究室编译《民族史译文集》第 3 集，1978，第 76 页。
③ Е. И. Кычанов, Каталог тангутских буддийских памятников, Киото：Университет Киото, 1999, p. 525-526. 本文对尾题汉译有所更改。
④ 索罗宁：《西夏汉传佛教文献研究》，甘肃文化出版社，2022，第 159 页。
⑤ 孙伯君：《元代白云宗西夏文资料汇释与研究》，中国社会科学出版社，2022，第 37 页。
⑥ 竺沙雅章、申军曾提出该文本为辽刻本的可能性，只是未判定题签中的 "通理大师" 是否为主持房山石经的 "通理大师"。

铭心诚》的前面部分，不存《三制律》。共留存 5 页 9 面，每面 7 行，行 14 字。1996 年刊布于《俄藏黑水城文献》（第 3 册）。

2. 俄藏 A26《立志铭心诚》

写本，保存不完整，前部分缺，起于"藏位不自居"，共留存 6 页 10 面，每面 6 行，行 13 字。1998 年刊布于《俄藏黑水城文献》（第5 册）。

3. 俄藏 A26《无上圆宗性海解脱三制律》

写本，保存完整，首题"无上圆宗性海解脱三制律"，"通理大师作"，尾题"无上圆宗性海解脱三制律竟"。共 11 页 21 面，每面 6 行，行 13 字。俄藏 A26 由三个文献组成：《立志铭心诚》（后半部分）、《无上圆宗性海解脱三制律》（全文）和恒润写给通理的信函（全文）。1998 年刊布于《俄藏黑水城文献》（第 5 册）。

4. 俄藏 A6V《究竟一乘圆明心义》

写本，首题"究竟一乘圆明心义"，"通理大师集"。文献共 31 页，前 8 页正常书写，之后文本不连贯以及有练字画图等杂写，无法了解汉文本全貌。1998 年刊布于《俄藏黑水城文献》（第 5 册）。

第二节　《性海圆明镜知足》的主要内容

西夏文《性海圆明镜知足》（𗟲𗼖𗧁𗀹𗾓𗧠𗄻𗘂）题名中的性海，指无上的道理，真如之理性，深广如海。圆明，指佛教中最高的境界和教法，无欠无缺。镜，为一譬喻，镜喻源自华严宗法藏。以镜喻心，心法照见万法。知足，谓"得小之时，心不悔恨"。[①] 西夏文文献中"𗄻𗘂"一般译为"知足"，但以"知足"通常的含义无法贯穿全文。[②] "知足"在文中的含义并不单一。第一法门中的"知足"即是"少欲知足"。第二法门中的"知足"已脱离通俗含义，指向"具足"之义，其论述也更多地用"足"

---

① 《大乘义章》卷十七，CBATA 电子佛典（大正版）数据库，T44，p0753c，1998。
② 魏道儒先生曾在博士论文答辩会上指出根据文本所涉及的佛教思想，题目中的"知足"应为"具足"语义更通。

与"不足"。西夏文《正行集》（№ 146）中，用"知三才"（𗾟𗰭𗏹）翻译汉文《正行集》原文的"通三才"①。因而西夏人所言"𗼻𗏹"（知足）也可以指"具足"的含义。通理大师思想或受延寿影响，所言"知足"亦指"解脱"。《宗镜录》卷三一："夫诸佛境界，唯趣不思议一心解脱之门……又解脱者，名曰知足。"第三法门是全文重点，占据一半的篇幅，未出现"知足"一词。另外，西夏文"𗼻𗏹"（知足）为梵文 Tuṣita 的意译，中原音译作"兜率哆""兜率陀""睹史多"，意译作"知足天""妙足"等。佛教中天的第四层叫兜率天，它的内院是弥勒菩萨的净土。通理大师选用"知足"作引，除了通俗易懂之外，可能受到了禅宗"唯心净土"理论的影响。

"性海圆明镜知足"的大意是通过知足照见无上的道理达到圆明的境界从而获得解脱，这与通理大师以"知足"作线串连三个法门的思路相合。原文有偈颂和三法门，共四个部分。偈颂部分蕴含了全文要旨：了心圆明，知足见性。第一法门"世俗知足清净门"讲的是世俗谛，知足以至清净。第二法门"胜义知足近真门"讲的是胜义谛，知足以至无我。第三法门"性海圆明解脱门"围绕"心法"展开论述，最后达到"解脱"，一心为宗，融合了华严、禅宗、天台和律宗等思想。

一 世俗知足清净门

第一法门中"世俗"指世俗谛，世俗谛是"吾辈平常营世业，如齐家治国等事"②，旨在通过"知足"达到清净。

此法门中多处体现对唐五代时期华严禅思想的继承，并可以在后世流传中找到踪迹。通理大师认为明心见性先要知足，知足先要斩断取舍。存取舍之心，就有巧伪之事，不可能明心见性，这在圭峰宗密和清凉文益的思想中都有体现。

---

① 孙伯君：《西夏文〈正行集〉考释》，《宁夏社会科学》2011 年第 1 期，第 87 页。
② 张曼涛主编《唯识学概论》，台北：大乘文化出版社，1978，第 56 页。

《性海圆明镜知足》	《华严心要法门注》	《金陵清凉院文益禅师语录》
夫知足法,谓断取舍因,去贪吝想,不生得失,自灭悲喜。	明一真心地,绝取舍之情。	师云:"取舍之心成巧伪。"

此法门中说解"知足"以吃穿住行为例的方式与法眼三祖延寿的论述方式相近,后世也有类似叙述。

《性海圆明镜知足》	《宗镜录》	《三藏法数》
知足之义,说则容易,行动甚难。若知足则往后安定;若不足则急时遭灾。今饮食菜粥,救饥则足;求美味故,挑拣珍馐。布褐绢丝,御寒则足;其心贫故,复寻绫罗。茆舍灰房,安身则足;不能止念,松堂益美……	又解脱者,名曰知足。譬如饥人,值遇甘膳食之无厌。解脱不尔,如食乳糜。	谓人虽贫乏,常知止足,是则虽服粗弊,而有狐貉之温;虽食藜糗,而有膏粱之美;虽居蓬荜,而有厦屋之安,是名知足觉。

此法门中的"知足"多处与上层和国家兴亡联系,在一定程度上显示出受众的针对性,这很有可能与通理大师曾向契丹皇族授戒有关。据《观音堂记》,通理曾被辽道宗"宣请为内殿忏悔主","度菩萨戒弟子一百五十余万,皇储已下及百官等八十余人,公主国妃已下等五十余人"。内殿指皇帝执行政务的地方,忏悔指受戒时需要进行忏悔认罪,通理即为授戒忏悔的导师。辽道宗提倡用佛教的戒律约束整顿僧团,允许在宫廷设坛传戒,形成讲习律学之风。① 通理曾在冬营地帐幕内设戒坛,② 1096 年辽道宗曾亲临通理大师的戒坛:"(寿昌二年)幸沙门恒策戒坛,问佛法。"③ 原文多处强调不能寻求高位,利用历史人物正面、反面举例说解,强调不知足对于国家的破坏,提倡王公贵族与普通人一样地吃穿住行,如此才能国家安定。如下:

---

① 魏道儒等著《中国汉传佛教》,魏道儒主编《世界佛教通史》,中国社会科学出版社,2015,第 139~140 页。
② 古松崇志著、姚义田译《法均与燕山马鞍山的菩萨戒坛——大乘菩萨戒在契丹(辽)的流行》,《辽金历史与考古》(第三辑),辽宁教育出版社,2011,第 255 页。
③ (元)脱脱等:《辽史·游幸表》,中华书局,1974,第 1073 页。

引文大意	《性海圆明镜知足》
勿求高位、不求富贵	位庸过人,他敬则足;不思危难,寻求高位。盛远遭灾,退则安定……位高致苦,彼苦毁身。 知足者,苦亦算乐。不足者,乐亦算苦……以是自心乐,则王亦是小,何求彼人富贵?
上不知足引起国家混乱	净心得道者,因知足也。亡国坏身者,因不足也。 一门知足一门富,一国知足一国富。上不足,上生贪。上生贪……身命坏。若如是则与贼何异? 好好克己,不应放逸。上放逸则庶民放逸。庶民放逸则庶民为贫……国人贫故,贼寇发起。贼寇盛故,国家混乱。国家乱故,必定毁国。如是大罪,不足故也,此等非罪在君臣。
上下等同可使国家安定	夫合今时,富贵大姓,亦皆当集,所用所行,与庸人同。穿衣亦与庸人同;饮食亦与庸人同;住宿亦与庸人同。所行所作如庸人,则上下等同,共上为殊。上为殊故……国家安定。国家安定,庶民富裕……国家安定。国家安定……全国安乐。

通理大师还吸收应用了"知足常乐""无为而治""功成弗居"等道家思想。如下:

《性海圆明镜知足》	《道德经》
夫不求好,恶亦自无。 不足者,苦恼历百年;知足者,清净过一世。	甚爱必大费;多减必厚亡。知足不辱,知止不殆,可以长久。
如是苦思,罪莫大于不足。	祸莫大于不知足;咎莫大于欲得。故知足之足,常足矣。
长短相较,高下相倾。 长不足为短;高不足为低;喜不足为悲;爱不足则憎;善不足则遇恶;心不足则烦恼倍盛。	天下皆知美之为美,斯恶已;皆知善之为善,斯不善已。有无相生,难易相成,长短相形,高下相倾,音声相和,前后相随,恒也。
教以无为,妙边清净。 扬相对隐,如何?张良让位,自隐深山。范蠡静志,泛舟海上。此二成功,不著未来。	是以圣人处无为之事,行不言之教;万物作而弗始,生而弗有,为而弗恃,功成而弗居。夫唯弗居,是以不去。

二　胜义知足近真门

第二法门中"胜义"指胜义谛,《首楞严义疏注经》卷七:"如来常依二谛说法,谓世俗谛胜义谛。"① 此法门将知足定义为"了根尘体性",即了悟"根尘体性"没有实体,从而达到"无我",得以"永离生死,安得涅槃",这也是此法门的主旨。

通理大师首先表明"根尘体性"没有实体,将六道轮回等大罪都归为"不足"的缘故,"不足"即是认为根尘体性有实体。六根生六识,继而生尘劳,引用《首楞严经》的内容,说明生死轮转是因为执着六根。

《性海圆明镜知足》

是故《万行首楞严经》云:"佛谓阿难曰:'欲识知俱生无明,使汝轮转生死结根,唯汝六根,更无他物。'"汝六根中,定持实我,外染万缘,生死轮回。彼染六根,以不足故,则为大病。

然后以问题为答案,引出"知足能断轮回、得大解脱"的论点,因为如果知足,色尘就无实体性。在论述中举例了"二画师",这是化用了《华严经》中"心如工画师"的说法,愚痴画师指迷惑之心,智慧画师指了悟之心。二画师所画呈现不同场景,从根本上来说都是合和虚色,无实体性。

---

① CBATA 电子佛典(大正版)数据库,T39,p0874a,1998。

《性海圆明镜知足》	《华严经》卷一〇
譬如世间,有二画师,一是愚痴,一多智慧。愚痴师者,自以青黄,作种种相。虎狼鬼神,画有恶相。自观见时,毛发悚然。又彼画中,美丽殊胜,锦绣珠宝,宫殿楼阁。见好相时,爱著识幻,不敢离散。彼者何也? 未释本故,如是迷惑,他人讥笑,实谓愚痴。智慧师者,非如同之。见凶恶相,无怖畏心;见美丽相,无贪爱心。谓何故? 则皆自所画,显了故也。合和虚色,无实体性,逐一过则青黄赤白紫黑土灰绿,和诸色以成画。心著于何? 爱憎于何? 若如是则名为知足。	譬如工画师,分布诸彩色,虚妄取异色,四大无差别。四大非彩色,彩色非四大,不离四大体,而别有彩色。心非彩画色,彩画色非心,离心无画色,离画色无心。彼心不常住,无量难思议,显现一切色,各各不相知。犹如工画师,不能知画心,当知一切法,其性亦如是。心如工画师,画种种五阴,一切世界中,无法而不造。①

　　此法门重点论述六根没有实体,六根无实,六尘境自然也就无实。通理大师论述时融合律宗的思想,着重讲了色尘的危害,这与《三制律》中首重戒色是一致的。

《性海圆明镜知足》	《三制律》
虽皆六尘,四大而起,彼所爱憎,未曾实有。现今有人,好爱锦绣。彼物体性,以蚕丝成。量虚实故,置火上烧,后香臭散为尘。尘散为空,彼好何在? 复譬有人,欲爱美色,身相诸根……释彼根本,红白而成,彼体污臭,腥臭为性。死后腐烂胀臭,望见亦憎,烧时下风无处立人,自业而作。	夫迷根者,内执实我,外染虚尘,苦恼不穷,生死无尽,六尘为病。细若恒沙,一世成迷。粗唯三种,其三者何? 所谓色财名也。痴之甚也,如蛆耽味于粪坑;迷之炽然,似蛾狂投于猛焰。

---

　　① CBATA 电子佛典(大正版)数据库,T09,p0465c,1998。

三　性海圆明解脱门

第三法门主要通过融合诸宗讲解"心法",达到解脱。通理大师用问答的形式环环相扣展开论述,体现了法眼宗"一切现成"的宗风,问题的答案就是问题的本身,禅宗有"问在答处,答在问处"之说。此法门内容较多,约占全书一半,大致可分为以下六个方面。

1. 三界之因,心为根本

通理大师首先对"三界之因"进行了讨论,他否定"识为根本",认为皆是"方便之法",与澄观、宗密批评万法唯识论,主张三界唯心论一致。

《性海圆明镜知足》	又昔问曰:"三界之因,识为根本不?"诸法之源,彼为最愧。故《经》云:"三界唯识,十方唯心。"欲解脱则以此为根。诸行者等,心源迷则沉浮生死;心源了则永离轮回。故《花严经》①云:"不能了自心,云何知正道?"了心即佛,本来无我,以此了则名曰解脱。
《大方广佛华严经随疏演义钞》卷八六	言了心即佛者,《经》云"如心佛亦尔,如佛众生然,应知佛与心,体性皆无尽。"既境即是心,心即是佛,则无境非佛,况心心耶?

《宗镜录》:"《经》云:'三界唯心,万法唯识。'"《金陵清凉院文益禅师语录》:"文益颂《三界唯心》曰:'三界唯心,万法唯识。'"《性海圆明镜知足》:"故《经》云:'三界唯识,十方唯心。'"通理大师受到了延寿的唯心净土观念影响,"十方唯心"与延寿《万善同归集》的"唯心净土,周遍十方"相合。

作为"法眼玄孙"的通理大师在文中多处运用了楞严的思路,这里用如意珠和演若达多的故事,喻指人人皆有自性,但有迷悟之分。

《性海圆明镜知足》	是故佛陀发慈,大人施悲。室内指宝,衣间示珠。贫子见父,定获安稳。演若迷瘟,远离怖畏,破一尘出大千经卷,令彼身内不二心源显现。如来出世,示此谓心。

---

① 通过《究竟一乘圆明心义》的夏汉对勘,本文将"𗷛𘝯𗦳𗄊"译为"花严经",亦即《华严经》。

《楞严经》卷四	佛告富楼那:"汝虽除疑,余惑未尽。吾以世间现前诸事,今复问汝,汝岂不闻。室罗城中,演若达多,忽于晨朝,以镜照面。爱镜中头,眉目可见。嗔责己头,不见面目。以为魑魅,无状狂走。于意云何?此人何因无故狂走?" 富楼那言:"是人心狂,更无他故。" 佛言:"妙觉明圆,本圆明妙。既称为妄,云何有因?若有所因,云何名妄?自诸妄想,展转相因。从迷积迷,以历尘劫。虽佛发明,犹不能返。如是迷因,因迷自有,识迷无因,妄无所依。尚无有生,欲何为灭?得菩提者,如寤时人。说梦中事,心纵精明。欲何因缘,取梦中物?况复无因,本无所有。如彼城中,演若达多,岂有因缘,自怖头走。忽然狂歇,头非外得。纵未歇狂,亦何遗失。富楼那,妄性如是,因何为在?汝但不随,分别世间。业果众生,三种相续。三缘断故,三因不生。则汝心中,演若达多,狂性自歇,歇即菩提。胜净明心,本周法界。不从人得,何藉劬劳,肯綮修证。 譬如有人,于自衣中,系如意珠,不自觉知。穷露他方,乞食驰走。虽实贫穷,珠不曾失。忽有智者,指示其珠,所愿从心,致大饶富,方悟神珠非从外得。"

2. 闻声悟道，见色明心

通理大师延续了法眼宗"闻声悟道，见色明心"的宗风。文益禅师宣讲禅要，以眼为先。在阐释中，通理大师将眼睛比喻为户牖，化用了《楞严经》的内容，其著作中多有论述。

《五家宗旨纂要》	法眼家风则闻声悟道,见色明心。句里藏锋,言中有响。三界惟心为宗,拂子明之。
《金陵清凉院文益禅师语录》	颂《三界唯心》云:三界唯心,万法唯识,唯识唯心。眼声耳色,色不到耳,声何触眼?眼色耳声,万法成办,万法匪缘,岂观如幻?山河大地,谁坚谁变。
《宗镜录》卷一	凡所见色,皆是见心。心不自心,因色故心;色不自色,因心见色。故经云:"见色即是见心。"

《宗镜录》卷五四:	声尘生灭,动静皆空。声不至于耳根,根不往于声所。既无一物中间往来,则心境俱虚。声不可得。
《性海圆明镜知足》	现今行者,见色闻声,皆汝识也,能见能闻。亦或有目,不曾见色;亦或有耳,不曾闻声。今见色闻声者,汝之识也,非根。譬如一人,住房舍内,外见山河,非户牖观,堵则不见,开则方见,非门能见。今者亦与彼一样,门亦当开,人不视故,不能见门。目亦当开,识不观故,如彼不见。只知有人,开目眠时,所见亦无,与彼一样。
《究竟一乘圆明心义》	只如有人,心思余事。开目对人,而不能见;有耳对声,而不能闻。思维事讫,方始能见,方始能闻。方知诸根,但为其门,心见则见,心不见则不能。如人在房,户牖开廓,外见诸境,但人能见,非户牖观。人所不观,虽开户牖,开不能观。此亦如是,心见则见,心若不观,根不能了。①
《楞严经》	如是见性,是心非眼。则诸已死,尚有眼存,应皆见物,若见物者,云何名死。

3. 心无形相

通理大师反问提问之人,列举长短方圆、男女美丑等对立概念,只要一回答就会陷入思维陷阱,旨在启发修行之人放弃执着于对立之相,要超脱于对立矛盾。设置触背关的方式为法眼宗常用,文益就曾有意设置二元对立概念。原文还援引了《金刚经》《心地观经》《大乘起信论》的内容进行说解。通理大师在他的著作中对"心无形相"进行过相似的解说。

《性海圆明镜知足》	行者尔时,如何观彼识形相?……依此释本,以实观察,无有形相,从头到脚,惟如空室。 云何无"冥冥杳杳,难说难思"?云何灭"昭昭灵灵,能闻能见"?
《究竟一乘圆明心义》	夫佛性者,即是行者灵明心也。内外推寻,十方观察,不见其根,实无形相。冥冥杳杳,难说难思。昭昭灵灵,能闻能见。②

① 俄罗斯科学院东方研究所圣彼得堡分所、中国社会科学院民族研究所、上海古籍出版社:《俄藏黑水城文献》(第 5 册),上海古籍出版社,1998,第 166~167 页。

② 俄罗斯科学院东方研究所圣彼得堡分所、中国社会科学院民族研究所、上海古籍出版社:《俄藏黑水城文献》(第 5 册),上海古籍出版社,1998,第 165 页。

4. 心法的定义

通理大师认为心法即是真如、菩提涅槃、第一义谛、萨婆若海、不二大乘、圆足性海等，吸收了宗密、澄观、延寿等对"一心""真心"思想的讨论。

《性海圆明镜知足》	以此了则此心法即是真如，是菩提涅槃、第一义谛、萨婆若海、不二大乘、圆足性海等。迷则生死，了则涅槃；迷则无明，了则大觉；迷则为我，了则法身。故《经》云："法身流转五道，名曰众生。"流转者，即是此心。此心以外，无流转者。是故此心即是法身。

5. 心佛不二

通理大师大量引用《华严经》及华严宗义，借教明宗，来诠释"一心"，体现了"禅教合一"。因为心佛不二，心即是佛，所以定能成佛。心不是佛，便不能成佛，譬磨砖瓦不能成镜。磨砖成镜是和南宗禅南岳怀让、马祖道一有关的典故，通理大师用此典故强调"即心是佛"，磨砖不能成镜，就如同修行禅法不能枯坐，要修行止观，要了心即佛。

《性海圆明镜知足》	又《涅槃经》云：何为有心，后定当成佛？"因心是佛，故曰成佛。心非佛则何能是佛？譬磨砖瓦，不能成镜。故《花严经》云："若人欲了知，三世一切佛，应观法界性，一切唯心造。"一切心造故，心即是如来。
	欲了诸佛，应了自心，自心了则自即诸佛。《花严经》云："心造如来，心为诸佛。佛心不得，心佛不二。"以此了则心已证也。行者自心，诸佛众生，体性一也，不曾为二。故《花严经》云："心佛及众生，是三无差别。"是又"即心是佛，必定当知。是心以外，佛不可得，佛者明觉"。是心以外，无觉照法。是觉照者，非佛何也？故《经》云"是三无差别"。

通理大师认为"佛亦是心，性亦是心"，用圆融思想强调共性"皆无形相"。禅宗吸收华严宗无碍圆融的教义是普遍现象，[1] 法眼宗汲取了华严的"六相圆融"。"六相圆融"要求认识每一事物都处于相即的圆融状态。文益指出六相之间同中有异、异中有同，通理大师言"不见异者，自即见异"，这就是相即的关系。

《性海圆明镜知足》	行者观察，彼相无异，自不可得。不见异者，自即见异。无异见异，云何非二？二则成异，是异亦无，无处得见。
《金陵清凉院文益禅师语录》	文益颂《华严六相义》云："华严六相义，同中还有异。异若异于同，全非诸佛意。诸佛意总别，何曾有同异？男子身中入定时，女子身中不留意。不留意，绝名字，万象明明无理事。"

6. 一切如梦，皆是一心；一切万法，皆即心是

通理大师用梦喻和镜喻来说明三界六趣，皆即是心，譬如镜像，像皆是镜。这种思路继承了宗密通过结合水喻、镜喻和梦喻来阐述虚妄意识与本然真心的关系。以镜喻心讲解华严教理源自法藏，延寿作《宗镜录》也用镜喻："举一心为宗，照万法如镜。"这部分通理大师以色、声为例展开论述。见色如梦，无往无来，不生不灭，以此说明一切万法由心生，并引用《大乘起信论》的内容来证明。

《性海圆明镜知足》	梦则俱梦，觉则俱觉，一通心随性变化。此梦中觉彼，云何令其别异？观自心则非梦非觉，能梦能觉。以此了则一切万法，心有则有，心无则无。
《宗镜录》卷七	一切皆如梦之所见。故知梦中境界，觉时境界，唯心所见，更无有异。

声亦是心，无往无来。八风不能令动，即是一心。澄观《华严经疏》卷一四："夫水喻真心者，以水有十义，同真性故。一、水体澄清，喻自

① 魏道儒等著《中国汉传佛教》，魏道儒主编《世界佛教通史》，中国社会科学出版社，2015，第85页。

性清净心。"延寿有偈言："欲识永明旨，门前一湖水。日照光明生，风来波浪起。"通理大师亦以水喻心，用澄净之水指清净自性，清净心被迷惑，犹如风吹水面引起波涛。因此了悟一切如梦，就通心显明，性海澄清。

通理大师融合诸宗入心宗，主张一切万法皆是心。如延寿《宗镜录》卷六所言："以华严之实教，总摄群经，标无尽之圆宗，能该万法。可谓周遍无碍，自在融通，方显我心，能成宗镜。"立足华严的自性清净圆明，想达到圆明解脱，须从自心获得。了悟一切法都是自心本性，便能六相圆融，具足十身，这些都不是从他处获得的。

第三节　《性海圆明镜知足》的翻译时间

上引一行慧觉《礼忏仪》卷四二所列"大夏国弘扬华严诸师"中第一位"南无大方广佛华严经中讲经律论重译诸经正趣净戒鲜卑真义国师"，即榆林窟第 29 窟题记上的"真义国师鲜卑智海"。

西夏乾祐二十年（1189）御制《观弥勒菩萨上生兜率天经发愿文》记载：

> 延请宗律国师、净戒国师、大乘玄密国师、禅师、法师、僧众等，请就大度民寺内，具设求修往生兜率内宫弥勒广大法会，烧施道场作广大供养，奉无量施食，并念诵佛名咒语。读番、西番、汉藏经及大乘经典，说法作大乘忏悔。①

其中的"净戒国师"正可与"正趣净戒"勘同，说明鲜卑智海曾在西夏仁宗晚期被尊为国师。鲜卑智海曾出现于西夏乾祐二十年（1189 年）举

---

① 聂鸿音：《乾祐二十年〈弥勒上生经御制发愿文〉的夏汉对勘研究》，《西夏学》2009 第四辑，第 42~45 页。

行的一次大法会中，说明他活跃在西夏仁宗（1139～1193 年在位）后期至桓宗（1193～1206 年在位）时期，这一时期也是辽代华严禅影响西夏的关键时期。鲜卑智海被列为"大夏国弘扬华严诸师"的初祖，似乎表明他对《华严经》在西夏的重译做了开创性的贡献。其职衔中还有"重译诸经"四字，或许表明他是辽人作品的西夏文译者，辽代通理大师的著作《性海圆明镜知足》被译为西夏文的时间可能就在 12 世纪下半叶左右，也就是大概西夏仁宗后期至桓宗时期。

　　12 世纪下半叶西夏大规模地校经和译经，并确立了一套新的翻译规则。① 据《过去庄严劫千佛名经》发愿文记载，仁宗皇帝曾下令经师对照"南北经"重校此前翻译的佛典，曰②：

> 𗵡𗸐𗥑𗆍𗋽𗒹，𗱕𗏹𗴭𗏇𗙏𗂰𗵱𗈜𗗙。𗗰𗆤𗥑𗋽𗴿𗝠𗵱𗤋𗆊𗥔𗤁𗵱𗒹𗫷𗙏𗗙𗱕𗂰𗥑𗝠，𗰖𗒾𗷅𗙏。𗼀𗰖𗵱𗥑，𗵱𗆍𗍔𗆍𗖃𗄻𗊱𗵱𗂰𗙲𗼺𗀆𗆍𗵱𗝠𗙏𗗙𗱕𗫷，𗂽𗵱𗙏𗗙𗱕𗬬，𗆍𗤅𗂰𗵱𗬰𗙏𗂰𗷅𗵜𗒹。𗵱𗐇𗴭𗏇𗌮𗥩，𗂚𗿒𗅲𗄻𗐤𗴒，𗸐𗆍𗙏𗙏。
> （汉地熙宁年间，夏国风帝兴法建礼维新。戊寅年间，令国师白法信并后承道年臣智光等先后三十二人为头，译为番文。民安元年，五十三载之内，先后大小三乘半满教及忏传③之外，为之三百六十二帙，八百十二部，三千五百七十九卷。后奉护城帝诏，与南北经重校，令盛国内。）

　　再有，俄藏西夏天庆元年（1194 年）太后罗氏印施西夏文《仁王护国般若波罗蜜多经》（инв. № 683）卷尾校译跋，详述了仁宗皇后、桓宗母亲

---

① 参见孙伯君《西夏佛经翻译的用字特点与译经时代的判定》《〈吉祥遍至口合本续〉中的梵文陀罗尼复原及其西夏字标音》等学术文章。
② 西夏文《过去庄严劫千佛名经》发愿文，中国国家图书馆藏本，影件见《中国藏西夏文文献》第 6 册，第 56～59 页，译文参考孙伯君《西夏文〈大藏经〉"帙号"与勒尼语〈千字文〉》，《文献》2020 年第 3 期，第 74～85 页。
③ "𗐤𗴒"，史金波先生译作"传中"，此处译作"忏传"，指忏法和后人为佛经所作注释。

罗太后发愿组织翻译"注疏"类经典和重新校经的情况。^① 如下：

　　𗾭𗫂𗾖𗏹𗫂𗠝𗽻，𗫂𗤒𗢳𗡞𗗙𗩾𗲠𗹙𗒅𗲟𗢳，𗵽𗟲𗋽𗦀𗫂𗸦𗼃𗹙𗾭
�)𗗙𗫂，𗫦𗒅𗘟𗤒𗗙𗮸𗆧𗼃𗅲𗢳，𗖼𗤌𗳦𗼃𗒅𗼃，𗍫𗖊𗟲𗾖𗢳𗏹𗫂𗲠𗹙𗵽，𗱥𗩾𗗙𗥃，𗾑𗆟𗼐𗫂𗸦。𗫂𗏹𗾖𗥑𗔆，𗷻𗲠
𗗉𗒅，𗲟𗼃𗗉𗾖𗏹。（此前传行之经，其间微有参差讹误衍
脱，故天庆甲寅元年皇太后发愿，恭请演义法师兼提点智能，共
番汉学人，与汉本注疏并南北经重行校正，镂版散施诸人。后人
得见此经，莫生疑惑，当依此而行。）

　　以上两则记载中"南北经"的南北分别指的是宋朝和辽。黑水城出土
的文献中，不仅存有辽代经师的著述，一些文献在版本上也与辽有关。竺
沙雅章根据版式及"明""真"的避讳用法，确定 TK254《中华传心地禅
门师资承袭图》为辽道宗时期刊印。^② 张旭从千字文帙号、《契丹藏》校勘
记和对比房山石经的用字等方面，考证出黑水城出土文献 TK326^③ 是以
《契丹藏》为底本抄写而成的写本。^④ TK326 号文献包括三种佛教文献：
《佛说菩萨本行经》^⑤、《贤愚经》和《佛说护净经》。通理大师作为房山石
经的主持者（房山石经的形制与《契丹藏》一致），其著作《性海圆明镜
知足》可能与《契丹藏》也有关系。

　　仁宗的校经活动包括校译和校勘两个层次，^⑥ 而西夏文《性海圆明镜
知足》在用字上符合 12 世纪中叶后的译经用字特点，与此前学界对比初译

①　聂鸿音：《〈仁王经〉的西夏译本》，《民族研究》2010 年第 3 期，第 44~49 页。
②　竺沙雅章、申军：《关于黑水城出土的辽代刻本》，《文津学志》第二辑，2007，第 145~147 页。
③　俄罗斯科学院东方研究所圣彼得堡分所、中国社会科学院民族研究所、上海古籍出版社：《俄
　　藏黑水城文献》（第 5 册），上海古籍出版社，1998，第 91~106 页。
④　张旭：《编目与造藏——唐宋之际的经录与藏经》，浙江大学博士学位论文，2019，第 124~
　　136 页。
⑤　《佛说菩萨本行经》首页的背面有四行西夏文，内容为佛经。
⑥　孙伯君：《西夏文献丛考》，上海古籍出版社，2015，第 5 页。

本和校译本西夏文佛经梳理出的仁宗校经原则一致。例如，西夏文献偶有以“[illegible]”译“仁”的例子，但到了12世纪中叶以后，一般只用“[illegible]”来译“仁”，这或许与夏仁宗的名字“仁孝”有关。① 西夏文《性海圆明镜知足》中统一用“[illegible]”翻译“仁”，符合12世纪中叶后的译经用字特点。又如，《佛说阿弥陀经》中对于“阿耨多罗三藐三菩提”的“藐”西夏译文，初译本（инв. № 4773）译为“[illegible]”，校译本（инв. № 6761）改作“[illegible]”。西夏文《性海圆明镜知足》中“阿耨多罗三藐三菩提”的“藐”译为“[illegible]”，与仁宗时期的译经用字是一致的。

在装订形式上，西夏文本《性海圆明镜知足》、《究竟一乘圆明心义》和《禅源诸诠集都序》、《中华传心地禅门师资承袭图》的叶次都是错乱的，且具有同样的错乱规律，常以三叶为一组。例如前九叶的正确次序和原装次序的对照：

正确次序：	1	2	3	4	5	6	7	8	9
原装次序：	3	2	1	6	5	4	9	8	7

这些西夏文本的华严禅著作很可能是同一批重新装订的，而重装很可能是寺院定期整理书库时的例行公事。②

① 聂鸿音：《〈仁王经〉的西夏译本》，《民族研究》2010年第3期，第47页。

② 聂鸿音：《〈禅源诸诠集都序〉的西夏译本》，《西夏学》第五辑，上海古籍出版社，2010，第24页。

第二章　西夏文《性海圆明镜知足》译释

凡　例

一、西夏文《性海圆明镜知足》为写本，编号 инв. № 2541。录文标注原版的编号、页面和行次，以便于和原文献对照阅读。每页分 AB 面，如 2541.1A.01，即第一页第一面第一行。

二、本文对西夏文的解读采用"四行对译法"，即分为"录文""标音""对译""译文"四步。首行列西夏字，次行注龚煌城先生的拟音，第三行对译，第四行为"汉译文"。

三、录文时，凡遇原件乙正、删衍、补阙、删错的，只要确有符号标示，径依标示符号加以改正。凡原文残缺或不清晰而本文拟补之字，加以方框，如"[玃]"。因残缺而难以辨认的字形，用"□"标示。录文时，暂未识别的草书字形，直接采用原始字形，如 25B.06"[流]"。凡遇和标准字形有细微差别的异写字，录为正确字形，异体字或讹字予以加注，注释中列出原始字形作为参考。"［］"所标示的为表音字。

四、释读的各部分对西夏原文一律予以标点及分段。为阅读方便，依据原文献组成部分"三门"对西夏原文及译文分节，释读各部分于西夏译文分节处一律分节。

五、注释采用脚注的方式。注释旨在疏通文义，或说明西夏文对佛教术语的翻译方式，以及指出部分西夏文语句的汉译依据等。本文的汉译文参考作者通理大师的著作（黑水城出土《究竟一乘圆明心义》《三制律》等）、华严禅著作以及其他夏汉佛教典籍。其中通理大师著作的汉文本语料来自作者据俄藏黑水城文献的录文，西夏文本语料为作者所对译。注释中的汉文本佛经皆引自 CBETA 电子佛典（大正版）数据库，该数据库以《大正新修大藏经》第一卷至第五十五卷及第八十五卷为底本。

六、"对译"采用西夏录文和汉文对译两行对照。汉文对译遇西夏虚词时，采用语法标注。本文对译中的语法标注缩写及其意义如下：

CAUS	使役
COND	条件
DIR$_1$	第一套趋向前缀
DIR$_2$	第二套趋向前缀
ERG	作格
GEN	属格
INST	工具格
IRR	语气词
LINK	连词
LOC	处所格
NMLZ	名物化
OBJ	宾格
PL	复数
QUOT	引语
POST	后置词
2SG	第二人称单数
2PL	第二人称复数

第一节　偈颂①

2541.1A.01

𗵘	𘜶	�xx	𗼻	𗙴	𗒹	�ux	𗗜
sjij¹	tsjij²	dźjwa¹	we¹	mjij¹	gji¹	sej¹	me²
性	了	竟	生	无，	清	净	神

𗤱	𘂦	𗵘②	𗼻	𗙴	𗙴	𗙢	
śjɨj²	sẽ¹	sjij¹	dju¹	mjij¹	mjijr²	mjɨ¹	
圣	僧。	性	有	梦	者	告，	

了性竟无生③，清净圣贤僧。有性梦者告，

2541.1A.02

𗣼	𗤫	𗥃	𗼁	𗫚。	𘜶	𗤻④	𗫈
·jij¹	njij¹	njɨ²	sjij²	phji¹	tśhja²	·iow¹	tsho²
自	心	珠	识	CAUS	德	功	虚

𗀓	𘟣，	𘅄	𗎥	𗉺	𗕥	𘄒。	
ŋa¹	sju²	·io¹	swew¹	tsjir¹	kięj²	njɨ²	
空	如，	圆	明	法	界	至。	

令自心珠⑤识。功德虚空如，圆明法界至。

2541.1A.03

𗢡　　𗡞⑥

---

① 原文献无题，从下文 2541.1A.03 "𗢡𗡞"（复偈）可知，从 2541.1A.01 开始应为偈颂的后半部分。因此，俄藏 инв. № 2541《性海圆明镜知足》首页缺，内容应包含首题、作者和偈颂的前半部分。

② 原文献字形为"𗣀"，与 7B.05"𗵘"（𗵘）字形相似。

③ 无生，涅槃之真理，无生灭，故云无生。

④ 原文献字形为"𗤻"。

⑤ 《宗镜录·序》："以自觉之智刃，剖开缠内之心珠。用一念之慧锋，斩断尘中之见网。此穷心之旨。"

⑥ 原文献字形"𗡞"残，本文补为"𗡞"。

niо̱w¹　kjạ¹
复　　偈：

复偈：

2541. 1A. 04

絼	帳	甤	絹	甤	絹
lhə	nwə¹	dạ²	mjij¹	dạ²	mjij¹
足	知	事	无	事	无

絴	蓆	絴	蓆	養	傷
njij¹	sej¹	njij¹	sej¹	zjɨr¹	swew¹
心	静	心	静	慧	明

知足无事，无事静心，静心慧明①，

2541. 1A. 05

養	傷	胍	蔽	胍	蔽
zjɨr¹	swew¹	tsjɨr²	ljij²	tsjɨr²	ljij²
慧	明	性	见	性	见

絴	絹	絴	絹	賍	祇
njij¹	mjij¹	njij¹	mjij¹	·iо̱w¹	śjwo¹
心	无	心	无	功	发

慧明见性，见性无心，无心发功，

2541. 1A. 06

賍	祇	移	絹	藘	胍
·iо̱w¹	śjwo¹	wji¹	mjij¹	mər²	tsjɨr²
功	发	为	无	本	性

牆	薉	散	叡	糵	敎
dźju¹	śjij¹	sо̱¹	ɣa¹	tśjɨ¹	phie²
显	顺	三	门	次	解

---

① 慧明，即智慧光明之意。
② 原文献字形为"叡"。

发功无为，本性显现。次解三门，

2541.1A.07

蕤	缏	綂	彦，	漩	散
na¹	thjo¹	tsjij²	mjijr²	thjɨ²	sọ
深	妙	了	者，	此	三

蘶	猴，	綒	絤	散	綹？
bju¹	śjwo¹	thjij²	sjo²	sọ¹	we²
随	用，	何	云	三	为？

了深妙①者，须依此三，何以为三？

2541.1A.08

刻	缵	彥	緲	絈	眺	諓	縗	羖。
lew¹	tja¹	rjur¹	mur¹	lhə	nwə¹	gji¹	sej¹	ɤa¹
一	者	世	俗	足	知	清	净	门。

一者世俗知足清净门。

2541.1B.01

橶	缵	褥②	縷	絈	眺	絿	胖	羖。
njɨ¹	tja¹	bu²	wo²	lhə	nwə¹	ɤiej¹	njij¹	ɤa¹
二	者	胜	义	足	知	真	近	门。

二者胜义知足近真门。

2541.1B.02

散	缵	禩③	蒱	舵	傷	緰	亥	羖。
sọ¹	tja¹	tsjir¹	ŋjow¹	·iọ¹	swew¹	bie²	lhew²	ɤa¹
三	者	性	海	圆	明	解	脱	门。

三者性海圆明解脱门。

---

① 深妙，即甚深微妙。

② 原文献字形为"禒"。

③ "禩"（法）tsjir¹，通"胒"（性）tsjir²，结合下文 2541.13A.06 第三法门"散眺蒱舵緰亥羖"和尾题，此处本应为"胒蒱"（性海）。丁福保《佛学大辞典》："法海，佛法广大难测，譬之以海"；"性海，真如之理性，深广如海，故云性海"；"法性海，法性深广，不可测量，譬之以海"；"法性，又名实相真如、法界、涅槃等。真如为万法之体，在染在净，在有情数在非情数，其性不改不变，故曰法性"。结合《性海圆明镜知足》文本内容，真如之理性应更为贴切。

三者性海圆明解脱门。

汉译文：

> 了性竟无生，清净圣贤僧。
>
> 有性梦者告，令自心珠识。
>
> 功德虚空如，圆明法界至。
>
> 复偈：
>
> 知足无事，无事静心，
>
> 静心慧明，慧明见性，
>
> 见性无心，无心发功，
>
> 发功无为，本性显现。
>
> 次解三门，了深妙者，须依此三，何以为三？
>
> 一者世俗知足清净门。
>
> 二者胜义知足近真门。
>
> 三者性海圆明解脱门。

第二节　世俗知足清净门

2541.1B.03

刻、	瀄	繼	絹	帆	詼	蘛	皽
lew¹	rjur¹	mur¹	lhə	nwə¹	gji¹	sej¹	ɣa¹
一、	世	俗	足	知	清	净	门

一、世俗知足清净门

2541.1B.04

舰①	絹	帆	瀌	繳，	骸	繼	緻

---

① "舰"（夫），为句首发语词。《究竟一乘圆明心义》西夏文本"舰"对应汉文本"夫"。

·io¹	lhə	nwə¹	śjij¹	tja¹	lhjwi¹	dźjɨr¹	niow¹
夫	足	知	NMLZ	者，	取	舍	因

bja²	lej²	lju¹	sjij²	·jijr²	rjir¹	lhjo¹
断，	贪	吝	想	去，	得	失

夫知足者，谓断取舍①因，去贪吝想，不生得失，

2541.1B.05

mji¹	śjwo¹	ɣa¹	de²	·jij¹	dzjar²	·jij¹	·jɨ²
不	生，	悲	喜	自	灭	OBJ	谓。

thjɨ²	bju¹	ku¹	tśhjwo¹	lhə	nwə¹	mjij²	we²
此	随	则	故	足	知	名	为。

自灭悲喜。准此则名知足。

2541.1B.06

ɣa¹	de²	ljij²	ŋo²	ŋwu²	thjɨ²	tja¹	mə²
悲	喜	大	病	也，	此	者	姓

bjɨ¹	·jij¹	tśju¹	kjur²	phjɨ¹	mjij²	lwạ¹	nji¹
辱	自	危，	志②	失③	名	灭④，	家

悲喜是大病，此者辱族危身⑤，失志灭名，

2541.1B.07

夫 □ □ ， □ □ □ □ 。 □

---

① 《金陵清凉院文益禅师语录》："师云：'取舍之心成巧伪。'"
② 原文献字形为"𧵣"。
③ 原文献字形为"𫞤"。
④ 原文献字形为"𦇚"。
⑤ 汉译参考《性海解脱三制律》："吴主欲乱而亡，殷纣色迷而灭。倾家败国，辱族危身。"

tśjɨ¹	lhjij²	ljij²	dwewr²	nu¹	dji¹	dziej²	thjɨ²
毁	国	败，	觉	背	沉	轮。	此
𘕿	𘕘	𘕤	𘔣	𘕓	𘕕	𘕟	𘕓
ŋewr²	to²	zji²	mjɨ¹	lhə	niow¹	ŋwu²	lhə
等	悉	皆	不	足	故	也。	足

倾家败国①，背觉沉沦。此等悉皆不足故也。

2541.1B.08

𘕿	𘕘	𘕤	𘔣	𘕓	𘕟	𘔣	𘕟
nwə¹	˙jij¹	wo²	tshjij¹	ku¹	ljɨ²	sju²	dźjij¹
知	GEN	义，	说	则	易	如，	行
𘕤	𘕘	𘔣	𘕓	𘕟	𘕿	𘕟	𘕕
zjij¹	zji²	gie¹	tjij¹	lhə	nwə¹	ku¹	kụ¹
时	甚	难。	若	足	知	则	后

知足之义，说易行难。若知足则

2541.2A.01

𘕕	𘕘	𘕟②	𘕓	𘔣	𘕟	𘕕	𘔣
kụ¹	ziejr²	rejr²	tjij¹	mjɨ¹	lhə	ku¹	dzjir¹
后	居	乐；	若	不	足	则	急
𘕿	𘕤	𘕓	𘕘	𘕟	𘔣	𘕕	𘕟
ɣa²	ŋjir¹	ber²	sjij¹	mjor¹	na̠²	bia²	
于	难	遇。	今	现	菜	粥	

往后安定；若不足则急时遭灾。今饮食菜粥，

2541.2A.02

𘕓	𘔣	𘕟	𘕕	𘕟	𘕓	𘕟	𘕿
tjɨ¹	dzji¹	dźjwiw²	gjụ²	ku¹	lew¹	ljɨj²	wjɨ¹
饮	食，	饥	救	则	足；	甘	味

---

① 汉译参考同上。
② 原文献字形为"𘕟"。

𗗼	𗆟	𗝠	𗜓	𗴮	𗟻	𗖰
gji²	niow¹	tji¹	ŋa̱²	tsjir¹	gjij¹	khwa²
希	故，	食	好	挑	选。	布

救饥则足；求美味故，挑拣珍馐①。

2541.2A.03

𗦳	𗪟	𗔾	𗈮	𗿷②	𗢜	𗋽	𗯨
no̱²	·ji̱r²	bjij¹	dźjij¹	gju̱²	ku¹	lew¹	thja¹
褐	绢	丝，	寒	救	则	足；	其

𗣼	𗤶	𗝠	𗪴	𗇋	𗈛	𗦳
njij¹	lu̱²	niow¹	·ji²	tji̱j¹	rji̱²	me̱²
心	贫	故，	复	绫	罗	寻。

布褐绢丝，御寒则足；其心贫故，复寻绫罗。

2541.2A.04

𗅤③	𗵈	𗦾	𗆧④	𗇋	𗦳	𗈛	𗋽
kjwĩ¹	tshiã¹	·ji̱j²	phe¹	lju̱²	no²	ku¹	lew¹
草	舍	房	灰，	身	安	则	足；

𗍺	𗑱⑤	𗏁	𗧓	𗉧	𗷲	𗼕
lə	ta̱¹	mji̱¹	wji̱²	thjo̱¹	pju̱²	gjij¹
念	止	不	能，	妙	殿	益

苫舍⑥灰房，安身则足；不能止念，松堂益美。

2541.2A.05

𗱀。	𗴮	𗅋	𗴙	𗱈，	𗅉	𗤶	𗋽
śjwo²	bo²	dzjwɨ¹	tha²	Dźji	lja¹	·wjij¹	ku¹

---

① 汉译参考《立志铭心戒》：“贫逼之人口受珍羞，必念馁乏之侣。”
② 原文献字形为“𗿷”。
③ 原文献字形为“𗅤”。
④ 原文献字形为“𗆧”。
⑤ 原文献字形为“𗑱”。
⑥ 汉译参考《立志铭心戒》：“居松堂之下，念苫舍之中。”

美。	倚	仗	依	行，	来	去	则
𗟲	𗧘	𗢲	𗧾	𗍊	𗫡	𗈁	
lew¹	·wjạ²	njij¹	tśhjwɨj¹	gie¹	ko¹	rjijr¹	
足；	遣	心	止	难，	车	马	

倚仗而行，来去则足；遣心难止，

2541.2A.06

𗍷	𗣼	𗤁	𗣿	𗄈	𗄊	𗱕	𗵚
ŋạ²	dzə¹	sji¹	ɣjɨ¹	kia¹	gju²	wji¹	tshji²
好	专。	木	陶	器	具，	客	侍
𗫁①	𗟲	𗬜	𗧾	𗱻	𗫂	𘀈	
ku¹	lew¹	lej²	njij¹	wejr¹	niow¹	kie¹	
则	足；	贪	心	盛	故，	金	

专好车马。木陶器具，待客则足；贪心盛故，

2541. 2A. 07

𗡪	𗄊	𗑗	𗥥	𗿒	𘀗	𗩴	𗢪
ɣjiw²	gju²	tu̱¹	nji¹	njɨ¹	tśhjwor²	dźjij²	phji¹
玉	具	觅。	家	二	仆	有，	使
𗣼	𗫁	𗟲	𗄿	𗥩	𗧾	𗗙②	
kiej²	ku¹	lew¹	khwẹj¹	zjij¹	njij¹	kụ¹	
遣	则	足；	骄	著	心	宽，	

觅金玉具。家有二仆，差使则足；骄慢心逸，

2541.2A.08

𗰔	𗰔	𗢪	𗡞	𗤀	𗣼	𗣘	𗣾
lo²	lo²	phjɨ¹	dzu¹	lu²	mjijr¹	dzjwo²	dzjij¹
群	群	使	爱。	位	庸	人	过，
𗑱	𗯆	𗣼	𗫁	𗲤	𗥨	𗧼	

---

① 原文该字后有一字"𗧾"，据校改符号删。

② 原文献字形为"𗗙"。

mjɨ¹	bju¹	ku¹	lew¹	njɨ²	ŋjir¹	mji¹
他	敬	则	足；	厄	难	不

爱使众人。位庸过人，他敬则足；不思危难，

2541.2B.01

祧，	席	厎	蕭	骹。	叕	糤
sjij²	lu²	bjij²	kju¹	·ju²	wejr¹	dza¹
思，	位	高	求	寻。	盛	远

繝	譏，	矿	絳	羆	虤。	肔
ŋir¹	ber²	lhji¹	ku¹	nej²	lhju²	·io¹
难	遇，	退	则	安	获。	夫

寻求高位。盛远遭灾，退则安定。夫

2541.2B.02

蘱①	羌	厎	蘒	絳	滧	羕；	笳
bju¹	ŋər¹	bjij²	dźji	ku¹	tśjɨ²	dju¹	ljɨ²
故	山	高	徙	则	流	有；	地

絹	稐	彪	縦	絹。	虩	縱
djij¹	tśhja¹	dźjij¹	ɣiȩ²	mjij¹	thjɨ²	niọw¹
平	上	行	碍	无。	是	故

徙高山则有流；行平地则无碍。是故

2541.2B.03

宓	翀	叕	羕	絳	纰	羕，	叕
rjur¹	kha¹	wejr¹	dju¹	ku¹	dźju²	dju¹	wejr¹
世	间	盛	有	则	衰	有，	盛

絹	纰	絹。	厎	絳	覆	羕，
mjij¹	dźju²	mjij¹	bjij²	ku¹	ljɨ¹	dju¹
无	衰	无。	高	则	坠	有，

① "蘱"常用作介词、助词,表示"依""以""因"等意义,此处用于衔接上文,表示与上文的因果关系。

世间有盛则有衰，无盛无衰。高则有坠，

2541.2B.04

祝	絳	覉	毻。	繎	巌	尾	纘,
lhji¹	ku¹	nej²	ziejr²	bji²	tja¹	bjij²	we²
退	则	安	住。	低	者	高	为,
尾	纘	塈	絣。	尾	絼	絳	
bjij²	we²	kiew¹	lji̱¹	bjij²	mjij¹	ku¹	
高	为	崩	易。	高	无	则	

退则居安。低者为高，为高易崩。无高则

2541.2B.05

繎	絼,	繎	絼	緂	絼,	緂	絼
bji²	mjij¹	bji²	mjij¹	da̱²	mjij¹	da̱²	mjij¹
低	无,	低	无	事	无,	事	无
絳	詨	馢。	席	尾	燶	叡	
ku¹	zjo̱²	dźjwa¹	lu²	bjij²	nio̱w¹	tśji¹	
则	寿	终。	位	高	又	苦	

无低，无低无事，无事则寿终。位高致苦，

2541.2B.06

屁,	羆	叡	赦	翗	縢。	雔	縦
śio¹	thja¹	tśji̱¹	ŋwu²	lju²	ljij²	thji̱²	nio̱w¹
导,	彼	苦	INST	身	败。	是	故
玼	頗	席	慚	縦	絤	扷,	
khjwi̱¹	ɣjwã¹	lu²	le̱j²	nio̱w¹	ka̱¹	bja²	
屈	原	位	贪	因	命	终,	

彼苦败身。是故屈原①贪位丧命，

---

① 屈原（约公元前340~公元前278年），芈姓，屈氏，名平，字原，又自云名正则，字灵均，战国时期楚国诗人、政治家。早年受楚怀王信任，任左徒、三闾大夫，兼管内政外交大事。楚国郢都被秦军攻破后，自沉于汨罗江。

2541.2B.07

𗢃	𗑱	𗥤	𗱕	𗢉	𗢉	𘟙	𘊝
ɣur¹	pa¹	gu²	wjɨ²	lju²	gu²	ɣjwã	ɣu¹
尸	波	中	DIR₁	散；	伍	员	吴

𗤪	𗱕	𘓓	𘙮	𗸲	𗁮	𘏽
lhjij²	wjɨ²	dzjar²	lju²	zjɨr²	njijr²	tśhja¹
国	DIR₁	灭，	身	水	面	上

尸散泽畔①；伍员②灭吴国，身浮水面。

2541.2B.08

𘈷。	𗾈	𗭊	𘊷③	𗰖	𗴺	𘉒
dźjwow¹	thjɨ²	njɨ¹	ljo¹	goṛ¹	ŋər¹	lwu²
浮。	此	二	福	君，	山	隐

𗼩	𗣼	𗧀④	𗤀	𗳅	𗑠	𗁾
śjạ¹	sej¹	nẹ¹	dzju²	rjir²	dźjwɨ¹	ɣa²
七	净。	扬	隐	与	相	于

此二福君，山隐七净⑤。扬相对隐，如何？

2541.3A.01

𗴦	𗧀 ?	𘀄	𗂸	𗢏	𗢫	𗴺	𗴔	𗼮
thjij²	dzjọ¹	tśjow¹	ljow²	lu²	zwe¹	ŋər¹	na¹	·jij¹
何	如？	张	良	位	谦，	山	深	自

𘊷。	𗖵	𗤀	𗵑	𗣼	𗱈	𗥤⑥	𗧀

---

① 汉译参考《蒙求》卷中"屈原泽畔"，《应县木塔辽代秘藏》第448页。
② 伍员（公元前559~公元前484年），名员，字子胥，楚国人，春秋末期吴国大夫、军事家。夫差继位后打败越国，越王勾践投降，伍子胥认为应一举消灭越国，但夫差为伯嚭所谗，不听"联齐灭越"的主张。公元前484年，夫差赐死伍子胥，赠剑令他自尽。
③ 原文为"𘊷"（四），文义不通，因与"𘊷"形近而讹。"𗾈𗭊𘊷𗰖"（此二福君）指上文的"𘈷𗰖"（屈原）和"𘟙𗢉"（伍员）。原文"𘊷"后有一字"𗱈"，为"𗰖"形近而讹，标有删除符号。
④ 原文献字形为"𗧀"。
⑤ 七净，指戒净、定净、见净、度超净、道非道净、行断净和菩提分上法上净。
⑥ 原文献字形为"𗥤"。

lwu²	xiwã¹	lji²	kjur²	sej¹	ŋjow²	gu²	rar²
隐。	范	蠡	志	静,	海	中	流

张良①让位，自隐深山。范蠡②静志，泛舟海上③。

2541.3A.02

蕤。	䍐	槑	䝙	䔲,	烍	䁺	骸④	㦩。
phji¹	thji²	nji̱	·io̱w¹	śjij¹	mji¹	zjij¹	mjij²	ljij²
失。	此	二	功	成,	不	著	未	来。

繡	繸	䏁	舷	荞	皽,	㠭	㵽
śji¹	dwewr²	ŋja̱²	t-²	lju²	ŋowr²	wejr¹	zwe¹
昔	觉	罪	逆	身	全,	盛	谦

此二成功，不著未来。昔觉了患全身，辞荣

2541.3A.03

䌌	譕	矵	赦	嘉	翥⑤	䌲	䚢
dźju²	bji²	lhji¹	ŋwu²	·jij¹	wji¹	·ji¹	kha¹
衰	避	退	而	自	隐,	众	中

䣭,	姚,	㵲	㥵	䌶	䎓	㲅	庇,
lja¹	lho	mur¹	rer²	gie¹	dji̱j²	sju²	dźjij¹
超	出,	世	网	难	云	如	行,

免辱，卓然逸士，迥异常夫，世网不拘，闲云无系⑥，

---

① 张良（？~公元前186年），字子房，秦末汉初杰出谋臣，西汉开国功臣，政治家，与韩信、萧何并称为"汉初三杰"。协助汉王刘邦赢得楚汉战争，建立大汉王朝，帮助吕后之子刘盈成为皇太子，册封为留侯。晚年随赤松子云游四海。

② 范蠡（公元前536年~公元前448年），字少伯，春秋末期政治家、军事家。曾献策扶助越王勾践复国，兴越灭吴。功成名就后化名姓为鸱夷子皮，遨游于七十二峰之间。

③ 《蒙求》卷中有"范蠡泛舟"，见《应县木塔辽代秘藏》第448页。《三制律》："范蠡越清溟而岸远。"

④ 原文献字形为"骸"。

⑤ 原始文献字序为"翥嘉"，倒文，据乙正符号校正。

⑥ 此句汉译参考《三制律》："此盖功成不守，智察未然，了患全身，辞荣免辱，卓然逸士，迥异常夫，世网不拘，闲云无系矣。"

2541.3A.04

㲲	㣺	綴	㲱	罷	隨	發	燃
ljo̱²	mji¹	biej¹	lji¹	thja¹	bju¹	wejr¹	lhjwo¹
何	不	乐	也？	彼	随	盛	退

綕	翭	龗	㣺	赧	匜	蕊	㣺
dźju²	we²	rejr²	nio̱w¹	tśji¹	śio¹	śjij¹	nio̱w¹
衰	为，	乐	后	苦	导，	成	后

何不乐耶？由此盛退为衰，乐后致苦，成后

2541.3A.05

縢	蕊	骰①	㣺	愲	匜	舵	蕊
ljij²	dju¹	ŋwu²	nio̱w¹	nja²	śio¹	dźjo¹	wjij¹
败	有，	是	后	非	导，	长	短

茲	彸	緕	毛	茲	綕②	嬰	
dźjwɨ¹	ljij²	bji²	bjij²	dźjwɨ¹	ŋwo²	de²	
相	待，	低	高	相	损，	喜	

有败，是后带非，长短相较，高下相倾，喜

2541.3A.06

糵	牭	織，	蟲	舵	孩	譏，	㴑
dza̱¹	ɣa¹	njɨ²	dzu¹	dźjow¹	khie¹	ber²	ŋa̱²
远	悲	至，	爱	离	憎	逢，	善

逎	籔	薇。	瓮	殯	巆	㲱	緣
lwu²	niow²	śja²	rjur¹	da̱²	thjɨ²	sju²	thjij²
隐	恶	现。	世	事	是	如，	何

去悲来，爱离憎逢，善隐恶扬③。世事如是，

---

① 原文献字形为"𦒦"。

② 原始文献字序为"𗼃𗧊"，倒文，据乙正符号校正。"𗼃"字前有一"𗾟"字，为抄写时与"𗧊"形近而讹，在抄写"𗼃"字后发现错误并标出删除符号，与"𗼃"字右边构件上的一点重合。然后写下正确字形"𗧊"并在中间标出乙正符号以示倒文。

③ 汉译参考《论语全解》："𗊱𗗙𗼃𗊱𗧊𗼃，𗊱𗼃𗊱𗗙。"（夫隐恶而扬善者，孔子之心。）

2541.3A.07

嬶	燚	觕？	燚	燚	絇	絳	覻
sjo²	mjɨ¹	nwə¹	wejr¹	mjɨ¹	lhə	ku¹	dźju²
云	不	知？	盛	不	足	则	衰

緂，	羬	燚	絇	絳	椴	讖，	蘿
we²	rejr²	mjɨ¹	lhə	ku¹	tśjɨ¹	ber²	śjɨj¹
为，	乐	不	足	则	苦	遇，	成

云何不知？盛不足则为衰，乐不足则遇苦，成

2541.3A.08

燚	絇	絳	臉	菰。	骸	燚	絇
mjɨ¹	lhə	ku¹	ljij²	dju¹	ŋwu²	mjɨ¹	lhə
不	足	则	败	有。	是	不	足

憏	緂①；	耙	燚	絇	菝	緂；	毛
nja²	we²	dźjo¹	mjɨ¹	lhə	wjɨj¹	we²	bjij²
非	为；	长	不	足	短	为；	高

不足则有败。是不足为非；长不足为短；

2541.3B.01

燚②	絇	絳	絑	緂；	嬰	燚	絇
mjɨ¹	lhə	ku¹	bji²	we²	de²	mjɨ¹	lhə
不	足	则	低	为；	喜	不	足

靰	緂；	蔂	燚	絇	絳	核；
ɣa¹	we²	dzu¹	mjɨ¹	lhə	ku¹	khie¹
悲	为；	爱	不	足	则	憎

高不足为低；喜不足为悲；爱不足则憎；

---

① 原始文献字序为"緂憏"，倒文，据乙正符号校正。
② 此字前有一字"蒳"，字上有删除笔迹，误将"燚絇"二字合写后删除。

2541.3B.02

𗰓	𗎘	𗐯	𗿷	𗇍	𗸛	𗤁	𗐯	𗼻
ŋa²	mjɨ	lhə	ku¹	niow²	dźju²	njij¹	lhə	mjij¹
善	不	足	则	恶	遇;	心	足	不

𗼺,	𗊱	𗹙	𗎫	𗎩。	𗤺	𗤋	𗦇
niow¹	tsja¹	zjɨ¹	gjij¹	ljij¹	tjij¹	thjɨ²	sju²
故,	热	恼	殊	盛。	若	是	如

善不足则遇恶；心不足则烦恼倍盛。若如是

2541.3B.03

𗿷	𗁣	𗆉	𗱊	𗊾,	𗤋	𘜶	𗣜
ku¹	gor¹	gji²	tśhja²	lhjo¹	zjɨr¹	dzjwo²	dźɨ
则	君	子	德	失	小	人	行

𗊾。	𗴴	𗣷	𗑠	𗑟	𘟂	𗎰	𗟻,
lhjwi¹	·jij¹	dzew²	rjɨj²	śjɨj²	mjɨ	khie¹	we²
取。	自	妄	谋	成	他	憎	为,

则①君子失德，小人取行。妄自成谋他憎，

2541.3B.04

𗤁	𗎭	𗍬	𗘂	𗒹	𗹢	𗟻。	𗜃②
njij¹	do²	ta	śjwo¹	phju²	nu¹	we²	la¹
近	处	逆	起	上	背	为。	诶

𗒹③	𗹙	𗫾,	𗤗	𗇃	𗋁	𗼻	𘜶
ljor¹	gjij¹	lhu	·wə¹	twu¹	tsiow	phjɨ¹	dzjwo²
谄	倍	增,	孝	忠	永	弃,	人

近处起逆违上。谄诶倍增，忠孝永弃，

---

① 汉译参考《究竟一乘圆明心义》，西夏文本"𗤺𗤋𗦇𗿷"对应汉文本"若如是则"。

② 原文献字形为"𗜃"。

③ 原文献字形为"𗒹"。

2541.3B.05

[illegible]	[illegible]	[illegible]，	[illegible]	[illegible]	[illegible]	[illegible]，	[illegible]
njijr[2]	·wjị[1]	njij[1]	ljị[2]	ljwu[1]	tśhja[2]	nu[1]	nji[1]
面	兽	心，	恩	失	德	背，	家
[illegible]	[illegible]	[illegible]，	[illegible]	[illegible]	[illegible]	[illegible]。	[illegible]
ljịj[2]	tjụ[2]	lha[1]	kjur[2]	phjɨ[1]	ljụ[2]	ljịj[2]	zjọ[2]
败	祖	灭，	志	弃	身	败。	世

人面兽心，负恩背德，败家灭祖，失志败身。

2541.3B.06

[illegible]	[illegible]	[illegible]，	[illegible]	[illegible]	[illegible]	[illegible]，	[illegible]
zjọ[2]	tśjị[1]	ŋjow[2]	djị[1]	dziej[2]	rejr[2]	kja[2]	dzjwo[2]
世	苦	海，	沉	轮	多	劫，	人
[illegible]	[illegible]	[illegible]，	[illegible]	[illegible]	[illegible]	[illegible]。	[illegible]
mə[1]	ljụ[2]	lhjo[1]	lhə	nwə[1]	mjij[1]	nio̱w[1]	sjwɨ[1]
天	身	亡，	足	知	不	故。	思

世世苦海，沉沦多劫，人天身亡，不知足故。

2541.3B.07

[illegible]	[illegible]	[illegible]，	[illegible]	[illegible]	[illegible]	[illegible]	[illegible]
tśjị[1]	thjɨ[2]	sju[2]	mjɨ[1]	lhə	·jij[1]	dźjị[2]	zji[2]
苦	是	如，	不	足	GEN	罪	最
[illegible]	[illegible]	[illegible]。					
kha[1]	ljịj[2]	ŋwu[2]					
中	大	也。					

如是苦思，罪莫大于不足。

汉译文：

一、世俗知足清净门

夫知足法，谓断取舍因，去贪吝想，不生得失，自灭悲喜。准此则名知足。悲喜是大病，此者辱族危身，失志灭名，倾家败国，背觉沉沦。此等悉皆不足故也。知足之义，说易行难。若知足则往后安定；若不足则急时遭灾。今饮食菜粥，救饥则足；求美味故，挑拣珍馐。布褐绢丝，御寒则足；其心贫故，复寻绫罗。茆舍灰房，安身则足；不能止念，松堂益美。倚仗而行，来去则足；遣心难止，专好车马。木陶器具，待客则足；贪心盛故，觅金玉具。家有二仆，差使则足；骄慢心逸，爱使众人。位庸过人，他敬则足；不思危难，寻求高位。盛远遭灾，退则安定。

夫徒高山则有流；行平地则无碍。是故世间有盛则有衰，无盛无衰。高则有坠，退则居安。低者为高，为高易崩。无高则无低，无低无事，无事则寿终。位高致苦，彼苦败身。是故屈原贪位丧命，尸散泽畔；伍员灭吴国，身浮水面。此二福君，山隐七净。扬相对隐，如何？张良让位，自隐深山。范蠡静志，泛舟海上。此二成功，不著未来。昔觉了患全身，辞荣免辱，卓然逸士，迥异常夫，世网不拘，闲云无系，何不乐耶？由此盛退为衰，乐后致苦，成后有败，是后带非，长短相较，高下相倾，喜去悲来，爱离憎逢，善隐恶扬。世事如是，云何不知？

盛不足则为衰，乐不足则遇苦，成不足则有败。是不足为非；长不足为短；高不足为低；喜不足为悲；爱不足则憎；善不足则遇恶；心不足则烦恼倍盛。若如是则君子失德，小人取行。妄自成谋他憎，近处起逆违上。谄谀倍增，忠孝永弃，人面兽心，负恩背德，败家灭祖，失志败身。世世苦海，沉沦多劫，人天身亡，不知足故。如是苦思，罪莫大于不足。

2541.3B.07

𘞑	𗟲	𗥃	𘊱	𗣽
·io¹	bju¹	ŋa²	mji¹	gji²
夫	依	好	不	求，

夫不求好，

2541.3B.08

絭	皷	峀	喬	絹。	聶	絿	絹
ku¹	niow²	tsjɨ¹	·jij¹	mjij¹	dzu¹	lew²	mjij¹
则	恶	亦	自	无。	爱	NMLZ	无

絭,	孩	絿	峀	絹。	嬰	慨	聶
ku¹	khie¹	lew²	tsjɨ¹	mjij¹	de²	mji¹	dzu¹
故,	憎	NMLZ	亦	无。	喜	不	爱

恶亦自无。无所爱故，亦无所憎。不爱喜

2541.4A.01

絭,	燃	羸	豺	絹。	毛	慨	聶
ku¹	sjwɨ¹	śjwo¹	phja¹	mjij¹	bjij²	mji¹	dzu¹
故,	愁	生	边	无。	高	不	爱

絭,	絺	峀	絺	憪	秖	慨	聶
ku¹	bji²	tsjɨ¹	bji²	nja²	dźjo¹	mji¹	dzu¹
故,	低	亦	低	非。	长	不	爱

故，生愁无边。不爱高故，低亦非低。不爱长

2541.4A.02

絭,	嵈	峀	嵈	憪	皷	慨	蕲
ku¹	wjij¹	tsjɨ¹	wjij¹	nja²	ŋwu²	mji¹	zow²
故,	短	亦	短	非	也。	不	受

絭	憪	喬	慨	羸。	發	慨	聶
ku¹	nja²	·jij¹	mji¹	śjwo¹	wejr¹	mji¹	dzu¹
则	非	己	不	生。	盛	不	爱

故，短亦非短。不受则非己不生。不爱盛

2541.4A.03

維	絼。	孩	慨	蕲	燃,	皷	孫
dźju²	we²	ljo²	tjɨj²	rejr²	tja¹	tśjɨ¹	·jij¹

衰	为。	何	礼	乐	者，	苦	GEN
mər²	wejr¹	tja¹	dźju²	·jij¹	tśhji²	we²	lhə
本	盛	者，	衰	GEN	根	为？	足

为衰。何礼乐者，苦之本盛，根为衰？

2541.4A.04

nwə¹	mjijr²	tja¹	tśji̱¹	tsji̱¹	rejr²	sej¹	mji̱¹
知	者	者，	苦	亦	乐	算。	不
lhə	mjijr²	tja¹	rejr²	tsji̱¹	tśji̱¹	sej¹	dzjo̱²
足	者	者，	乐	亦	苦	算。	譬

知足者，苦亦算乐。不足者，乐亦算苦。譬

2541.4A.05

sju²	śji̱²	·ji̱j²	kjɨr²	kjwi¹	na̱²	bia²	tji¹
如	草	屋	室	旧，	菜	粥	食
djij²	khwa²	no̱²	·ji̱r²	bjij¹	tja¹	lhə	mjijr²
饮，	布	褐	绢	丝	者，	足①	者

如茅屋旧室，饮食菜粥，布褐绢丝，（不）足者

2541.4A.06

dzjwo²	dźjij¹	·ja̱r²	dzji¹	gjwi²	ɣiẹ²	lhjɨr¹	mji¹
人	住	宿	食	衣，	气	落②	不

① 据文义此字前疑脱一"叕"（不）字。
② 原文献字形为"巇"。
③ 原文献字形为"坑"。

rejr²	ɣa¹	sjwɨ¹	tɕji¹	lhjij²	ze̱w²	gie¹	bjɨ¹
乐，	悲	忧	苦	受，	忍	难	泪

衣食住宿，叹气不乐，悲愁受苦，难忍泪流，

2541.4A.07

rar²	kjɨ	dzjo̱¹	tji²	mjij	thjɨ²	tja¹	tɕji¹	kha¹
流，	DIR₁	喻	可	无。	此	者	苦	中

tɕji¹	ŋwu²	lhə	nwə¹	mjijr²	tja¹	ɕji²	·jij²
苦	也。	足	知	者	者，	草	屋

不可而喻。是苦中苦也。知足者，住茅屋

2541.4A.08

·u²	dźjij¹	thjo̱¹	kjɨr²	sju²	bio¹	bia²	thji¹
LOC	住，	妙	室	如	观，	粥	饮

tji¹	ljɨj²	sju²	lə	khwa²	no̱²	gjwi²	tsjɨ¹
食	甘	如	思，	布	褐	衣	亦

视如妙室，饮菜粥思如珍馐，衣布褐亦

2541.4B.01

tjɨj¹	rjɨj²	sju²	sjij²	thjɨ²	bju¹	·jij¹	njij¹	rejr²
绫	罗	如	想。	此	随	自	心	乐，

ku¹	njij²	tsəj¹	ŋwu²	tsjɨ¹	thja¹	dzjwo²	ljo̱²
则	王	小	是	亦，	彼	人	何

想如绫罗。以是自心乐，则王亦是小，何求彼人

2541.4B.02

獾	羑	犙	羆？	峀	羿	焱	綂
？	djij²	·jiwe¹	lo	tsjɨ¹	thja¹	rjir²	thjij²
获	DIR₂	贵	富？	亦	彼	与	何

羢？	蒬	蒩	桄	緂	蕬	蒤	燚
ŋwer¹	tjij¹	thjɨ²	sju²	ku¹	khju²	·wejr²	sjwɨ¹
比？	若	是	如	则	守	护	思

富贵？又与他何比？若如是则守护忧思，

2541.4B.03

焱，	蒳	甋	蘬	祧，	絾①	絴	嘉
rjir²	wjɨ²	ka²	phjɨ¹	lhjo¹	sjij²	njij¹	·jij¹
与，	DIR₁	离	弃	亡，	想	心	自

絞②。	蒩	繨	繳	緅	繴	莸	綃
tạ¹	thjɨ²	tja¹	biej¹	kha¹	biej¹	ɣiej¹	lhə
止。	此	者	乐	中	乐	实。	足

远离亡弃，想心自止。实乐中乐也。

2541.4B.04

胏	緂	歐	輵，	焱	綃	緂	庶	孩。
nwə¹	ku¹	mjɨ¹	bju¹	mjɨ¹	lhə	ku¹	zji²	kie²
知	则	他	敬	不	足	则	皆	厌。

焱	綃	庩	繳	叚	粥	赦	絾
mjɨ¹	lhə	mjijr²	tja¹	tśji¹	zji¹	ŋwu²	·jir²
不	足	者	者，	苦	恼	而	百

知足则他敬，不足则皆厌。不足者，苦恼历百年；

---

① 后有一字"焱"，字右有删改符号。
② 原文献字形为"蒋"。

2541.4B.05

kjiw^1	zar^2	lhə	nwə^1	mjijr^2 ①	tja^1	gji^1	sej^1	ŋwu^2
年	经	足	知	者	者	清	净	而

·a	zjọ^2	rar^2	njij^1	sej^1	tśja^1	rjir^1	tja^1
一	世	过	心	净	道	得	者

知足者，清净过一世。净心得道者，

2541.4B.06

lhə	nwə^1	bju^1	ŋwu^2	lhjij^2	lhjo^1	lju̱^{2}	ljij^2	tja^1
足	知	因	也	国	亡	身	败	者

mji^1	lhə	niow^1	ŋwu^2	thja^1	bju^1	tsə^1	mji^1
不	足	故	也	彼	随	色	不

因知足也。亡国败身者，因不足也。是以色不

2541.4B.07

lhə	niow^1	·ji̋^{1}	tśhjiw^2	nji^1	njij^2	lju̱^{2}	ljij^2	wer^1
足	故	殷	纣	二	王	身	败	仪

mji^1	lhə	niow^1	tśhji̋^{2} ②	xew^1	thji^2	ŋwu^2	wji^2
不	足	故	陈	侯	此	INST	DIR$_1$

足故，殷纣③二王身败；仪不足故，陈侯④以此

---

① 主语标记，常与"骰"构成判断句式，相当于古汉语的"……者，……也"，本文统一译为"者"。
② 原始文献字序为"斑継"，倒文，据乙正符号校正。
③ 中国商代最后一位君主。殷帝辛名受，"天下谓之纣"，人称殷纣王。为帝乙少子，以母为正后，辛为嗣。殷纣王是中国历史上有名的暴君。
④ 周代陈国国君。妫姓，帝舜后裔。

2541.4B.08

𗾩	𗥃	𘝰	𗣼	𗥃	𗽀	𗮼	𗲦
dzjar²	lhjij²	mjɨ¹	lhə	niọw¹	xiow²	tshji¹	ŋjow²
灭	国	不	足	故，	项	籍	海

𗣪	𗁅	𘄢	𗊢	𘝰	𗣼	𗥃	𗤨
zjɨr²	bju²	sjɨ¹	pjụ¹	mjɨ¹	lhə	niọw¹	xu¹
水	边	死；	尊	不	足	故，	苻

灭亡；国不足故，项籍①死海水边；尊不足故，苻

2541.5A.01

𗧗	𘔅	𗍓	𗀹	𗉜	𗦜	𗥃	𗣼
kjij¹	tũ¹	tsjĩ¹	do²	bej¹	mjij²	mjɨ¹	lhə
坚	东	晋	处	败；	名	不	足

𗥃	𗤌	𗼓	𗸬	𗾟	𗫡	𗓁	𗥾
niọw¹	·u²	·ã¹	ljwij¹	śja¹	ŋwu²	ɣier¹	wejr¹
故，	武	安	颈	系	而	死；	盛

坚②败于东晋；名不足故，武安③系颈而死；

2541.5A.02

𗥃	𗣼	𗥃	𗤦	𗥃	𗈈	𗧦	𘃡
mjɨ¹	lhə	niọw¹	lji²	sə¹	lwow¹	kạ¹	·a
不	足	故，	李	斯	妄	命	DIR₁

𗣋	𗁟	𗍥	𗥀	𗀔	𗥃	𗣼	𗐔
bja²	ljụ²	ljij²	sjwɨ¹	ljij²	mjɨ¹	lhə	tśhji²
断。	身	败	虑	大，	不	足	根

---

① 项氏名籍，字羽，秦朝末年政治家、军事家。公元前 209 年随项梁起兵会稽，响应陈胜、吴广起义。公元前 206 年自立为西楚霸王，楚汉之争爆发，终被围困垓下，自刎乌江而死。

② 中国古代著名政治家、改革家，前秦第三位君王（357~385 年在位）。建元二十一年（385年），长安遭慕容冲攻击，苻坚出奔五将山，后被后秦主姚苌俘获，誓死不让玉玺落入羌人之手，最终被姚苌缢死于新平（今陕西省彬州市）佛寺中。

③ 武安君白起，战国时期名将，杰出的军事家，"兵家"代表人物。据《史记·白起王翦列传第十三》记载："秦王乃使使者赐之剑，自裁。武安君引剑将自刭……遂自杀。"

盛不足故，李斯①身死命断。大虑败身，不足为根。

2541.5A.03

絪	蕵	舏	絆	蒶	絹	乵	蘿
we²	tśja¹	rjir¹	njij¹	sej¹	lhə	nwə¹	bju¹
为。	道	得	心	净，	足	知	因

豵	姕	絹	孩	孤	扬	蒕	呍
ŋwu²	mji¹	lhə	mjijr²	·jij¹	·a	tśiẹj²	tji¹
也。	不	足	者	GEN	一	续	食

得道净心，因知足也。不足者之一遍食，

2541.5A.04

蠿	絹	乵	孩	孤	扬	簺	薇②
tja¹	lhə	nwə¹	mjijr²	·jij¹	·a	lhji²	dźjwij²
者，	足	知	者	GEN	一	月	粮

絪	姕	絹	孩	孤	蘿	扬	绹
we²	mji¹	lhə	mjijr²	·jij¹	lhwu¹	·a	śiə²
为。	不	足	者	GEN	衣	一	个

为知足者之一月粮。不足者之一件衣，

2541.5A.05

蠿	絹	乵	孩	孤	骸	绹	蘿
tja¹	lhə	nwə¹	mjijr²	·jij¹	ɤạ²	śiə¹	lhwu¹
者，	足	知	者	GEN	十	个	衣

扢	絹	乵	蘿	絳	扬	姬	敝
źji²	lhə	nwə¹	bju¹	ku¹	·a	kjiw¹	śjwo¹
买。	足	知	因	故，	一	年	用

买知足者之十件衣。因知足故，一年所用

---

① 秦朝著名政治家、文学家和书法家。秦末农民起义爆发，劝二世更为法律，行"督责之术"，加强君权。后被赵高诬为谋反，具五刑，腰斩于咸阳市。

② 原文献字形为"薇"。

2541.5A.06

𘓉	𗤁	𗩴	𗌭	𗷶	𗦯	𗉛	𗴴
lew²	sọ¹	kjiw¹	wji¹	tsjɨ¹	niow¹	gjij¹	wji¹
NMLZ	三	年	用，	亦	复	倍	为；

𗤦	𗦀	𗥇	𗋽	𗤁	𗩴	𗑱	𘓉
mjɨ¹	lhə	niow¹	ku¹	sọ¹	kjiw¹	śjwo¹	lew²
不	足	因	故，	三	年	用	NMLZ

用三年，亦复翻倍；因不足故，三年所用

2541.5A.07

𗮀	𗩴	𗌭	𗷶	𗤦	𘓉	𗌭	𗮀	𗭫
·a	kjiw¹	wji¹	tsjɨ¹	mjɨ¹	lew¹	wji¹	·a	ɣa¹
一	年	用，	亦	不	满	为。	一	门

𗦀	𗙴	𗮀	𗭫	𗾈	𗮀	𘋀	𗦀
lhə	nwə¹	·a	ɣa¹	lo	·a	lhjij²	lhə
足	知	一	门	富，	一	国	足

用一年，亦不满足。一门知足一门富，一国知足

2541.5A.08

𗙴	𗮀	𘋀	𗾈	𘄴	𗤦	𗦀	𗥇	𘄴
nwə¹	·a	lhjij²	lo	phju²	mjɨ¹	lhə	niow¹	phju²
知	一	国	富。	上	不	足	故，	上

𗣀	𗵒	𘄴	𗣀	𗵒	𗥇	𘀍	𗦜
lęj²	śjwo¹	phju²	lęj²	śjwo¹	niow¹	bji²	do²
贪	起。	上	贪	起	故，	低	处

一国富。上不足，上生贪。上生贪，低处

2541.5B.01

𗮀	𗥇	𗈇	𗫸	𗌒	𗈇	𗫸	𗌒
·ju²	niow¹	·jijr¹	ŋwu²	tha	·jijr¹	ŋwu²	tha
寻	故，	强	而	迫。	强	而	迫

緂,	絑	耛	翜	緂,	齝	絴	訵。
nio̯w¹	bji²	lu̯²	we²	nio̯w¹	kjwɨr¹	njij¹	śjwo¹
故,	低	贫	为	故,	贼	心	起。

寻, 强压迫。强压迫, 为贫贱, 贼心起。

2541.5B.02

齝	絴	訵	緂,	豺	絒	縴。	巐
kjwɨr¹	njij¹	śjwo¹	nio̯w¹	lju̯²	ka̱¹	ljij²	tjij¹
贼	心	起	故,	身	命	败。	若
虠	絘	繂	齝	絃	嶘	骹?	衟
thjɨ²	sju²	ku¹	kjwɨr¹	rjir²	wa²	zju²	tśier¹
是	如	则	贼	与	何	异?	方

贼心起, 身命败。若如是则与贼何异?

2541.5B.03

骹	絝	敊	惭	醈	耮	骹。	蔶
·ju²	thu¹	ŋwu²	mji¹	·wo²	war²	lhjwi¹	·jij¹
便	设	INST	不	应	财	取。	自
豺	絭	毛,	蔶	龰	緂	絘,	纞
lju̯²	tśhji¹	khjwɨ¹	·jij¹	dzji¹	wjɨ²	sju²	bja²
身	肉	割,	自	食	DIR₁	如,	腹

设方便而不应取财。如割身肉, 为己所食,

2541.5B.04

敊	絔	絟,	豺	絒	纙	縴。	巐
ljɨ¹	kjwi̱¹	djij²	lju̯²	ka̱¹	ŋwo²	ljij²	tjij¹
虽	饱	LINK	身	命	损	坏。	若
虠	絘	繂	鬕	絺	嶘	虤?	縳
thjɨ²	sju²	ku¹	rejr²	lew²	wa²	dju¹	thji¹
是	如	则	乐	NMLZ	何	有?	饮

虽然饱腹, 损坏身命。若如是则有何所乐?

2541.5B.05

𗣫	𗏁	𗑗	𗏵	𗣼	𗯼①	𗏣	𗷓
lew²	tjị¹	tja¹	bju²	dzjwo²	ɣie¹	ŋwu²	gjwi²
NMLZ	食	者，	牛	人	力	也。	着

𗣫	𗤭	𗑗	𗤁	𗋽	𗈗	𗭛	𗒘
lew²	lhwu²	tja¹	bə²	gju²	sju²	dźjɨ¹	gie¹
NMLZ	衣	者，	虫	筋	牲	皮	难

饮食者，牛人力也。衣着者，虫筋牲皮。

2541.5B.06

𗉃	𗯼	𗾑	𗰖	𗰖	𗿒	𗴴	𗸕
·jijr¹	ŋwu²	wji¹	ljɨ²	ljɨ²	śjɨj¹	nja²	lwow¹
艰	而	作，	易	易	成	非。	妄

𗃆	𗾑	𗋴	𗵺	𗈭	𗑱	𗖓	𗑌
lhjwi¹	wji¹	ku¹	lo¹	kjwɨr¹	thjij²	do²	ŋạ²
取	作	则	聚	贼	何	异？	好

艰难而作，非容易成。妄取则何异群贼？

2541.5B.07

𗑌	𗰱	𗣫	𗇋	𗶷②	𗣫	𗑱	𗸕
ŋạ²	·jij¹	tśhjwɨj¹	śja¹	·wjạ²	lew²	nja²	phju²
好	自	禁，	绳	释	应	非。	上

𗇋	𗶷	𗋴	𗪚	𗊰	𗇋	𗶷	𗪚
śja¹	·wjạ²	ku¹	sjij²	·ju²	śja¹	·wjạ²	sjij²
绳	释	则	庶	民	绳	释	庶

好好克己，不应放逸。上放逸则庶民放逸。庶

2541.5B.08

𗊰	𗇋	𗶷	𗋴	𗪚	𗊰	𗐯	𗑗

---

① 原文献字形为"𗯼"。

② "𗇋𗶷"，放逸、懒惰。

·ju²	śja¹	·wja²	ku¹	sjij¹	·ju²	lu̩²	we²
民	绳	释	则	庶	民	贫	为。
𗰓	𗱉	𗇃	𗥃	𗣼	𗰓	𗤁	𗲧
sjij²	·ju²	lu̩²	nio̩w¹	dzjwɨ¹	bji²	tjɨj²	ljwu¹
庶	民	贫	故,	君	臣	礼	背,

民放逸则庶民为贫。庶民贫故,君臣背礼,

2541.6A.01

𗴢	𗴮	𗟻	𗤌	𗡞①	𗥫	𗦮	𗼻
lhjij²	·io̩¹	mji¹	no²	dźjwu¹	wo²	tśja¹	phjɨ¹
国	土	不	安,	仁	义	道	弃,
𗾺	𗾦	𗴾	𗄝	𗨱	𗫸	𗟎	𗩱
njij¹	low²	ljwij¹	we²	mjij¹	zji¹	dźiej²	mjij¹
近	亲	仇	为,	女	男	信	无,

国家不安,弃仁义道,亲戚为仇,男女无信,

2541.6A.02

𗤁	𗰭	𗿢	𗰜,	𗿈	𗁅	𗊱	𗤁。	𗴢
gji²	lhjɨ¹	ta	śjwo¹	njij²	·wə¹	dźjij¹	gie¹	lhjij²
子	孙	逆	起,	慈	孝	行	难。	国
𗤁	𗤁	𗤌	𗿢	𗢳	𗂰	𗯶	𗢳
dzjwo²	lu̩²	nio̩w¹	kjwɨ¹	gja¹	gu¹	wor¹	kjwɨ¹
人	贫	故,	贼	军	发	起。	贼

子孙叛逆,慈孝难行。国人贫故,贼寇发起。贼

2541.6A.03

𗢳	𗬘②	𗤌	𗴢	𗰭	𗿈	𗡼	𗴢	𗰭
gja¹	wejr¹	nio̩w¹	lhjij²	·io̩¹	ŋewr¹	khie̩¹	lhjij²	·io̩¹

---

① "𗡞"字前有一字"𗥫",应是受到后一字"𗥫"的影响产生讹误,涂抹以示删除,后重新书写正确字形。

② "𗬘"字上有删改符号,右侧更正为"𗬘"。

军	盛	故，	国	土	杂	乱。	国	土
𗹐	𗦀	𗫂	𗧑	𘝵	𗾮	𗥃	𗫨	𗀔
ŋewr¹	ku¹	lhjij²	kji¹	djij²	ljij²	thji²	sju²	
杂	故，	国	DIR₁	定	败。	是	如	

寇盛故，国家混乱。国家乱故，必定败国。如是

2541.6A.04

𗄼	𗟻	𘝵	𗢣	𗫟	𗼻	𗫨	𗾺	𗫡	𘝠
ŋja²	khwej²	mjɨ¹	lhə	niow¹	ŋwu²	thji²	ŋewr²	nja²	dźji²
罪	大，	不	足	故	也，	此	等	非	罪
𗂧	𗾑	𗷀	𗰗						
njij²	bji²	ɣa²	·o¹						
王	臣	于	在。						

大罪，不足故也，此等非罪在君臣。

汉译文：

　　夫不求好，恶亦自无。无所爱故，亦无所憎。不爱喜故，生愁无边。不爱高故，低亦非低。不爱长故，短亦非短。不受则非己不生。不爱盛为衰。何礼乐者，苦之本盛，根为衰？知足者，苦亦算乐。不足者，乐亦算苦。譬如茅屋旧室，饮食菜粥，布褐绢丝，（不）足者衣食住宿，叹气不乐，悲愁受苦，难忍泪流，不可而喻。是苦中苦也。知足者，住茅屋视如妙室，饮菜粥思如珍馐，衣布褐亦想如绫罗。以是自心乐，则王亦是小，何求彼人富贵？又与他何比？若如是则守护忧思，远离亡弃，想心自止。实乐中乐也。

　　知足则他敬，不足则皆厌。不足者，苦恼历百年；知足者，清净过一世。净心得道者，因知足也。亡国败身者，因不足也。是以色不足故，殷纣二王身败；仪不足故，陈侯以此灭亡；国不足故，项籍死海水边；尊不足故，符坚败于东晋；名不足故，武安系颈而死；盛不足故，李斯身死命断。大虑败身，不足为根。

　　得道净心，因知足也。不足者之一遍食，为知足者之一月粮。不足者

之一件衣，买知足者之十件衣。因知足故，一年所用用三年，亦复翻倍；因不足故，三年所用用一年，亦不满足。一门知足一门富，一国知足一国富。上不足，上生贪。上生贪，低处寻，强压迫。强压迫，为贼贼，贼心起。贼心起，身命败。若如是则与贼何异？设方便而不应取财。如割身肉，为己所食，虽然饱腹，损坏身命。若如是则有何所乐？饮食者，牛人力也。衣着者，虫筋牲皮。艰难而作，非容易成。妄取则何异群贼？好好克己，不应放逸。上放逸则庶民放逸。庶民放逸则庶民为贫。庶民贫故，君臣背礼，国家不安，弃仁义道，亲戚为仇，男女无信，子孙叛逆，慈孝难行。国人贫故，贼寇发起。贼寇盛故，国家混乱。国家乱故，必定毁国。如是大罪，不足故也，此等非罪在君臣。

2541.6A.04

𗀚	𗏹	𗤒
·io¹	bju¹	sjij¹
夫	合	今

夫合今

2541.6A.05

𗤒	𗏹	𗏝	𗐯	𗿒	𗗉	𗥉	𗵐	𗟻
dzjɨj¹	bju¹	lo	mə²	ljij²	zji²	djij²	dzjɨ²	tsjɨ¹
时，	贵	富	姓	大，	皆	DIR₂	集	亦，

𗤶	𗤁	𗾈	𗤁	𗭍	𗕾	𗢼	𗒹
śjwo¹	lew²	wji¹	lew²	mjijr¹	dzjwo²	rjir²	thwu̱¹
用	NMLZ	行	NMLZ	庸	人	与	同。

时，富贵大姓，亦皆当集，所用所行，与庸人同。

2541.6A.06

𗗉	𗤙	𗺗①	𗒹	𗭍	𗕾	𗢼	𗒹；	𗊰

---

① 构词词缀，可以加在名词、动词、副词之后，起助词作用。这里放在动词之后，使之名物化。下句同。

lhwu¹	gjwi²	śjij¹	tsjɨ¹	mjijr¹	dzjwo²	rjir²	thwu̱¹	tji¹
衣	穿	NMLZ	亦	庸	人	与	同；	食
𗼾	𗉈	𗼕	𗋒	𗧺	𗷭	𗟻		𗂉

thji¹	śjij¹	tsjɨ¹	mjijr¹	dzjwo²	rjir²	thwu̱¹	dźjij¹
饮	NMLZ	亦	庸	人	与	同；	住

穿衣亦与庸人同；饮食亦与庸人同；住

2541.6A.07

𗼾	𗷭	𗼕	𗧺	𗷭	𗷭	𗟻 。	𗪆	𗪆
·jar²	tji²	tsjɨ¹	mjijr¹	dzjwo²	rjir²	thwu̱¹	wji¹	wji¹
宿	处	亦	庸	人	与	同。	作	作
𗯲	𗠝	𗧺	𗷭	𗒹	𗙴	𗰖	𗗙	𗷭，
dźjɨ	dźjij¹	mjijr¹	dzjwo²	sju²	ku¹	phju²	bji²	ka¹
行	行	庸	人	如，	则	上	下	等，

宿亦与庸人同。所行所作如庸人，则上下等同，

2541.6A.08

𗙴	𗰖	𗌦	𗚟	𗪆 。	𗰖	𗚟	𗪆	𗙴，
ku¹	phju²	gu¹	gjij¹	wji¹	phju²	gjij¹	wji¹	ku¹
则	上	共	殊	为。	上	殊	为	故，
𗰖	𗧢	𗾪	𗤁 。	𗧢	𗾪	𗤁	𗙴，
phju²	lẹj²	njij¹	mjij¹	lẹj²	njij¹	mjij¹	ku¹
上	贪	心	无。	贪	心	无	故，

共上为殊。上为殊故，上无贪心。无贪心故，

2541.6B.01

𗉫	𗄫	𗟻	𗠝 。	𗉫	𗄫	𗟻	𗙴，
njij²	bji²	tśhja²	dźjij¹	njij²	bji²	tśhja²	ku¹
王	臣	德	行。	王	臣	德	故，
𗣼	𗁬	𗤲	𗒀	𗣼	𗁬	𗤲	𗒀
lhjij²	·iọ¹	nej²	ziejr²	lhjij²	·iọ¹	nej²	ziejr²
国	土	安	住。	国	土	安	住

君臣行德。君臣德故，国家安定。国家安定，

2541.6B.02

綷	�581	芨	羆	綢。	�561	芨	�611
ku¹	sjij²	·ju²	lo	we²	sjij²	·ju²	nej²
则，	庶	民	富	为。	庶	民	安

綷，	觤	薉	嘉	絅。	觤	薉	安
ku¹	kjwɨr¹	na¹	·jij¹	mjij¹	kjwɨr¹	na¹	
故，	贼	盗	自	无。	贼	盗	

庶民富裕。庶民安乐，盗贼自无。盗贼

2541.6B.03

絅	綷，	楆	痂	嘉	羴。	楆	痂
mjij¹	ku¹	dzew²	rjɨj²	·jij¹	dzjar²	dzew²	rjɨj²
无	故，	诡	计	自	灭。	诡	计

羴	綷，	藏	�581	嘉	祄。	藏	�581
dzjar²	ku¹	gja¹	sjij²	·jij¹	tśjij¹	gja¹	sjij²
灭	故，	军	民	自	正。	军	民

无故，诡计自灭。诡计灭故，军民自正。军民

2541.6B.04

祄	綷，	隒	舭	繎	忰。	隒	舭	繎
tśjij¹	ku¹	lhjɨj²	·io̧¹	du¹	djɨj²	lhjɨj²	·io̧¹	du¹
正	故，	国	土	安	定。	国	土	安

忰	綷，	轩	蕻	慨	蕹，	稈	絋
djɨj²	ku¹	·wə̧¹	tśja¹	tjɨj²	zow²	dźjwu¹	tśhja²
定	故，	孝	道	理	持，	仁	德

正故，国家安定。国家安定，理持孝道，仁德

2541.6B.05

潑	訍。	崰	蕣	形	綷，	殱	嵌	蔪
wejr¹	ljij¹	thjɨ²	bju¹	wji¹	ku¹	ta	ŋewr¹	tsiow

盛 兴。 此 依 作 故， 叛 乱 永

[illegible]。 [illegible] [illegible] [illegible] [illegible]， [illegible] [illegible] [illegible]

mjij^{1} ta ŋewr^{1} mjij^{1} ku^{1} kjwɨ̱r^{1} gja^{1} tsjɨ^{1}

无。 叛 乱 无 故， 贼 军 亦

兴盛。以此作为，叛乱永无。叛乱无故，贼军亦

2541. 6B. 06

[illegible]。 [illegible] [illegible] [illegible] [illegible]， [illegible] [illegible] [illegible]

mjij^{1} kjwɨ̱r^{1} gja^{1} mjij^{1} ku^{1} ɣa^{1} khew^{2} mji^{1}

无。 贼 军 无 故， 门 户 不

[illegible]， [illegible] [illegible] [illegible] [illegible]， [illegible] [illegible] [illegible]

tjɨj^{1} wjị̱j^{2} lej^{1} mji^{1} śjwo^{1} khjwɨ^{2} ·jɨj^{2} sej^{1}

闭， 锁 关 不 用， 牢 狱 静

无。无贼军故，不闭津门，不用关锁，牢狱静

2541. 6B. 07

[illegible]， [illegible] [illegible] [illegible] [illegible]， [illegible] [illegible] [illegible] [illegible]。

ŋa^{1} kie^{1} bjo^{2} ljwụ^{1} tjị̱j^{1} lhjị̱j^{2} ·iọ^{1} dzjɨj^{1} nej^{2}

空， 律 罚 荡 除， 国 土 安 乐。

[illegible] [illegible] [illegible] [illegible]， [illegible] [illegible] [illegible] [illegible]，

wji^{1} mjij^{1} ŋwu^{2} dzji̱j^{2} thjo̱^{1} bju^{2} gji^{1} sej^{1}

为 无 INST 教， 妙 边 清 净，

空，荡除罚律，全国安乐。教以无为，妙边清净，

2541. 6B. 08

[illegible] [illegible] [illegible] [illegible]①， [illegible] [illegible] [illegible] [illegible]， [illegible]

·jar^{1} ljijr^{2} dze̱j^{1} tạ^{1} tśhja^{2} tśja^{1} ljwu^{1} mjij^{1} mji^{1}

八 方 争 止， 德 道 逆 无， 不

[illegible] [illegible] [illegible]。 [illegible] [illegible] [illegible] [illegible] [illegible]

---

① 原文献字形为“[illegible]”。

dzju^{1}	tjɨ̣j^{2}	zow^{2}	thjɨ^{2}	mər^{2}	kjịj^{1}	ku^{1}	lhə
教	理	持。	此	源	释	则	足

八方休战，不逆德道，不持教理。此释源则知足

2541.7A.01

[illegible]	[illegible]	[illegible]。	[illegible]	[illegible]	[illegible]	[illegible]，	[illegible]	[illegible]
nwə^{1}	tśhji^{2}	we^{2}	ɣiẹ^{2}	khwej^{2}	djị^{2}	sji^{2}	thjɨ^{2}	su^{1}
知	根	为。	碍	大	治	NMLZ	此	于
[illegible]	[illegible]。	[illegible]	[illegible]	[illegible]	[illegible]，	[illegible]①	[illegible]	
dzjij^{1}	mjij^{1}	lhjɨ^{2}	Lho	phju^{2}	mjijr^{2}	wo^{2}	·o^{2}	
过	无。	尘	出	上	者，	理	入	

为根。大碍能治，不过于此。出尘②上者，理入③

2541.7A.02

[illegible]	[illegible]。	[illegible]	[illegible]	[illegible]	[illegible]，	[illegible]	[illegible]	[illegible]
bju^{1}	sjịj^{2}	we̱^{1}	mjij^{1}	njɨ^{2}	kięj^{2}	lhə	nwə^{1}	tśhji^{2}
明	智。	生	无	至	欲，	足	知	根
[illegible]。	[illegible]	[illegible]	[illegible]	[illegible]	[illegible]	[illegible]	[illegible]	
we^{2}	mjịj^{2}	gjịj^{1}	ka^{2}	ku^{1}	zjị^{1}	tśjɨ̣r^{2}	ljọ^{2}	
为。	名	利	离	则	恼	缚	何	

明智。欲至无生，知足为根。离名利则何可恼缚④？

2541.7A.03

[illegible]？	[illegible]	[illegible]	[illegible]	[illegible]	[illegible]	[illegible]	[illegible]	[illegible]。
ljɨ̱^{1}	ljɨ^{1}	tjij^{1}	tạ^{1}	ku^{1}	bju^{1}	pa^{1}	·jij^{1}	mjij^{1}
可？	风	若	止	则	波	涛	自	无。

---

① “[illegible]”wo^{2}（义），通“[illegible]”wo^{2}（理）。西夏文《究竟一乘圆明心义》：“[illegible]”（通理大师），西夏文《性海圆明镜知足》：“[illegible]”（通理大师）。

② 出尘，谓出离尘俗。

③ 理入，二入之一，《三藏法数》：“谓众生深信本有真性，不一不异，不有不无，无己无他，凡圣不二，寂静无为，无有分别，因此深信能入于理，是名理入。”

④ 汉译参考《掌中珠》$_{354}$：“[illegible]”（烦恼缠缚）。

𗾺	𗼲	𗰔	𗋈	𗿒	𗣿	𘋥	𗩾。
kjur²	rjijr²	bjij²	ku¹	rjur¹	kha¹	tsiow	ka²
志	才	高	则	世	间	永	离。

风若止则波涛自无。才志高则世间永离。

2541.7A.04

𗥫	𗼦	𘜶	𗋈	𘓤	𘄢	𗣠	𘗐。	𗋹
khji²	niow¹	dzjar²	ku¹	lew¹	tsjir²	·jij¹	dźju¹	mji²
万	缘	灭	则	一	性	自	显。	境

𗉮	𗀽	𗋈	𗠁	𗈈	𗣠	𗠪。	𗿒	𗵘
lji¹	mjij¹	ku¹	njij¹	ŋjow²	·jij¹	gji¹	rjur¹	dạ²
风	无	则	心	海	自	澄。	世	事

万缘绝则一性自显①。境风无则心海自澄。不著世事，

2541.7A.05

𗝿	𗥩,	𗱈	𗠁	𗝿	𗟭	𗫂	𗣛	𗀜
mji¹	zjij¹	lju²	njij¹	mji¹	mju²	rejr²	kja²	kjij¹
不	著,	身	心	不	动。	多	劫	熏

𗥤,	𘂛	𗫤	𗁅	𗜓。	𗿒	𗵘	𗝿
dzji²	lhạ²	ɣie¹	tạ¹	nja²	rjur¹	dạ²	mji¹
习,	幻	力	止	不。	世	事	不

不动身心。多劫熏习②，幻力不止。不舍世事，

2541.7A.06

𗥤,	𗾊	𗤁	𘄒	𗝬。	𘝞	𗾊	𗝻	𗋈,
dźjir¹	sej¹	we²	kwə¹	tjɨj²	gji¹	sej¹	kiej²	ku¹
舍,	净	为	背	理。	清	净	欲	故,

𗤁	𗀜	𗾊	𗥩。	𗤁	𗀜③	𗾊	𗝻,

舍，净为背理。清净欲故，

---

① 《顿悟入道要门论》："万缘俱绝者，即一切法性空是也。"
② 《三藏法数》："熏即熏发，习即数习，谓数习染净之缘，熏发心体而成染净等事，故名熏习。"
③ 原始文献为"𗊁"，根据上文的"𗤁𗀜𗾊"，以及下文有"𗀜"，"𗀜""𗊁"形近易误等因素影响，此处应为"𗀜"的讹误。

lju̱²	njii̱j¹	sej¹	lew²	lju̱²	njii̱j¹	sej¹	kiej²
身	心	净	应。	身	心	净	欲,

为净背理。欲清净故，应净身心。欲净身心，

2541.7A.07

㲲	獛	纚	纮。	㲲	獛	纚①	緩,	繑
rjur¹	da̱²	dźji̱r¹	lew²	rjur¹	da̱²	dźji̱r¹	kiej²	lhə
世	事	舍	应。	世	事	舍	欲,	足
狐	纀	纼	甏	獛	矗	綘,	列	絓
nwə¹	ɣu¹	we²	khji̱²	da̱²	dzjar²	ku¹	lew¹	njii̱j¹
知	先	为。	万	事	灭	故,	一	心

应舍世事。欲舍世事，知足为先。万事灭故，一心

2541.7A.08

狱	裲	列	絓	裲	綘	緩	蕭	纮
bju¹	sej¹	lew¹	njii̱j¹	sej¹	ku¹	thjo¹	mər²	tsjij²
明	净。	一	心	净	则	妙	宗	了
羕	緩	蕭	纮	纮,	裲	燚	藘	敠
rjir¹	thjo¹	mər²	tsjij²	tsjij²	sej¹	ɣia̱¹	bju¹	ŋwu²
得。	妙	宗	了	悟,	净	闲	因	是。

明净。一心明净，妙宗②了悟。妙宗了悟，因闲净是。

2541.7B.01

瓻	豾	硊	㱂	繑	狐	藘	蒫。
thji̱²	ŋewr²	zji̱²	tsji̱¹	lhə	nwə¹	bju¹	śji̱¹
此	等	皆	亦	足	知	因	成。

此等皆亦因知足成。

---

① 原文献字形为"𧰧"。
② 妙宗，即殊妙之宗旨也。

汉译文：

夫合今时，富贵大姓，亦皆当集，所用所行，与庸人同。穿衣亦与庸人同；饮食亦与庸人同；住宿亦与庸人同。所行所作如庸人，则上下等同，共上为殊。上为殊故，上无贪心。无贪心故，君臣行德。君臣德故，国家安定。国家安定，庶民富裕。庶民安乐，盗贼自无。盗贼无故，诡计自灭。诡计灭故，军民自正。军民正故，国家安定。国家安定，理持孝道，仁德兴盛。以此作为，叛乱永无。叛乱无故，贼军亦无。无贼军故，不闭津门，不用关锁，牢狱静空，荡除罚律，全国安乐。教以无为，妙边清净，八方休战，不逆德道，不持教理。此释源则知足为根。大碍能治，不过于此。出尘上者，理入明智。欲至无生，知足为根。离名利则何可恼缚？

风若止则波涛自无。才志高则世间永离。万缘绝则一性自显。境风无则心海自澄。不著世事，不动身心。多劫熏习，幻力不止。不舍世事，为净背理。欲清净故，应净身心。欲净身心，应舍世事。欲舍世事，知足为先。万事灭故，一心明净。一心明净，妙宗了悟。妙宗了悟，因闲净是。此等皆亦因知足成。

第三节　胜义知足近真门

2541.7B.02

㗱、	㮔	㫳	㪤	㳦	㬎	㬭	㭿
nji¹	bu²	wo²	lhə	nwə¹	ɣiej¹	njij¹	ɣa¹
二、	胜	义	足	知	真	近	门

二、胜义知足近真门

2541.7B.03

㳦	㮂	㬞	㪭	㬡，	㰮	㭉	㬗	㬥，
sjij¹	ŋa²	dzjij²	ljij²	dwewr²	rjur¹	kha¹	wji²	to²
今	我	师	大	觉，	世	间	DIR₁	出，

蕤	繻	姣	骸。	羆	庅	祼	糊,
na¹	mər²	phie²	nur¹	thja¹	rjur¹	tsjịr¹	kha¹
玄	宗	开	示。	彼	诸	法	中,

今我大师觉，出现于世，玄宗开示①。彼诸法中，

2541.7B.04

絝	胧	緂	骹。	絝	胧	緂	绛	散
lhə	nwə¹	phju²	ŋwu²	lhə	nwə¹	njwi²	ku¹	ljịj²
足	知	上	也。	足	知	能	则	大
薍	姣	羖	爻	絝	疒	纖	骸
po¹	tjịj¹	rjir¹	mjị̈	lhə	mjijr²	tja¹	tśjị¹
菩	提	得；	不	足	者	者	苦

知足为上。能知足则得大菩提；不知足者

2541.7B.05

蒲	蕤	绖	纞	緀	蕨	菰	缕	绦
ŋjow²	na¹	dji¹	thjị²	niow¹	sjij¹	dju¹	tśhjiw¹	lhjị²
海	深	沉。	是	故	性	有，	六	尘
赦	靏	缕	秕	爻	鞾	缕	騰
ŋwu²	lhạ²	tśhjiw¹	tśhji²	kjị¹	zow²	tśhjiw¹	sjij¹
INST	迷，	六	根	DIR₁	持，	六	识

沉沦苦海。是故有性，六尘②迷惑，六根③定持，六识④

2541.7B.06

揚	蕤,	靪	散	骹	移,	缕	蕤	矛

---

① 汉译参考《华严经探玄记》卷一："《法华》亦云：如来为一大事因缘故，出现于世，所谓开示悟入佛知见等。"

② 六尘，指色尘、声尘、香尘、味尘、触尘、法尘等六境。六尘又作外尘、六贼。众生以六识缘六境而遍污六根，能昏昧真性，故称为尘。

③ 六根，指眼、耳、鼻、舌、身、意之六官。根为能生之义，眼根对于色境而生眼识，乃至意根对于法境而生意识，故名为根。

④ 六识，指眼识、耳识、鼻识、舌识、身识、意识。言六根如其次第，对于色声香味触法之六境，而生见闻嗅味觉知之了别作用者。

·a	śjwo¹	tśhjwo¹	so̱¹	sjwɨj¹	wji¹	tśhjiw	tśja¹	lju²
DIR₁	生，	方	三	业	为，	六	道	身

縱	祝	秘	纸	蕊	䋮	阢	艳	
lhjij²	tśji¹	zji¹	gjij¹	na¹	źiə²	dziej²	dźjo¹	
受，	苦	恼	倍	深，	轮	回	长	

已生，方为三业①，六道②受身，苦恼倍深，长为轮回。

2541.7B.07

縱。	艰	秘	毗	蕤，	焱	纺	緣	骸。
we²	thjɨ²	sju²	ŋja̱²	khwej²	mjɨ¹	lhə	niow¹	ŋwu²
为。	是	如	罪	大，	不	足	故	也。

薨	羝	耗	绚	醹	瓶	纵，	绛	
tjij¹	thja¹	tśhji²	lhjɨ²	kwər¹	tsjir²	tsjij²	ku¹	
若	彼	根	尘	体	性	了，	则	

如是大罪，不足故也。若了根尘体性，则

2541.7B.08

纺	册	纫	縱。	犈	梳	諓	甈，	絷
lhə	nwə¹	mjij²	we²	we¹	sjɨ¹	tsiow	ka²	djij²
足	知	名	为。	生	死	永	离，	涅

猳	羂	糀。	耗	绚	醹	瓶	烦	
phã¹	rejr²	rjir¹	tśhji²	lhjɨ²	kwər¹	tsjir²	mji¹	
槃	安	得。	根	尘	体	性	不	

名知足。永离生死，安得涅槃。根尘体性

2541.8A.01

纵	籲，	绛	焱	纺	移	骸。	徽	羂
tsjij²	lha̱²	ku¹	mjɨ¹	lhə	mjijr²	ŋwu²	·ju²	rejr²

---

① 三业，指身业、口业、意业。

② 六道，是众生各依其业而趣往之世界：地狱道、饿鬼道、畜生道、修罗道、人间道、天道。此六道中，前三者称为三恶道，后三者称为三善道。

了	迷，	则	不	足	者	是。	常	安
胹	攸，	粦	槭	肅	詺，	殌	骹	
mji¹	nu¹	we¹	sjɨ¹	khjwɨ²	·o²	thja¹	ŋewr²	
家	背，	生	死	狱	入，	彼	等	

迷惑不了，是不足者。常安背家，生死入狱，彼等

2541.8A.02

虦	嫋？	叕	绤	勊。	絳	叕	绤	庪
thjij²	sjo²	mjɨ¹	lhə	·jɨ²	ku¹	mjɨ¹	lhə	mjijr²
何	云？	不	足	谓。	则	不	足	者
纖	纗	魝	纖，	祇	虎	訛	蘿	
tja¹	tsə¹	dźɨ	dzjɨj¹	tśhja¹	tśhji²	mjɨ²	ber²	
者	色	行	时，	上	根	境	遇	

云何？谓不足。则不知足者行色时，上根①遇境

2541.8A.03

狨，	蘲	氺	绊	汤，	蘲	绊	慨	汤，
zjij¹	tśhiow¹	tsjɨ¹	njij¹	·o²	tśhiow¹	njij¹	mji¹	·o²
时，	或	亦	心	悦，	或	心	不	悦，
桜	纗	鞲	赦，	昼	飛	绷	襐，	
mə²	tsə¹	zow²	ŋwu²	zjɨr¹	ɣu¹	wjɨ²	sej¹	
种	色	持	INST	实	变	DIR₁	算，	

时，亦或心悦，或心不悦，持以种色，转变为实，

2541.8A.04

瓣	潇	纗	靴，	矗	绊	訛	瓣，	绊
bju¹	śjij¹	tsə¹	ɣa²	dzu¹	njij¹	śjwo¹	bju¹	njij¹
随	顺	色	于，	爱	心	生	随，	心
嵌	騰	益。	潃	赦	虎	绶，	勎	

---

① 上根，指言眼等诸根之上利者。

ŋewr¹	sjij²	niəj¹	thjɨ²	ŋwu²	tśhji²	we²	tśhjwo¹
乱	情	浊。	此	INST	根	为，	故

随顺于色，随爱生心，心乱情浊。以此为根，故

2541.8A.05

kjwɨr¹	njij¹	śjwo¹	kjwɨr¹	mjɨ¹	tśier¹	ku¹	pha¹	rjij²
贼	心	起。	贼	不	利	故，	异	谋
niow²	tśjɨ¹①	sja¹	kjwɨr¹	gjij¹	ljij¹	dzew²	lạ¹	
恶	觉，	杀	盗	倍	盛，	妄	虚	

起贼心。贼不利故，异谋恶觉，杀盗倍盛，虚妄

2541.8A.06

gu¹	śjwo¹	sọ¹	do¹	mə¹	wejr¹	ɣạ²	niow²	sjwɨj¹
发	生。	三	毒	火	盛，	十	恶	业
wji¹	·jar¹	khjɨ²	ljɨɨr¹	tụ¹	lhji²	zjɨ¹	ka¹	
作，	八	万	四	千	尘	恼	等	

发生。三毒②盛火，作十恶业③，起八万四千尘劳④等。

2541.8A.07

wor¹	dzjwo²	mə¹	rejr²	lhjo¹	sọ¹	niow²	tśja¹	ljɨ¹
起。	人	天	乐	失，	三	恶	道	坠，

起。人天乐失，三恶道坠，

---

① 原文献"𪨗"为"𪩘"字删改后所写，"𪩘"为二字音近致误。

② 三毒，又曰三根，为一切烦恼的根本，即一贪毒、二嗔毒、三痴毒。

③ 十恶业，与"十善业"相违的行为，即杀生、盗窃、邪淫、妄语、恶口、两舌、绮语、贪、嗔、痴。

④ 八万四千尘劳，即八万四千之烦恼，尘劳为烦恼之异名，以烦恼污人之真性，使人烦劳也。

rejr²	kja²	djị¹	dziej²	dzjɨj¹	bju¹	tśjị¹	lhjij²
多	劫	沉	轮，	时	合	苦	受。

人天失乐，坠三恶道①，沉沦多劫，合时②受苦。

2541.8A.08

tsə¹	mji¹	lhə	niow¹	thjɨ²	sju²	ŋjir¹	ber²	tjij¹
色	不	足	故，	此	如	实	遇，	或
ljwu¹	tsə¹	ljij²	lhạ²	ŋwu²	·jiw¹	we²	tśhji²	
逆	色	见，	迷	INST	因	为。	根	

色不足故，如是遭灾，或逆见色，以迷为因。

2541.8B.01

mjɨ¹	sjij²	niow¹	mjɨ¹	pjụ¹	dzwej¹	dụ¹	me²	śjij²
不	识	故，	无	量	罪	积，	神	圣
tśja¹	nu¹	tśhja²	tsjir¹	dziej²	phjɨ¹	tśhja¹	thji¹	·jiw¹
道	背，	德	法	轮	弃，	[阐]	[提]	因

不识根故，积无量罪，背神圣道，弃德法轮，作阐提③因，

2541.8B.02

wji¹	mjor¹	ljij²	sjwɨ¹	bja²	zji²	tsə¹	niow¹	ŋwu²
作，	如	来	根	断。	皆	色	故	也。
tsə¹	thjɨ²	sju²	ku¹	lji²	wji¹	tsjụ¹	tsjir¹	
色	是	如	则	香	味	触	法	

---

① 三恶道，即地狱道、饿鬼道、畜生道。

② 汉译参考"𘜶𗷀𘉞𗗚𗆜𘝵"（《番汉合时掌中珠》）。

③ 阐提，又作一阐提迦等，梵语 icchāntika 的音译，意为断绝善根、不可成佛之人。

断如来根。皆因色也。色如是则香味触法

2541.8B.03

羆	姦	杨	慨。
thja¹	rjir²	·a	tjɨj²
彼	与	一	理。

与彼一样。

汉译文：

二、胜义知足近真门

今我大师觉，出现于世，玄宗开示。彼诸法中，知足为上。能知足则得大菩提；不知足者沉沦苦海。是故有性，六尘迷惑，六根定持，六识已生，方为三业。六道受身，苦恼倍深，长为轮回。如是大罪，不足故也。

若了根尘体性，则名知足。永离生死，安得涅槃。根尘体性迷惑不了，是不足者。常安背家，生死入狱，彼等云何？谓不足。则不知足者行色时，上根遇境时，亦或心悦，或心不悦，持以种色，转变为实，随顺于色，随爱生心，心乱情浊。以此为根，故起贼心。贼不利故，异谋恶觉，杀盗倍盛，虚妄发生。三毒盛火，作十恶业，起八万四千尘劳等。人天失乐，坠三恶道，沉沦多劫，合时受苦。色不足故，如是遭灾，或逆见色，以迷为因。不识根故，积无量罪，背神圣道，弃德法轮，作阐提因，断如来根。皆因色也。色如是则香味触法与彼一样。

2541.8B.03

兆	緔	耕	祇，	叢	澎	姦	峰，	颎
bju²	mjij¹	dźjɨ²	śjwo¹	lhạ²	śjij¹	mjɨ¹	pjụ¹	dźji
边	无	罪	生，	幻	法	无	量，	行

馘	骹	緔，	祇	甋

·jij¹	ŋewr²	mjij¹	zji²	ŋowr²
相	等	无，	皆	具

无边出罪，无量幻法，无等形相，皆难具

2541.8B.04

𗀯	𗥦。	𗢏	𗼻	𗧻	𗦲，	𗿋	𗑠	𗣫
tshjij¹	gie¹	lew¹	lhjɨ¹	bju¹	tsjɨ¹	mjɨ¹	pju¹	dźji²
说	难。	一	尘	因	尚，	无	量	罪

𗥃，	𗼺	𗼻	𗧻	𗣫，	𗀰	𗀯	𗴟	𗤁①？
śjwo¹	rjur¹	lhjɨ²	bju¹	dźjɨ²	ŋowr²	tshjij¹	thjij²	sji¹
生，	诸	尘	因	罪，	具	说	何	尽？

说。一尘尚生无量罪，诸尘因罪，具说何尽？

2541.8B.05

𗦾	𗢈	𗥧	𗥉，	𗉔	𗐐	𗴟	𗟩②？	𗿋
tśjɨ¹	zji¹	tha	njij²	źiə²	dziej²	thjij²	tạ¹	mjɨ¹
苦	恼	迫	逼，	轮	回	何	止？	不

𗤺	𗀩	𗣫，	𗧻	𗲠	𗠍	𗑱。	𗢛	𗴜
lhə	·jij¹	dźjɨ²	zji²	kha¹	ljij²	ŋwu²	tśhjiw¹	tśhji²
足	GEN	罪，	最	中	大	也。	六	根

苦恼逼迫，轮回何止？罪莫大于不足也。六根

2541.8B.06

𗀉	𗧻，	𗢛	𗜓	𗊱	𗥃	𗇋	𗥧	𗥥
lhạ²	bju¹	tśhjiw¹	sjij²	·a	śjwo¹	zow²	ŋa²	zjij¹
迷	随，	六	识	DIR₁	生，	持	我	著

𗥢，	𗦲	𗼻	𗢈	𗥃。	𗥧	𗥦	𗰚
niọw¹	djɨr²	lhjɨ¹	zjɨ¹	śjwo¹	thju²	tha	·jij¹
故，	外	尘	恼	生。	此	迫	相

---

① 原文献字形为"𗤁"。

② 原文献字形为"𗟩"。

迷惑，六识已生，我持著故，生外尘劳①。迫此随相，

2541.8B.07

𗼲,	𗋽	𘝊	𗏩	𗰜,	𗟫	𗣼	𗼻	𗍿,
bju¹	dzu¹	khie¹	njij¹	na¹	śjij¹	ljwu¹	phjo²	niow¹
随,	爱	憎	心	深,	顺	逆	分	故,
𗏰	𗩱	𗢳	𗼪。	𗾟	𘄒	𗣑	𗏣,	
ljwij¹	njij¹	wjɨ¹	rjɨr²	·jar¹	mjɨ¹	lji¹	lhjɨ¹	
怨	亲	DIR₁	去。	八	境	风	波,	

爱憎心深，顺逆分故，怨亲离去。八境风波，

2541.8B.08

𗤺	𘙌	𗢜	𗫡,	𗀔	𘌛	𘍔	𗰛,	𗤾
tśhjiw¹	sjij²	pa¹	wor¹	sọ¹	kiẹj²	źiə²	dziej²	ljɨɨr¹
六	识	波	起,	三	界	轮	回,	四
𗭼	𗋽	𗮔	𗦲	𗱜	𗣙	𗹐,	𗦻	
we̱¹	lhạ²	lia²	tśji¹	zji¹	khjwɨ²	·u²	lho	
生	迷	醉,	苦	恼	狱	LOC	出	

六识波起，三界②轮回，四生③迷醉，苦恼狱内，无出

2541.9A.01

𗼢	𗍿	𗏂,	𗴴	𗸣	𗼲	𗏂。	𗦲	𗩰
ka²	niow¹	mjij¹	kja²	ŋjow²	bju²	mjij²	tśji¹	ŋjir¹
离	故	无,	劫	海	边	无。	苦	难
𘓄	𗕱	𘓄	𘎪	𗤺	𗮾	𗣼	𗹏	
thjɨ²	sju²	thjɨ²	tja¹	tśhjiw¹	tśhji²	mjɨ¹	lhə	
是	如,	此	者	六	根	不	足	

离故，劫海无边。如是苦难，是六根不足故也。

---

① 尘劳，烦恼之异名。贪嗔等之烦恼，坌秽真性，劳乱身心，谓为尘劳。
② 三界，凡夫生死往来之世界分为三：欲界、色界和无色界。
③ 四生，梵语 Caturyoni，指所有生物的四种产生方式：一胎生、二卵生、三湿生、四化生。

2541.9A.02

niow¹	ŋwu²	thja¹	bju¹	mjij¹	so̱¹	kiej²	da̱²	lha̱²
故	也。	彼	随	梦	三	界	游，	迷

lew¹	ɣjow¹	lhjo¹	tśhjiw¹	tśhji¹	khu²	tśji̱r²	tśhjiw¹
一	极	失，	六	根	筐	缚，	六

以此游梦三界，迷失一极，筐缚六根，六

2541.9A.03

tśhji²	mər²	we²	thji̱²	niow¹	khji²	dźji̱	śjiw²	le̱¹
根	本	为。	是	故	万	行	首	楞

gja̱¹	lwər²	lhejr²	kha¹	tshjij¹	tha¹	'ja	na¹
严	契	经	中	说：	佛	阿	难

根为本。是故《万行首楞严经》① 云②："佛谓阿难

2541.9A.04

'jij¹	da̱²	'ji̱¹	nji²	'jij¹	we̱¹	sji̱¹	ŋjow²
OBJ	言	谓：	汝	OBJ	生	死	海

kha¹	źia̱²	dziej²	phji¹	mjijr²	ka¹	we̱¹	bju¹
LOC	轮	转	CAUS	者，	俱	生	明

曰：'欲识知俱生无明，使汝轮转生死结根，

---

① 经，西夏文作"甤蕤（契经）"，来自藏文 mdo-sde（契经）。《万行首楞严经》，即《大佛顶如来密因修证了义诸菩萨万行首楞严经》）。

② 参考《究竟一乘圆明心义》，本文出现的"……甤蕤藕弨"，统一译为"……经云"。

③ 前有一字"橀"，字上有删改符号，因与"橀"形近，误为"橀"，后作出删改。

2541.9A.05

絹，	毦	膌	緩	緒，	橛	緲	毦	毷，
mjij¹	tśhji²	sjij²	kiẹj²	ku¹	nji²	tśhjiw¹	tśhji²	ŋwu²
无，	根	识	欲	故，	汝	六	根	也，

毵	憿	赦	愲？	橛	緲	毦	縴，
dzjij²	pha¹	lji¹	nja²	nji²	tśhjiw¹	tśhji²	kha¹
他	余	虽	无？	汝	六	根	中，

唯汝六根，更无他物①。'" 汝六根中，

2541.9A.06

晕	緋	麴	韝，	缴	甏	縦	薉，	絆
zjɨr¹	ŋạ²	kjɨ¹	zow²	djɨr²	khjɨ²	niọw²	la̱¹	we̱¹
实	我	DIR₁	持，	外	万	缘	染，	生

樕	繧	虤。	羆	緲	毦	虤	薉	麴
sjɨ¹	djị¹	dziej²	thja¹	tśhjiw¹	tśhji²	ɣa²	la̱¹	mjɨ¹
死	沉	轮。	彼	六	根	于	染，	不

定持实我，外染万缘，生死轮回。彼染六根，以不

2541.9A.07

絟	縦	靳，	縦	毷	緩	劤。	疵	酐：
lhə	niọw¹	tśhjwo¹	ŋo²	ljij²	we²	·jij²	·jɨr¹	dạ²
足	因	故，	病	大	为	QUOT	问	曰：

縒	繈	緒	絟	帕	絾	緩	牷
thjij²	sjo²	ku¹	lhə	nwə¹	mjij²	we²	źiẹ²
何	云	故	足	知	名	为，	轮

足故，则为大病。问曰："云何名为知足，

2541.9A.08

虤	詫	拨，	毷	疵	薮	羢？	爝	麴

---

① 汉文本《万行首楞严经》卷五："汝欲识知俱生无明，使汝轮转生死结根，唯汝六根，更无他物。"

dziej²	tsiow	bja²	ljij²	bie²	lhew²	rjir¹	sjij¹	phie²
回	永	断,	大	解	脱	得?	今	解
tshjij¹	śjij²	hụ²	dạ²	·iọ¹	lhə	nwə¹	tja¹	
说	请。	答	曰:	夫	足	知	者,	

永断轮回，得大解脱？今请解说。"答曰："夫知足者，

2541.9B.01

thja¹	tśhjiw¹	lhjɨ²	biọ¹	kwər¹	tsjir²	wa²	ŋwu²	niọw¹
彼	六	尘	观,	体	性	何	也?	LINK
thja¹	tsə¹	lhjɨ²	tjɨj²	gu²	swu²	ljɨ²	mjij¹	
彼	色	尘,	镜	中	像	及	梦	

观彼六尘，何为体性？又彼色尘，如镜中像及梦中境，

2541.9B.02

gu²	mjɨ²	sju²	ŋa¹	gu²	wjạ¹	ljɨ²	zjɨr²	kha¹
中	境	如,	空	中	花	及	水	中
lhjɨ²	sju²	dzjwo²	mej¹	lhạ²	phji¹	wẹ¹	mjijr²	
月	如,	人	目	迷	CAUS	愚	者	

如空中花及水中月，令人目眩。欺愚者

2541.9B.03

dźju¹	ŋwu²	sjij²	sjij¹	kjij¹	ku¹	zjɨr	ɣiej¹	ljọ²
欺	也。	仔	细	经	则	实	真	何

---

① 原文献字形为"𗈖"。

羸?	䘒	綝	靹	鮫?	綯	秖	嵢
dju¹	dzu¹	lew²	wa²	ŋwu²	dzjǫ	sju²	rjur¹
有?	爱	NMLZ	何	也?	譬	如	世

也。仔细过则何有真实？何为所爱？譬如世

2541.9B.04

秚,	桅	絆	瑭	羸,	刻	敿	屄	鮫,
kha¹	njɨ¹	sjij²	kjɨr¹	dju¹	lew¹	wę¹	lə²	ŋwu²
间,	二	画	师	有,	一	愚	痴	是,

刻	祓	羹	纅	敿	屄	瑭	纖	嵓
lew¹	sjij²	zjɨr¹	·ji¹	wę¹	lə²	kjɨr¹	tja¹	·jij¹
一	智	慧	多	愚	痴	师	者,	自

间，有二画师，一是愚痴，一多智慧。愚痴师者，自以

2541.9B.05

雎	菾	敿,	絤	絤	髲	移	铧	瑵
ŋwər¹	nər²	ŋwu²	mə²	mə²	·jij¹	wji¹	le²	ljɨ¹
青	黄	INST	种	种	相	作。	虎	狼

·ju¹	njạ¹	·jij¹	niow²	dju¹	sjij²	·jij¹	thju¹
鬼	神,	相	恶	有	画。	自	观

脝	滐	毡	绁	恔	蕌	悢	羆	絆
ljij²	zjij¹	tśjɨr²	le²	mej²	dźia²	niow¹	thja¹	sjij²
见	时,	惊	畏	毛	乱。	LINK	彼	画

秚,	焱	焱	雕	荕	龠	滐	敿	弦,
kha¹	lju²	śjwo²	rjar¹	gjij¹	kor¹	tśjɨ¹	ljɨ¹	njɨ²
LOC	美	丽	殊	胜	锦	绣	宝	珠,

---

① 原文献字形为"狠"。

见时，毛发悚然。又彼画中，美丽殊胜，锦绣珠宝，

2541.9B.07

胧	翰	毕	轶 。	觎	羾	菣	菣 ，	膌
mji¹	pjụ²	du¹	rjij²	·jij¹	ŋạ²	ljij²	zjij¹	sjij²
宫	殿	楼	阁。	相	好	见	时，	识

羉	羉	膠 ，	妣	甦	嬑	筋 。	狣	
lhạ²	dzu¹	zjij¹	dźjow¹	ka²	mjɨ¹	kjir²	thja¹	
幻	爱	著，	离	散	不	敢。	彼	

宫殿楼阁。见好相时，爱著①识幻②，不敢离散③。彼

2541.9B.08

繳	藗	莸 ？	骹	毕	縀	紁 ，	蘒	璥
tja¹	wa²	ŋwu²	mjij²	tśhji²	kjij¹	niow¹	thjɨ¹	sju²
者	何	也？	未	本	释	故，	是	如

蔠	羉	莸	籹	緵	嬑	甦	敠	屏
dja²	lhạ²	dzjij²	dzjwo²	dej²	djij¹	zjɨr¹	wẹ¹	lə²
DIR₁	惑，	他	人	讥	笑，	实	愚	痴

者何也？未释本故，如是迷惑，他人讥笑，实谓愚痴。

2541.10A.01

筋 。	莸	眷	瑞	繳 ，	狣	緵	璥	慚
·ji²	sjij²	zjɨr¹	kjɨr¹	tja¹	thja¹	wjɨ²	sju²	nja²
谓。	智	慧	工	者，	彼	DIR₁	如	非。

嵫	瘫	蘒	菣	訙	渶	絆	絹 ；
bja¹	niow²	·jij¹	ljij²	kja¹	le²	njij¹	mjij¹
凶	恶	相	见，	怖	畏	心	无；

智慧师者，非如同之。见凶恶相，无怖畏心；

---

① 爱著，谓执著于恩爱之境而难离之情。
② 识幻，谓识之不实，譬如幻化。
③ 汉译参考《究竟一乘圆明心义》，西夏文本"翰繳羉筋"对应汉文本"开口谁敢"。

2541.10A.02

西夏文	lju²	śjwo²	·jij¹	ljij²	dzu¹	lej²	njij¹	mjij¹	wa²
汉义	美	丽	相	见，	爱	贪	心	无。	何

西夏文	niow¹	·ji̱	ku¹	zji²	·jij¹	nja¹	sjij²	dźju¹
汉义	故	谓？	则	皆	自	DIR₁	画，	显

见美丽相，无贪爱心。谓何故？则皆自所画，

2541.10A.03

西夏文	tsjij²	niow¹	ŋwu²	dź-	tsə¹	dzow¹	ŋwej²	zji̠¹	kwər¹
汉义	了	故	也。	虚	色	和	合，	实	体

西夏文	tsji̠r²	mjij¹	lji̠¹	lji̠¹①	tśji̠²	ku¹	ŋwər¹	nər²
汉义	性	无，	一	一	过	则	青	黄

显了故也。合和虚色，无实体性，逐一过则青黄

2541.10A.04

西夏文	njij¹	phiow¹	tshji̠j²	nja¹	dzjiw¹	lhjwa̱¹	tshjwu¹	tsə¹	mə²
汉义	赤	白	紫	黑	土	灰	绿，	色	种

西夏文	njijr²	lwu̱¹	ŋwu²	sjij²	śji̠¹	wa²	ɣa²	njij¹
汉义	诸	和	INST	画	成。	何	于	心

赤白紫黑土灰绿，和诸色以成画。心著于何？

2541.10A.05

西夏文	（残）							

---

① 原始文献为"敎"。

zjij¹	wa²	'jij¹	dzu¹	khie¹	tjij¹	thjɨ²	sju²	ku¹
著?	何	OBJ	爱	憎?	若	是	如	则

絩	觓	蒵	瞾。					
lhə	nwə¹	mjij²	we²					
足	知	名	为。					

爱憎于何？若如是则名为知足。"

汉译文：

无边出罪，无量幻法，无等形相，皆难具说。一尘尚生无量罪，诸尘因罪，具说何尽？苦恼逼迫，轮回何止？罪莫大于不足也。六根迷惑，六识已生，我持著故，生外尘劳。迫此随相，爱憎心深，顺逆分故，怨亲离去。八境风波，六识波起，三界轮回，四生迷醉，苦恼狱内，无出离故，劫海无边。如是苦难，是六根不足故也。以此游梦三界，迷失一极，筐缚六根，六根为本。是故《万行首楞严经》云："佛谓阿难曰：'欲识知俱生无明，使汝轮转生死结根，唯汝六根，更无他物。'"汝六根中，定持实我，外染万缘，生死轮回。彼染六根，以不足故，则为大病。

问曰："云何名为知足，永断轮回，得大解脱？今请解说。"

答曰："夫知足者，观彼六尘，何为体性？又彼色尘，如镜中像及梦中境，如空中花及水中月，令人目眩。欺愚者也。仔细过则何有真实？何为所爱？譬如世间，有二画师，一是愚痴，一多智慧。愚痴师者，自以青黄，作种种相。虎狼鬼神，画有恶相。自观见时，毛发悚然。又彼画中，美丽殊胜，锦绣珠宝，宫殿楼阁。见好相时，爱著识幻，不敢离散。彼者何也？未释本故，如是迷惑，他人讥笑，实谓愚痴。智慧师者，非如同之。见凶恶相，无怖畏心；见美丽相，无贪爱心。谓何故？则皆自所画，显了故也。合和虚色，无实体性，逐一过则青黄赤白紫黑土灰绿，和诸色以成画。心著于何？爱憎于何？若如是则名为知足。"

2541. 10A. 05

[illegible]	[illegible]	[illegible]	[illegible]
sjij^{1}	rjur^{1}	tsji̱r^{1}	tsjɨ^{1}
今	诸	法	亦

今诸法亦

2541. 10A. 06

[illegible]	[illegible]	[illegible]	[illegible]。	[illegible]	[illegible]	[illegible]	[illegible]，	[illegible]
thja^{1}	rjir^{2}	·a	tjɨj^{2}	zji^{2}	tśhjiw^{1}	lhjɨ^{2}	ljɨ^{1}	ljɨɨr^{1}
彼	与	一	理。	皆	六	尘	虽，	四
[illegible]	[illegible]	[illegible]，	[illegible]	[illegible]	[illegible]	[illegible]，	[illegible]	
ljij^{2}	bju^{1}	śjwo^{1}	thja^{1}	dzu^{1}	khie^{1}	lew^{2}	zjɨr^{1}	
大	随	起，	彼	爱	憎	NMLZ	实	

与彼一样。虽皆六尘，四大而起，彼所爱憎，

2541. 10A. 07

[illegible]	[illegible]	[illegible]。	[illegible]	[illegible]	[illegible]	[illegible]，	[illegible]
dju^{1}	mjij^{2}	djij^{2}	sjij^{1}	mjor^{1}	dzjwo^{2}	dju^{1}	kor^{1}
有	未	曾。	今	现	人	有，	锦
[illegible]	[illegible]	[illegible]。	[illegible]	[illegible]	[illegible]	[illegible]，	[illegible]
tśjɨ̱^{1}	ŋa̱^{2}	dzu^{1}	thja^{1}	war^{2}	kwər^{1}	tsji̱r^{2}	bə^{2}
绣	好	爱。	彼	物	体	性，	虫

未曾实有①。现今有人，好爱锦绣。彼物体性，

2541. 10A. 08

[illegible]	[illegible]	[illegible]。	[illegible]	[illegible]	[illegible]	[illegible]，	[illegible]	[illegible]
gju^{2}	ŋwu^{2}	śjɨj^{1}	zjɨr^{1}	dź-	ka̱r^{1}	nio̱w^{1}	mə̱^{1}	tśhja̱^{1}
丝	INST	成。	实	虚	量	故，	火	上
[illegible]	[illegible]	[illegible]②，	[illegible]	[illegible]	[illegible]	[illegible]	[illegible]	

① 实有，非虚妄而为事实之义。凡夫不知一切诸法为因缘生，无其实性，执之为实有也。

② 原文献字形为“[illegible]”。

tji¹	pju²	lu²	niow¹	lji²	tshie²	tshie²	sar²
置	燃	烧，	LINK	香	臭	臭	散

以蚕丝成。量虚实故，置火上烧，后香臭散

2541.10B.01

矫	緲	矫	爤	蠡	緲，	瓶	弑	骸
lhji²	we²	lhji²	sar²	ŋa¹	we²	thja¹	ŋa²	ljọ²
尘	为。	尘	散	空	为，	彼	好	何

灬	滪	絽	钦	疹	烝	纖	蠡
dźjij¹	niow¹	dzjọ¹	dzjwo²	gji¹	lju²	tsə¹	dzu¹
在?	LINK	譬	人	有，	美	色	爱

为尘。尘散为空，彼好何在？复譬有人，欲爱美色，

2541.10B.02

緩，	豺	靦	庬	牶。	纞	牶	骹	锋
kiej²	lju²	·jij¹	rjur¹	tśhji²	sjij¹	tśhji²	kjij¹	ku¹
欲，	身	相	诸	根。	今	本	释	则

脁	秕	爰	緩	爰	緻	脁	骹，
tśhji¹	tśhja̱¹	dźji¹	lə²	dźji¹	zja̱¹	tśhji¹	kjur¹
肉	上	皮	遮，	皮	间	肉	盛，

身相诸根。现释本则肉上覆皮，皮间装肉，

2541.10B.03

脁	骹	牍	羿，	牍	纞	嬴	瓶，	纞
tśhji¹	khju¹	gju²	·o¹	gju²	rjir¹	rjir²	sa²	rjir¹
肉	下	筋	在，	筋	骨	与	接，	骨

緥	纞	鈯，	牍	麤	靵	纙	骸
njij¹	lhu²	tśhju¹	ŋwə¹	u̱²	nji¹	zjir²	sọ¹
中	髓	有，	五	藏	等	遍	三

肉下连筋，与筋骨接，骨中有髓，五脏等不算实足，遍三

2541.10B.04

ɣạ²	tśhjiw¹	mə²	mji¹	sej¹	dźjij¹	sə¹	nji²	·jar²
十	六	种，	不	算	实	足。	粪	室

su¹	tśior¹①	tśior¹	dźjɨ¹	bji¹	ŋwu²	la¹	thjɨ²
比	污	秽，	皮	薄	INST	容，	是

十六种。污秽如厕，容以薄皮，是

2541.10B.05

·jij¹	mjij²	tja¹	dźjij¹	nji²	·jar²	·jɨ¹	rjur¹	kha¹
GEN	名	者，	行	粪	室	谓。	世	间

wẹ¹	dzjwo²	thja¹	mej¹	njijr²	ljij²	dźjɨ²	phiow¹
愚	人，	彼	目	面	见，	赤	白

名曰行便所。世间愚人，见彼面目，观察赤白，

2541.10B.06

bio̱¹	thju̱¹	zji²	njwɨ¹	śjwɨ²	·jɨ²	phjo²	kar²	sjij²
观	察，	皆	美	和	谓，	分	别	智

mjij¹	lwow¹	dzu¹	lẹj²	śjwo¹	dźjɨ²	tja¹	sjij¹	ŋwu²
无，	妄	爱	贪	生。	赤	者	血	也，

皆谓和美，无分别智，妄生贪爱。赤者为血，

2541.10B.07

祥	纔	樵	散。	绉	羕	俞②	敆，	綪

---

① 原始文献字序为"樵禶"，倒文，据乙正符号校正。

② 原文献此字之前有一字"𥾈"，字上有删除符号。

phiow¹	tja¹	pə¹	ŋwu²	dzjǫ¹	thja¹	rar²	ŋwu²	war²
白	者	脓	也。	譬	彼	纱	INST	物

kjɨ¹	·jwɨ¹	zjij¹	dźjɨ²	djir²	ljij²	sju²	sjij²	
DIR₁	障	时,	红	外	见	如。	血	

白者为脓。譬如以纱障物时外见红。

2541.10B.08

njij¹	pə¹	phiow¹	lju²	lew²	wa²	dju¹	thja¹	mər²
红	脓	白,	美	NMLZ	何	有?	彼	根

tśhji²	kjij¹	njij¹	phiow¹	ŋwu²	śjɨj¹	thja¹	kwər¹	
本	释,	红	白	INST	成,	彼	体	

红血白脓，何美之有？释彼根本，红白而成，彼体

2541.11A.01

tshie²	tśior¹	śja²	sjij²	tsjir²	ŋwu²	dja²	sjɨ¹	niǫw¹
臭	污,	腥	臭	性	也。	DIR₁	死	后

ljijr²	kjij¹	ljij²	rjijr²	tshie²	kjɨ¹	·ju²	tsjɨ¹	
方,	毁	坏	胀	臭,	DIR₁	望①	亦	

污臭，腥臭为性。死后腐烂胀臭，望见亦憎，

2541.11A.02

khie¹	tśhjɨ¹	zjij¹	ljɨ¹	mjij²	dzjwo²	·jar¹	tjɨ¹	mjij¹
憎,	烧	时	风	下	人	立	处	无,

---

① 原文献字形为"𪊽"。

·jij¹	sjwɨj¹	ŋwu²	wji¹	thjɨ²	sju²	tshja²	lhjij²
自	业	INST	作。	此	如	报	受，

烧时下风无处立人，自作业。如是受报，

2541.11A.03

we¹	sjɨ¹	·jij¹	mər²	dźjɨ²	ŋja²	·jij¹	xjow¹	·jij¹
生	死	GEN	本，	罪	过	GEN	源，	自

mjɨ¹	tśhjɨ¹	dwewr²	thjɨ²	sju²	lju²	thju¹	lhạ²
不	尔	觉。	是	如	身	观，	迷

生死之本，罪过之源，自不曾觉。如是观身，

2541.11A.04

zow²	thjo¹	sej¹	wẹ¹	lə²	dja²	na¹	zjɨr¹	njij²
执	妙	算，	愚	痴	DIR₁	深，	实	慈

śjow¹	lew²	wẹ¹	sjij²	kjɨr¹	sju²	dzjij²	dzjwo²
悲	应。	愚	画	师	如，	他	人

迷执妙算，愚痴已深，实应慈悲。如愚画师，他人

2541.11A.05

dẹj²	lew²	sjij²	mjijr²	tsjij²	ku¹	dzjo¹	thja¹	tjɨj²
嫌	NMLZ	智	者	了	故，	譬	彼	镜

gu²	rjur¹	rar²	swu²	śja²	sej¹	tśior¹
中	诸	影	像	现，	净	淤

所嫌。智者了故，如彼镜中现诸影像，淤净

2541.11A.06

𗱕	𗲠	𗄝	𗤱	𗧁	𗐲。	𗒾	𗤁	𗤴
zji²	dʑ-	ŋa̱²	niow²	mər²	ŋa¹	khie¹	lew²	mjij¹
皆	虚，	好	恶	本	空。	憎	NMLZ	无

𗋽，	𗼦	𗤴	𗉑	𗱷？	𗾭	𗄻	𗤋	𘜶，
kha¹	dzu¹	lew²	wa²	dju¹	thji²	bju¹	tsjij²	ku¹
LINK	爱	NMLZ	何	有？	此	随	了	故，

皆虚，好恶本空。所憎尚无，所爱何在？① 以此了故，

2541.11A.07

𗤴	𗆜	𗖻	𗤱。	𗤴	𗆜	𗤱	𘜶，
śjij¹	ljwu¹	·jij¹	mjij¹	śjij¹	ljwu¹	mjij¹	ku¹
顺	逆	自	无。	顺	逆	无	故，

𗗜	𗤳	𗤵	𗸕	𗷦	𗰖	𗰗	𘜶，
ljwij¹	njij¹	njijr²	ka¹	rar²	swu²	sju²	ku¹
怨	亲	容	等。	影	像	如	故，

自无顺违。无顺违故，怨亲等容。如影像故，

2541.11A.08

𗤕	𗑴	𗆞	𗑴？	𗄝	𗤁	𗎉	𗤳，	𘝦
·jij¹	sjwɨ¹	tsjij¹	sjwɨ¹	ŋa²	dzjwo²	zow²	njij¹	thja¹
自	谁	他	谁？	我	人	持	心，	彼

𗤕	𗆜	𗑣。	𗄝	𗤁	𘒣	𘜶，	𗤴
śjij¹	·jij¹	dzjar²	ŋa²	dzjwo²	dzjar²	ku¹	dzjo̱¹
法	DIR₂	灭。	我	人	灭	故，	譬

谁自谁他？我人②持心，彼法乃灭。我人灭故，譬

2541.11B.01

𗰖	𗊱	𗥃	𗥑	𗗟	𗤀	𗰜	𗑗	𗐯
tsho²	ŋa¹	sju²	·jar¹	mjɨ²	lji¹	djɨj²	tśhjiw¹	lhjɨ¹
虚	空	如，	八	境	风	止，	六	尘

𗸼	𗢸①	𗑇	𗌟	𗍷	𗉵	𗆧	𗥫
pa¹	ta̱¹	mjijr²	ɣjow¹	gji¹	sej¹	sjij²	ŋjow²
波	息，	通	源	清	净，	智	海

如虚空，八境风止，六尘波息，通源清净，智海

2541.11B.02

𗩾	𗗟	𗑗	𗥑	𗪊	𗍺	𗡪	𗷲	𗐯
mjij¹	gji¹	tśhjiw¹	mjijr²	ŋowr²	lhə	khjɨ²	tśhja²	·io¹
静	澄，	六	通	具	足，	万	德	圆

𗴒②	𗤻	𗥃	𗍺	𗉮	𗍺	𗠝
swew¹	thjɨ²	sju²	bie²	lhew²	lhə	nwə¹
明。	是	如	解	脱，	足	知

静澄，六通③具足，万德圆明。如是解脱，因知足

2541.11B.03

𗥩	𗁦	𗋽	𗥔	𗤋	𗥬	𗀔	𗢸	𗋡
niow¹	ŋwu²	ɲia²	tśhju¹	mji¹	tsjij²	zow²	ŋa²	dzjwo²
故	也。	众	生	不	了，	持	我	人

𗅋	𗆟	𗥫	𗍺	𗤊	𗖻	𗍺	𗠝
wji¹	tśhjwo¹	mjɨ¹	lhə	we²	tjij¹	lhə	nwə¹
作，	方	不	足	为，	若	足	知

也。众生不了，为我执人，方为不足。若知足

---

① 原文献字形为"𗢸"。

② 原文献此字前有一"𗀦"（满）字，右侧有删除符号。

③ 六通，又称"六神通"。《俱舍论》卷二十七："通有六种：一神境智证通，二天眼智证通，三天耳智证通，四他心智证通，五宿住随念智证通，六漏尽智证通。虽六通中第六唯圣，然其前五，异生亦得。"

2541.11B.04

綷	兇	絅	孷	黻。
ku¹	dạ²	mjij¹	mjijr²	ŋwu²
则	事	无	者	也。

则无事者也。

汉译文：

　　今诸法亦与彼一样。虽皆六尘，四大而起，彼所爱憎，未曾实有。现今有人，好爱锦绣。彼物体性，以蚕丝成。量虚实故，置火上烧，后香臭散为尘。尘散为空，彼好何在？复譬有人，欲爱美色，身相诸根。现释本则肉上覆皮，皮间装肉，肉下连筋，与筋骨接，骨中有髓，五脏等不算实足，遍三十六种。污秽如厕，容以薄皮，是名曰行便所。世间愚人，见彼面目，观察赤白，皆谓和美，无分别智，妄生贪爱。赤者为血，白者为脓。譬如以纱障物时外见红。红血白脓，何美之有？释彼根本，红白而成，彼体污臭，腥臭为性。死后腐烂胀臭，望见亦憎，烧时下风无处立人，自作业。

　　如是受报，生死之本，罪过之源，自不曾觉。如是观身，迷执妙算，愚痴已深，实应慈悲。如愚画师，他人所嫌。智者了故，如彼镜中现诸影像，淤净皆虚，好恶本空。所憎尚无，所爱何在？以此了故，自无顺违。无顺违故，怨亲等容。如影像故，谁自谁他？我人持心，彼法乃灭。我人灭故，譬如虚空，八境风止，六尘波息，通源清净，智海静澄，六通具足，万德圆明。如是解脱，因知足也。众生不了，为我执人，方为不足。若知足则无事者也。

2541.11B.04

兇	綷	絘	蒉	緎	蘱	緁	託	黻
·jir¹	dạ²	sjij¹	mjor¹	śjạ¹	tshwew¹	tśhjiw¹	tśhji²	ŋowr²

问	曰：	今	现	七	趣	六	根	具
絓，	圆	膌						
lhə	·jar¹	sjij²						
足，	八	识						

问曰："现今七趣六根具足，八识

2541. 11B. 05

祗	纖，	嘉	彀	慨	猁，	巤	维	死
zji²	·ji¹	·jij¹	tsjij¹	mji¹	thwu̱¹	nja²	ŋa²	twu̱²
皆	众，	自	他	不	同，	你	我	各
嬔。	彩	肫	蚤	巟，	彩	訛	慨	
do²	tśhjiw¹	tśhji¹	zjɨr¹	dju¹	tśhjiw¹	mjɨ²	mji¹	
异。	六	根	实	有，	六	境	不	

皆众，自他不同，你我各异。六根实有，六境不

2541. 11B. 06

炟，	维	耖	绗	纖，	嘏	縐	綊	羌？
dź-	ŋa²	dzjwo²	mjij¹	tja¹	thjij²	sjo²	tsjij²	nji²
虚，	我	人	无	者，	何	云	了	2PL
綵	綵	耗	矒	颂	绝，	彩	肫	綕
hu̱²	da̱²	thja²	kwər¹	bio¹	lew²	tśhjiw¹	tśhji²	wa²
答	曰：	彼	体	观	NMLZ	六	根	何

虚，云何了无我人？"答曰："彼体所观，何为六根？

2541. 11B. 07

毃？	彩	訛	绬	慨	羍	彩	肫	鳚，
ŋwu²	tśhjiw¹	mjɨ²	ljo²	ljij²	thja¹	tśhjiw¹	tśhji²	kha¹
也？	六	境	何	来？	彼	六	根	中，
栘	荒	綗	毃，	栘	绝	綗	綊，	
wji¹	sji²	ljɨɨr¹	ljij²	wji¹	lew²	ljɨɨr¹	lhjɨ²	
作	NMLZ	四	大，	作	NMLZ	四	尘，	

作四大，作四尘，

何来六境？彼六根中，能作四大，所作四尘①，

2541.11B.08

·jar¹	tsjir̩¹	dzow¹	ŋwej²	thjɨ²	ŋwu²	kwər¹	we²	dzjo̩¹
八	法	和	合，	是	INST	体	为。	譬

sju²	rjur¹	kha¹	tśior¹	low²	wji¹	ljɨ¹	sji¹	dzjiw¹
如	世	间，	泥	球	作	及	木	积

合和八法②，以是为体。譬如世间，作泥球和积木

2541.12A.01

kjɨr²	thwu̲²	tśior¹	low²	sji¹	kjɨr²	dź-	ŋwej²	ŋwu²
室	如。	泥	球	木	室，	虚	合	INST

śjij¹	tśior¹	sji¹	lhjɨ²	lhjwo¹	low²	kjɨr²	mjij¹
成。	泥	木	尘	退，	球	室	无

成屋。泥球木室，虚合而成。泥木归尘，球室不

2541.12A.02

sju²	ljṵ²	tsjɨ¹	thja¹	lew²	ljiir¹	lhjɨ²	ljiir¹	ljij²
如。	身	亦	彼	同，	四	尘	四	大，

·jar¹	tsjir̩¹	ŋwu²	śjij¹	ljiir¹	ljij²	dźjow¹	ka²
八	法	INST	成，	四	大	离	散，

如。身亦同彼，四尘四大，八法而成，四大离散，

---

① 四尘，指色尘、香尘、味尘、触尘，又作四微。

② 八法，地、水、火、风等四大与色、香、味、触等四尘的总称。

2541.12A.03

綳	絼	死	懺，	縩	秏	酾	胤，	虪
ljiir¹	lhji²	twu̥¹	sar²	tśhjiw¹	tśhji²	kwər¹	tsjir²	lji¹
四	尘	各	散	六	根	体	性	何

戮①	㸚	逫?	酾	胤	絗	糀，	怭	絤
kji¹	do²	dźjij¹	kwər¹	tsjir²	mjij¹	kha¹	niow¹	ŋa²
所	处	在?	体	性	无	LINK	LINK	我

四尘各散，六根体性，何处所在？体性尚无，我在何所？②

2541.12A.04

祽	羸?	縺	黻	赦	毤	綳	絼
ljo̥²	dju¹	thji²	ljij²	lji̱¹	thja¹	ljiir¹	lhji²
何	有?	此	大	及	彼	四	尘

鞁，	禠	絤	黻	缝	圆	絤	蔹
nji²	zji²	ŋa²	ŋwu²	ku¹	·jar¹	ŋa²	dja²
等，	皆	我	也	故，	八	我	DIR₁

此大及彼四尘等，皆是我故，已为八我，

2541.12A.05

絗，	嵃	酾	虪	黻?	圆	禯	鞁	怭，
we²	·jij¹	kwər¹	lji¹	ŋwu²	·jar¹	tsjir¹	rjir²	niow¹
为，	自	体	何	也?	八	法	以	外，

絤	祽	㸚	羸?	圆	禯	蔺	缝
ŋa²	ljo̥²	do²	dju¹	·jar¹	tsjir²	śjij¹	ku¹
我	何	处	有?	八	法	成	则

谁为自体？③ 八法以外，何处有我？八法成则

---

① "虪戮"为复合疑问代词，其用法参见段玉泉《西夏语的疑问代词 lji¹kji¹》，《西夏研究》2022 年第 4 期。

② 译文参考《究竟一乘圆明心义》，西夏文本"絼歨絗糀，怭秏祽羸"对应汉文本"尘尚归无，人在何所"。又西夏文本"怭絤祽羸"对应汉文本"我何所在"。

③ 译文参考《究竟一乘圆明心义》，西夏文本"嵃酾虪黻"对应汉文本"谁为自体"。

2541.12A.06

𗾱	𗋽	𗑱	𗹙?	𗑠	𗾱	𗼨	𗥑,	𗋽
·jar¹	ŋa²	thjij²	we²	thji²	·jar¹	tsjir¹	ka²	ŋa²
八	我	何	为？	此	八	法	离，	我

𗹪	𗤛	𗤁,	𗑱	𗫻	𗑠	𗷛	𗋽
dzjọ¹	piẹ¹	mej²	thjij²	sjo²	thjɨ²	zow²	ŋa²
如	龟	毛，	何	云	此	执	我

何为八我？离此八法，我如龟毛①，云何令此为执我？

2541.12A.07

𗹙	𗾊	𗍷?	𗤻	𗾱	𗼨	𗧀	𗢆	𗤪
we²	phjo²	nja²	tjij¹	·jar¹	tsjir¹	kha¹	lwu²	dźjij¹
为	令	2SG	若	八	法	中	隐	在

𗣼,	𗳮	𗹪	𗫹	𗴼	𗱽,	𗣼	𗽃
·jɨ²	ku¹	dzjọ¹	mə¹	nji²	tjɨj²	be²	tsja¹
谓，	则	譬	火	珠	镜，	日	热

若谓隐于八法中，则如火珠镜，逢遇炎日，

2541.12A.08

𗴺	𗠍,	𗭾	𗱈	𗽐	𗺉,	𗱜	𗺸
rjir²	djụ¹	wjạ²	tśhjạ¹	bji¹	zjij¹	lhjwɨ²	ŋwu²
与	遇，	蔓	上	光	着，	突	INST

𗫹	𗾊,	𗑠	𗫹	𗥳	𗾊?	𗅋	𗍷
mə¹	to²	thjɨ²	mə¹	ljo²	to²	lja¹	tji²
火	出，	此	火	何	出？	来	处

蔓上着光，突然出火，何出此火？不明来处，

2541.12B.01

𗴺	𗋽,	𗭼	𗭼	𗱜	𗤛,	𗌮	𗑠

---

① 龟毛，譬喻有名无实之物。

mjɨ¹	sjwij¹	ljɨ¹	ljɨ¹	tśhji²	kjij¹	·u²	djɨr²
不	明，	一	一	本	释，	内	外

zji²	mjij¹	thjɨ²	nio̱w¹	thja¹	mə¹	lja¹	tji²
皆	无。	是	故	彼	火	来	处

逐一释本，内外皆无。是故不觉彼火来处。

2541.12B.02

mjij¹	dwewr²	thja¹	mə¹	lwa̱¹	zjij¹	lhjwo¹	ljo²	dja²
不	觉。	彼	火	灭	时，	退	何	DIR₁

rjɨr²	tjɨj²	do²	·o²	mo²	la̱¹	ɣa²	·o²
去？	镜	处	入	IRR	手	于	入，

彼火灭时，退去何处？入镜乎？入手，

2541.12B.03

kjɨ¹	·o²	ŋa¹	ɣa²	·o²	mo²	ljo²	do²	wjɨ²
DIR₁	入，	空	于	入	IRR	何	处	DIR₁

djɨj²	thjij²	kjir²	·ju²	tsjɨ¹	rjir¹	lew²	mji¹
休？	何	可	寻？	亦	得	NMLZ	不

已入，入空乎？何处休？何可寻？亦无所得。

2541.12B.04

dju¹	lwu²	tji²	sjwij¹	ku¹	dzjar²	tsjɨ¹	phja¹	mjij¹
有。	隐	处	明	故，	灭	亦	边	无。

---

① 原文献字形为"𗱎"。

𗹬	𗂃	𗆟	𗿒	𗰜	𗣼	𗾖	𗏁
thji²	bju¹	nwə¹	ku¹	we̲¹	lja¹	tji²	mjij¹
此	随	知	则	生	来	可	不，

隐处明故，灭亦无边。准此知①则生不可来，

2541.12B.05

𗣿	𗷅	𗾖	𗏁	𗷅	𗏁	𗣼	𗏁	𗑱
dzjar²	śji¹	tji²	mjij¹	śji¹	mjij¹	lja¹	mjij¹	wa²
灭	去	可	不，	去	无	来	无，	何

𗰜	𗑱	𗣿？	𗫂	𗼃	𗢳	𗥃	𗢸
we̲¹	wa²	dzjar²	wji¹	mjijr²	ŋa²	tsjir¹	rjir¹
生	何	灭？	作	者	我	性，	得

灭不可去，无去无来②，何生何灭？作者我性，

2541.12B.06

𗾖	𗏁	𗎫	𗫂	𗦇	𗆈	𗂧	𗟲	𗭪
tji²	mjij¹	kha¹	wji¹	lew²	tśhjiw¹	tśhji²	zjɨr¹	kwər¹
可	不	LINK	作	NMLZ	六	根，	实	体

𗤁	𗤼？	𗭪	𗅲	𗏁	𗎫	𗹬	𗢳	𗤻
ljo̲²	dju¹	kwər¹	tsji¹	mjij¹	kha¹	nio̲w¹	ŋa²	thjij²
何	有？	体	亦	无	LINK	LINK	我	何

尚不可得，六根所作，有何实体？体尚归无，我在何所？

2541.12B.07

𗤼？	𗹬	𗂃	𗗙	𗿒	𗢳	𗤁	𗣼	𗤼。
dju¹	thji²	bju¹	tsjij²	ku¹	ŋa²	tsjɨ¹	mji¹	dju¹
有？	此	随	了	则	我	亦	不	有。

𗢳	𗣼	𗤼	𗿒	𗣛	𗆈	𗂧	𗴵	𗧁
ŋa²	mji¹	dju¹	ku¹	thja¹	tśhjiw¹	tśhji²	tja¹	·jij¹

---

① 译文参考《究竟一乘圆明心义》，西夏文本"𗹬𗂃𗆟𗗙"对应汉文本"准此则知"。

② 译文参考《究竟一乘圆明心义》，西夏文本"𗷅𗏁𗣼𗏁"对应汉文本"无去无来"。

我　　不　　有　　则　　彼　　六　　根　　者，　　自

以此了则我亦不有。我不有则彼六根者，自

2541.12B.08

𗱠	𗲩	𗟨	𗤱	𗟲	𗤛	𗼻	𗥃	𗫸
bie²	lhew²	we²	thjɨ²	sju²	njwi²	ku¹	tśhjwo¹	lhə
解	脱	为。	此	如	能	故，	方	足

𗟜	𗟬	𗤢	𗤨	𗥃	𗇋	𗤻	𗟪	𗆧①
nwə¹	·ji²	tśhjiw¹	lhji²	mji²	tsjɨ¹	thja¹	rjir²	·a
知	谓。	六	尘	境	亦	彼	与	一。

为解脱。能如是故，方谓知足。六尘境亦与彼一样。

2541.13A.01

𗥑	𗱆	𗤲	𗟨	𗤙	𘓐	𗗙	𗥃	𘓐
zjɨr¹	dju¹	thjij²	we²	dzjo̲¹	mjij¹	gu²	mji²	mjij¹
实	有	何	为？	如	梦	中	境。	梦

𗤜	𗾗	𗤭	𗾈	𗝞	𗤵	𘓐	𗤯
njij¹	ŋwu²	śja²	lja¹	śjwo¹	tji̲²	mjij¹	śji¹
心	INST	现，	来	起	可	不，	往

何为实有？如梦中境。梦以心现，来不可起，往

2541.13A.02

𗤺	𗤵	𘓐	𗫱	𗥹	𗤜	𗾗	𗫴	𗤵
nji²	tji̲²	mjij¹	zji²	·jij¹	njij¹	ŋwu²	rjir¹	tji²
至	可	不，	皆	自	心	是，	得	可

𗗚	𗰖	𗫴	𗤵	𘓐	𗫸	𗵹	𗦻
ljo̲²	·wjij²	rjir¹	tji²	mjij¹	ku¹	nio̲w¹	dzu¹
何	有？	得	可	不	故，	LINK	爱

不可至，皆即是心，有何可得？不可得故，又爱憎、

---

① 参考上下文，此处疑脱一"𗘲"（理）字。

2541.13A.03

羧	斄	蓏	瑜	矗	豩 、	骸	縿	羿
khie¹	lji̱¹	śjij¹	ljwu¹	·jij¹	tsjij¹	lhjwi¹	dźji̱r¹	ljwi̱j¹
憎	及	顺	逆	自	他 、	取	舍	怨
胖,	羺	叕	佷	瀲?	蘮	瀡	祝	
njij¹	rjir¹	tji̱²	·wjij²	mo²	tjij¹	thji̱²	sju²	
亲,	得	可	有	IRR	若	是	如	

顺逆自他，取舍怨亲，有可得乎？若如是

2541.13A.04

縫	窸	姤①	訛	巌,	羆	屸	瓾
ku¹	tśhjiw¹	lhji̱²	mji̱²	kiej²	thja¹	tsji̱¹	bie²
则	六	尘	境	界,	彼	亦	解
薮,	訮	絟	胤	努。	窸	帄	慨
lhew²	tśhjwo²	lhə	nwə¹	·ji̱²	tśhjiw¹	tśhji²	mji¹
脱,	方	足	知	谓。	六	根	不

则六尘境界，彼亦解脱，方谓知足。无有六根，

2541.13A.05

羸,	窸	訛	潇	绢,	瓾	瓾	祗	龘②
dju¹	tśhjiw¹	mji̱²	mər²	mjij¹	ŋa²	ŋa²	·jij¹	dzjar²
有,	六	境	本	无,	我	我	OBJ	灭,
羆	祗	豹	纋	瓾	薮	祗	努。	
thja¹	·jij¹	mjij²	tja¹	bie²	lhew²	·jij¹	·ji̱²	
彼	GEN	名	者,	解	脱	OBJ	谓。	

本无六境，我我之灭，此名曰解脱。

---

① 原文献此字前有一字"羝"，右侧有删除符号。
② 原始文献字序为"龘祗"，倒文，据乙正符号校正。

汉译文：

问曰："现今七趣六根具足，八识皆众，自他不同，你我各异。六根实有，六境不虚，云何了无我人？"

答曰："彼体所观，何为六根？何来六境？彼六根中，能作四大，所作四尘，合和八法，以是为体。譬如世间，作泥球和积木成屋，泥球木室，虚合而成，泥木归尘，球室不如。身亦同彼，四尘四大，八法而成，四大离散，四尘各散，六根体性，何处所在？体性尚无，我在何所？此大及彼四尘等，皆是我故，已为八我，谁为自体？八法以外，何处有我？八法成则何为八我？离此八法，我如龟毛，云何令此为执我？若谓隐于八法中，则如火珠镜，逢遇炎日，蔓上着光，突然出火，何出此火？不明来处，逐一释本，内外皆无。是故不觉彼火来处。彼火灭时，退去何处？入镜乎？入手，已入，入空乎？何处休？何可寻？亦无所得。隐处明故，灭亦无边。准此则知生不可来，灭不可去，无去无来，何生何灭？作者我性，尚不可得，六根所作，有何实体？体尚归无，我在何所？以此了则我亦不有。我不有则彼六根者，自为解脱。能如是故，方谓知足。六尘境亦与彼一样。何为实有？如梦中境。梦以心现，来不可起，往不可至，皆即是心，有何可得？不可得故，又爱憎、顺逆自他，取舍怨亲，有可得乎？若如是则六尘境界，彼亦解脱，方谓知足。无有六根，本无六境，我我之灭，此名曰解脱。"

第四节　性海圆明解脱门

2541.13A.06

散	颰	稦	胣	傷	縅	薮	靫
so¹	tsjir²	ŋjow²	·iọ¹	swew¹	bie²	lhew²	ɣa¹
三	性	海	圆	明	解	脱	门

三、性海圆明解脱门

2541.13A.07

𗷀	𗦠:	𗾟	𘝯	𗽻	𘄴	𗜈	𘝵	𗣀
·jɨr¹	da̱²	tśhji²	mjɨ¹	djij²	dzjar²	sjij²	zjɨr¹	ŋa²
问	曰:	根	境	DIR₂	灭,	识	实	我

𗊞,	𗍥	𗣼	𗮀	𗤟,	𗜈	𘞛	𗾟
ŋwu²	so̱¹	kiej²	·jij¹	·jiw¹	sjij²	mər²	tśhji²
也,	三	界	GEN	因,	识	本	根

问曰:"根境当灭,识为实我,三界之因,识为根本。

2541.13A.08

𘀾。	𘞛	𗾟	𗗙	𘕰	𘓺	𘊝	𗤿	𗤾,
we²	mər²	tśhji²	dju¹	ku¹	we¹	sjɨ¹	twe̱²	twe̱²
为。	本	根	有	故,	生	死	相	续,

𗰖	𘝲	𗧠	𗏻,	𗢭	𗸰	𗢾	𗷀
tśhjiw¹	kjwɨr¹	ŋwu²	lə¹	khjɨ²	tśha²	dźju¹	gie¹
六	贼	INST	碍,	万	德	显	难,

有根本故,生死相续,六贼①障碍,万德难显,

2541.13B.01

𗾟	𗸕	𘃗	𗵺	𗍱	𘚢	𗹙	𗐞。	𗔀
tśhji²	bja²	war²	kjij¹	ɣjow¹	rowr¹	lju̱¹	mjo̱²	tśhji¹
根	断	枝	朽,	源	枯	流	竭。	尔

𘘵	𘔼②	𗥔	𘞛	𗧁	𘊝	𘝦	𗈣
dzjɨj¹	mja¹	niow¹	sjij²	ŋjow²	we¹	mjij¹	tśji¹
时	然	后	识	海	生	无,	苦

残根断枝,枯源竭流。尔时然后,识海③无生,苦

---

① 六贼,指通过"眼、耳、鼻、舌、身、意"感受到的"色、声、香、味、触、法"。
② 原文献字形为"𘔼"。
③ 识海,指藏识之海。以真如为如来藏识,真如随缘而起诸法,如海之波涛,故称识海。

2541.13B.02

韕	嘉	蠢,	毻	訛	薮	骰。	豼	茲
ɣjow¹	·jij¹	dzjar²	tśhji²	mjɨ²	ŋa¹	ŋwu²	·wjɨ¹	rjir²
源	自	灭，	根	境	空	是。	幻	与

豣	纗	轺	敽	婃	徔,	騰	蚤	
thwu̲¹	tja¹	·a	ljɨ¹	tsjij²	djij²	sjij²	zjir¹	
同	者，	一	LINK	了	LINK	识	实	

源自灭，根境即空。与幻相同，虽然了一，识为实

2541.13B.03

緂	纾,	轲	咙	婃	绒。	纞	茐	薮
ŋa²	we²	xja¹	nwə¹	tsjij²	gie¹	sjij¹	ɣiej¹	ŋa¹
我	为，	即	知	了	难。	今	真	空

緵	虠,	缪	馠	緉	骰,	狐	茲	
thjo̲¹	dju¹	wo²	thjij²	sjo²	ŋwu²	rjir²	tshjij¹	
妙	有，	义	何	云	也，	DIR₁	说	

我，即知难了。今真空妙有①，所说所作，义云何也？"

2541.13B.04

荺	荒?	綒	髥:	缣	狐	茐	骸,	禘
wji¹	nji²	hu̲²	da̲²	śji¹	rjir²	tshjij¹	ŋewr²	zji²
作	2PL	答	曰:	前	DIR₁	说	等，	皆

狏	敽	骰,	瘬	纗	蚤	茐	缣	
tśier¹	·ju²	ŋwu²	thjɨ²	tja¹	zjir¹	ɣiej¹	śji¹	
方	便	是，	此	者	实	真。	前	

答曰："前所说等，皆是方便②，此者真实。前

---

① 真空妙有：非空之空，而非如小乘偏执之但空，谓之真空；非有之有，而非如凡夫妄计之实有，谓之妙有。

② 方便，佛为悟性不高的众生设立的浅易修行方法。汉译参考"狏敽婜毻薮悕篗"（广设方便，策动不息）。

2541.13B.05

纖	燚	桃	焱	耗	，	滌	纖	燚	緞
tja¹	dji¹	we²	rjir²	lew²	thji²	tja¹	lji̵¹	to²
者	化	城	与	同	，	此	者	宝	出

焱	桃	．	脯	移	翌	穆	绊	赦
tji²	sju²	djo²	mjijr²	zjir²	ɣiej¹	njij¹	ŋwu²
处	如	。	行	者	实	真	心	INST

者与化城同，此者如出宝处。行者①当以真实心

2541.13B.06

蔽	蔽	纵	綖	．	舵	綱	韭	瓶	瀧	，
na¹	na¹	tsjij²	lew²	·io̥¹	ljiir¹	we̲¹	·ji̵²	me²
深	深	了	当	。	夫	四	生	睡	眠

纵	瓶	骸	綖	綫	裕	牂	輥
gji̵¹	dju¹	mjij²	gji¹	gji¹	sej¹	mər²	ɣjow¹
九	有	未	寤	清	净	本	源

深了。夫四生睡眠，九有②未寤。本源清净，

2541.13B.07

蕘	爨	牿	毗	，	蕊	缴	纵	蘖	瀿
dja²	lha̲²	źiə²	dziej²	tśja¹	ljij²	ɣu¹	tshwew¹	bju¹
DIR₁	迷	轮	回	道	方	首	趣	明

絧	叛	赚	綖	蕊	扁	颟	緔
mjij¹	·o²	thji¹	tśhjiw¹	tśja¹	lə²	pho̥¹	lia²
无	酒	饮	六	道	痴	覆	醉

迷惘轮回，向道首趣，无明③酒饮④，六道痴覆。

---

① 汉译参考《究竟一乘圆明心义》，西夏文本"脯移"对应汉文本"行者"。
② 九有，又云九居。三界中有情乐住之处有九所，名曰九有情居，又云九众生居。略云九有，又云九居：一欲界之人与六天，二初禅天，三二禅天，四三禅天，五四禅天中之无想天，六空处，七识处，八无所有处，九非想非非非想处（此中除无想非非想名七识住）。
③ 无明，指的是三毒中的痴毒，心性暗钝，迷于事理之法者。
④《贤智集·小乘意法》："无名酒饮，色身上所执有我。"

2541.13B.08

[illegible] [illegible] [illegible]， [illegible] [illegible] [illegible] [illegible]。 [illegible]
me[2] dzu[1] nio̱w[1] lew[1] mjijr[2] lhạ[2] mji̱j[1] tśjị[1]
卧 爱 故， 一 通 迷 梦。 苦
[illegible] [illegible] [illegible]， [illegible] [illegible] [illegible] [illegible]。 [illegible]
ŋjow[2] djị[1] dźjwow[1] phə[2] sju[2] tsu[2] bu[1] lhạ[2]
海 沉 浮， 泡 如 涌 没。 迷

爱醉卧故，一通迷梦。苦海沉浮，涌没如泡。

2541.14A.01

[illegible] [illegible] [illegible]， [illegible] [illegible] [illegible] [illegible]。 [illegible] [illegible]
bju[1] khjwi[2] dziej[2] kjiwr[1] sju[2] lja[1] ·wjij[1] dwewr[2] tśja[1]
随 圆 轮， 蚁 如 来 去。 觉 道
[illegible] [illegible]， [illegible] [illegible] [illegible] [illegible]， [illegible] [illegible]
tjị[2] nwə[1] mer[2] lhạ[2] ŋwu[2] rar[2] lho ka[2]
可 知， 迷 惑 INST 经， 出 离

随迷圆轮，来去如蚁。觉道可知，历经迷惑，心虽出离，

2541.14A.02

[illegible] [illegible]， [illegible] [illegible] [illegible] [illegible]， [illegible] [illegible] [illegible]
njij[1] ljɨ[1] tśhju[1] djij[2] ·jiw[2] lhạ[2] gja[2] ŋwu[2] ·jij[1]
心 虽， 有 LINK 疑 惑， 吾 INST 自
[illegible]。 [illegible] [illegible] [illegible] [illegible]， [illegible] [illegible] [illegible]
tśiə[2] tjij[1] lji[2] mə[1] swew[1] sjịj[2] mji[1] to[2]
缠。 若 西 天 照， 智 不 出

而有疑惑，吾以自缚。若照西天，智不出

2541.14A.03

[illegible]， [illegible] [illegible] [illegible] [illegible]， [illegible] [illegible] [illegible]？ [illegible]
ku[1] gjɨ[1] dju[1] lhạ[2] na[1] wa[2] ŋwu[2] ljịj[2] thjɨ[2]
故， 九 有 迷 昧， 何 INST 坏？ 是

nio̱w¹	dwewr²	pjṷ¹	njij²	śjwo¹	ljij²	mjijr²	wjṵ¹
故	觉	尊	慈	生	大	者	悲

故，九有迷昧，以何坏？是故佛陀①发慈，大人施悲②。

2541.14A.04

mji̱¹	kjɨr²	·u²	ljɨ¹	nej²	lhwu¹	zjạ¹	nji²	nur¹
施。	室	LOC	宝	指，	衣	间	珠	示。
lụ²	gji²	·wja¹	ljij²	no²	rejr²	kjɨ¹	lhjụ²	
贫	子	父	见，	稳	安	DIR₁	获。	

室内指宝，衣间示珠③。贫子见父，定获安稳。

2541.14A.05

·ja²	rja²	lhạ²	gji¹	kjạ¹	le²	rjir²	ka²	ljij²
[演]	[若]	迷	瘤，	怖	畏	与	离。	大
tụ¹	？	lwər²	lew¹	lhjɨ²	gu²	tśhju¹	wjɨ²	
千	卷	经	一	尘	中	有	DIR₁	

演若迷瘤，远离怖畏④。破一尘出大千经卷⑤，

---

① 西夏文"𗼃𘘵"（觉尊），义为"佛陀"，来自藏文 sangs-rgyas。инв. № 7165《一切如来百字要门发愿文》中有"𘘵𗼃"（觉尊）；инв. № 234《五部经序》中有"𗼃𘘵"（尊觉）。

② 这两句用了"互文"修辞方法，意思是"佛陀和大人发施慈悲"。

③ 这两句用了"互文"修辞方法，"宝珠"应指"如意珠"。《首楞严经》卷四："譬如有人，于自衣中，系如意珠，不自觉知。穷露他方，乞食驰走。虽实贫穷，珠之曾失。忽有智者，指示其珠，所愿从心，致大饶富，方悟神珠非从外得。"

④ 《楞严经》卷四："如彼城中，演若达多，岂有因缘，自怖头走。"

⑤ 《缁门警训》卷四："天台智者大师云：'何不绝语言置文字。破一微尘出大千经卷。一微尘者。众生妄念也。大千经卷者。众生佛性也。众生佛性为妄念所覆。妄念若破则佛性现前。'"

2541.14A.06

蘾,	燃	檐	絆	辊,	羄	豽	帰	藐
la²	mji¹	nji̱¹	njij¹	ɣjow¹	thja¹	lju²	·u²	dju
拔,	不	二	心	源,	彼	身	LOC	有

燋	祇。	絛	橄	蕊	緂	戤	骸
dźju¹	phji¹	mjor¹	ljij²	rjur¹	to²	thji̱¹	nur¹
显	CAUS	如	来	世	出,	此	示

令彼身内不二心源显现。如来出世，示此谓心。

2541.14A.07

絆	勠。	斱	緂	榯	藫	菠	犤	麳:
njij¹	·ji²	tśhjwo¹	wja¹	sej¹	lwər²	lhejr²	kha¹	tshjij¹
心	谓。	故	花	莲	契	经	中	说:

絛	橄	刭	散	羄	緂	緂	瓢,	蕊
mjor¹	ljij²	lew¹	ljij²	da̱²	·jiw¹	niow¹	bju¹	rjur¹
如	来	一	大	事	因	缘	因,	世

故《莲花经》① 中说：'如来为一大事因缘，

2541.14A.08

犤	緂	緂,	蕊	糒	祇	孫	絆	燃
kha¹	wji̱²	to²	rjur¹	ɲia²	tśhju¹	·jij¹	tha¹	nwə¹
间	DIR₁	出,	诸	众	生	OBJ	佛	知

散	緂	誃	榯	羄	祇	緂	緂
ljij²	phie²	gji¹	sej¹	rjir¹	phji¹	kiej²	niow¹
见	开,	清	净	得	CAUS	欲	故

欲令众生开佛知见，使得清净故，出现于世。'"②

---

① 即《妙法莲华经》，又称《法华经》《妙法华经》。

② 汉文本《妙法莲华经》："诸佛世尊，欲令众生开佛知见，使得清净故，出现于世。"汉文本《华严经探玄记》卷一："《法华》亦云：如来为一大事因缘故，出现于世，所谓开示悟入佛知见等。"

2541.14B.01

𗒀	𗤹。
ŋwu²	·jɨ²
也	QUOT

汉译文：

三、性海圆明解脱门

问曰："根境当灭，识为实我，三界之因，识为根本。有根本故，生死相续，六贼障碍，万德难显，残根断枝，枯源竭流。尔时然后，识海无生，苦源自灭，根境即空。与幻相同，虽然了一，识为实我，即知难了。今真空妙有，所说所作，义云何也？"

答曰："前所说等，皆是方便，此者真实。前者与化城同，此者如出宝处。行者当以真实心深了。夫四生睡眠，九有未寤。本源清净，迷惘轮回，向道首趣，无明酒饮，六道痴覆。爱醉卧故，一通迷梦。苦海沉浮，涌没如泡。随迷圆轮，来去如蚁。觉道可知，历经迷惑，心虽出离，而有疑惑，吾以自缚。若照西天，智不出故，九有迷昧，以何坏？是故佛陀发慈，大人施悲。室内指宝，衣间示珠。贫子见父，定获安稳。演若迷寤，远离怖畏。破一尘出大千经卷，令彼身内不二心源显现。如来出世，示此谓心。故《莲花经》中说：'如来为一大事因缘，欲令众生开佛知见，使得清净故，出现于世。'"

2541.14B.01

𗑠	𗤼	𗤻	𗀔：	𗆟	𗴺	𗁦	𗢳	𗾺	𗤉
niow¹	śji¹	·jɨr¹	da̠²	so̠¹	kiej²	·jij¹	·jiw¹	sjij²	mər²
LINK	前	问	曰：	三	界	GEN	因，	识	本

𗣼	𗤹	𗤹	𗣼	𗤻？①	𗲠	𗰜

---

① 此处"𗤻"用在句尾，表示反问，与汉语"……不(否)"相当。

tśhji²	we²	ˑjɨ²	nja²	djij²	thja¹	tja¹
根	为	QUOT	2SG	LINK	彼	者

又前问曰："三界之因，识为根本不？"

2541.14B.02

𗁍	𗟇	𗏚	𗷀	𗖔	𗢳	𗣼	𗿒 。	𗫣
rjur¹	tsjɨr¹	ˑjij¹	ɣjow¹	zji²	kha¹	ljɨ¹	ŋwu²	tśhjwo¹
诸	法	GEN	源	最	中	愧	也	故

𗣊	𗴼	𗢳	𗔆 ：	𗦴	𗒹	𗗙①	𗠇 ，	𗠟
lwər²	lhejr²	kha¹	tshjij²	sọ¹	kiẹj²	lew¹	sjij²	śja¹
契	经	中	说	三	界	唯	识	十

诸法之源，彼为最愧。故《经》云："三界唯识，十

2541.14B.03

𗼃	𗗙	𗰜	𗵘 。	𗰛	𗿵	𗒩	𗾈	𗏵
ljijr²	lew¹	njij¹	ˑjɨ²	bie²	lhew²	kiẹj²	ku¹	thjɨ²
方	唯	心	QUOT	解	脱	欲	则	此

𗣼	𗁍	𗃥 。	𗁍	𗽺	𗤙	𗿒 ，	𗰜	𗷀
ŋwu²	tśhji²	we²	rjur¹	djọ²	mjijr²	ŋewr²	njij¹	ɣjow¹
INST	根	为	诸	行	者	等	心	源

方唯心。"② 欲解脱则以此为根。诸行者等，心源

2541.14B.04

𗰭	𗾈	𗴼	𗗙	𗜈	𗺓 ；	𗰜	𗷀	𗤛
lhạ²	ku¹	we¹	sjɨ¹	dji¹	dźjwow¹	njij¹	ɣjow¹	tsjij²
迷	则	生	死	沉	浮	心	源	了

𗾈	𘟣	𗒩	𘄄	𗷀 。	𗫣	𗗙	𗣼
ku¹	źiə²	dziej²	tsiow	ka²	tśhjwo¹	wjạ¹	śjwo²

---

① 原文献字形为"𗗙"。
② 《宗镜录》卷二："《经》云：'三界唯心，万法唯识。'"《万善同归集》卷上："唯心净土，
周遍十方。"

则　轮　回　永　离。　故　花　严

迷则沉浮生死；心源了则永离轮回。故《花严

2541.14B.05

lwər²	lhejr²	kha¹	tshjij¹	·jij¹	njij¹	tsjij²	mjɨ¹	njwi²
契	经	中	说：	自	心	了	不	能，
tśhja²	tśja¹	thjij²	sjo²	nwə¹	·jɨ²	njij¹	tsjij²	tha¹
正	道	何	云	知	QUOT	心	了	佛

经》云："不能了自心，云何知正道?"① 了心即佛②，

2541.14B.06

ŋwu²	mər²	ɣa²	ŋa²	mjij¹	thjɨ²	bju¹	tsjij²	ku¹
也，	本	来	我	无，	此	随	了	则
mjij²	bie²	lhew²	·jɨ²	·jɨr¹	dạ²	thjɨ²	njij¹	śji¹
名	解	脱	谓。	问	曰：	是	心	始

本来无我，以此了则名曰解脱。问曰："是心

2541.14B.07

mjij¹	ɣa²	śjwo¹	we¹	sjɨ¹	·jij¹	tśhji²	lə¹	ɣie²
无	从	起，	生	死	GEN	根，	障	碍
·jiw¹	ŋwu²	mjor¹	ɣiej¹	mji¹	ljạ¹	thjɨ²	njij¹	
故	也。	如	真	不	证，	是	心	

故也。如真不证，是心

---

① 汉文本《大方广佛华严经》卷一六《须弥顶上偈赞品》："不能了自心，云何知正道。"

② 汉文本《无上圆宗性海解脱三制律》有"了心即佛"。

起于无始①，生死之根，是障碍故。是心不证真如，

2541.14B.08

𗧘	𘃨	𗵘	𗡘	𗣼	𗣋	𗢤	𗣺②
dźji	wji¹	thjɨ²	·jij¹	thjij²	sjo²	tha¹	ŋwu²
ERG		此	OBJ	何	云	佛	是

𗢰	𗱕?	𗼧	𗣼	𗧓	𘃨,	𗣔	𗧤
·ji²	nja²	kjwɨr¹	mjijr²	gji¹	wji¹	tsjir¹	war²
谓	2SG	贼	者	子	作,	法	财

云何谓此是佛？" 为贼人子，窃财坏法。

2541.15A.01

𗢤	𗳒	𗈼	𗣼	𘜔	𗢤	𗿒	𗱞	𗴡
tśhiow¹	ljij²	wẹ¹	mjijr²	śio¹	ŋwu²	lə¹	na¹	tji¹
窃	坏。	愚	者	导	INST	坑	深	不

𗵺。	𗱵	𗥤:	𗶔	𗣔	𗽂	𘜟,	𗤿	𗯝
dju¹	hụ²	dạ²	·iọ¹	tsjir¹	lju²	tja¹	mji¹	wẹ¹
拒。	答	曰:	夫	法	身	者,	不	生

以愚者导，不拒深坑。答曰："夫法身者，不生

2541.15A.02

𗤿	𗾟,	𗙝	𗤿	𗍷	𗤿	𗢍	𗯝	𗵺
mji¹	dzjar²	lja¹	mjij¹	śjɨ¹	mjij¹	ŋa¹	nja²	dju¹
不	灭,	来	无	往	无,	空	非	有

𗯝,	𗵺	𗯝,	𗤋	𗆄	𗢰	𗆄	𘋙
nja²	dju¹	nja²	sew²	gie¹	tshjij¹	gie¹	sjij¹
非,	有	非,	思	难	议	难。	今

不灭，无来无往，非空非有，非有③，难思难议。

---

① 无始：一切世间，若众生，若法，皆无有始，如今生从前世之因缘而有，前世亦从前世而有，如是展转推究，故众生及法之元始不可得，故云无始。

② 原文"𗣺"字前有一字"𗰩"，据该字右侧的删除符号删去。

③ "非有"，疑为衍文。

2541.15A.03

𗤁	𗱕	𗏇	𗆦	𗿦	𗗙	𗩾	𗥂	𗂧
dzjɨj¹	djo̱²	mjijr²	tsə¹	ljij²	ɣie²	mji¹	zji²	nji²
时	行	者	色	见	声	闻	皆	汝

𗑌	𗎫	𗿦	𗪊	𗩾	𗪊	𗥃	𗰉①
sjij²	ŋwu²	ljij²	njwi²	mji¹	njwi²	tśhio̱w¹	mej¹
识	也，	见	能	闻	能。	或	目

现今行者，见色闻声，皆汝识也，能见能闻。亦或

2541.15A.04

𗟷	𗼃	𗆦	𗅶	𗣼	𗿦	𗥃	𗣫	𗓽
tśhju¹	tsjɨ¹	tsə¹	mjɨ¹	tśhjɨ¹	ljij²	tśhio̱w¹	nju¹	·o¹
有	亦，	色	不	尔	见；	或	耳	有

𗼃	𗗙	𗅶	𗣼	𗅶	𗑌	𗆦	𗿦
tsjɨ¹	ɣie²	mjɨ¹	tśhjɨ¹	mji¹	sjij¹	tsə¹	ljij²
亦，	声	不	尔	闻。	今	色	见

有目，不曾见色；亦或有耳，不曾闻声②。今见色

2541.15A.05

𗗙	𗩾	𗉛	𗥂	𗮏	𗑌	𗎫	𗣼	𗜓
ɣie²	mji¹	tja¹	nji²	·jij¹	sjij²	ŋwu²	tśhji²	nja̱²
声	闻	者，	汝	GEN	识	也，	根	非。

𗾈	𗥑	𗣛	𗏂	𗡪	𗀝	𗾋	𗵐	𗗧
dzjo¹	sju²	dzjwo²	gjɨ¹	kjɨr²	·jij¹	·u²	dźjij¹	djɨr²
譬	如	人	一，	房	舍	LOC	住，	外

闻声者，汝之识也，非根。譬如一人，住房舍内，

2541.15A.06

𗫬	𗰗	𗙻	𗥂	𗉛	𗤁	𗫷	𗥂

① 原文献字形为"𗰉"。
② 汉译参考《究竟一乘圆明心义》，西夏文本"𗥃𗤁𗪊𗣛，𗥂𗪊𗩾，𗣫𗓽𗗙𗮏，𗩾𗰖𗪊𗩾"，对应汉文本"开目对人，而不能见，有耳对声，而不能闻"。

niọw¹	ŋər¹	mja¹	ljij²	tja¹	phio²	ɣa¹	ljij²
后	山	河	见	者，	牖	户	见

𗅃	𘃸	𗡖	𗓽	𗣼	𗈪	𗡖	𘃽
nja²	tjɨj¹	ku¹	mji¹	ljij²	phie²	ku¹	tśhjwo¹
非，	堵	则	不	见，	开	则	方

外见山河，非户牖观①，堵则不见，开则方见，

2541.15A.07

𗣼，	𗀱	𗣼	𗀔	𗅃。	𘟣	𘝿	𗤖	𗰜
ljij²	ɣa¹	ljij²	njwi²	nja²	sjij¹	mjijr²	tsjɨ¹	thja¹
见，	门	见	能	非。	今	者	亦	彼

𗤁	𗤅	𗓰，	𗀱	𗢭	𗈪	𗤖，	𗤁
rjir²	·a	tjɨj²	ɣa¹	djij²	gjij¹	tsjɨ¹	dzjwo²
与	一	理，	门	DIR₂	开	亦，	人

非门能见。今者亦与彼一样，门亦当开，人

2541.15A.08

𗓽	·𗤅	𗡖	𗀱	𗣼	𗈪	𗀔。	𘋽	𗢭
mji¹	·ju¹	ku¹	ɣa¹	ljij²	mjɨ¹	njwi²	mej¹	djij²
不	视	则	门	见	不	能。	目	DIR₂

𗢭，	𗤖，	𘕰	𗓽	𘃸	𗡖	𗰜	𗓽
gjij¹	tsjɨ¹	sjij²	mji¹	biọ¹	ku¹	thja¹	mji¹
开	亦，	识	不	观	则	彼	不

不视则不能见门。目亦当开，识不观则如彼不见。

2541.15B.01

𗣼	𘄢。	𗓰	𗴢	𗤁	𗳉，	𘋽	𗢭	𗅆
ljij²	sju²	niọw¹	dzjọ¹	dzjwo²	gjɨ¹	mej¹	gjij¹	ŋwu²

---

① 汉译参考《究竟一乘圆明心义》，西夏文本"𗳉𗢭𗳉𗓰，𘃸𗤅𗈪𘃸，𘈩𘝿𘃸𗣼𗀱，𘈩𗢭𗣼𗈪𘃸"，对应汉文本"如人在房，户牖开廊，外见诸境，但人能见。非户牖观，人若不观，虽开户牖，开不能观"。

见	如。	LINK	如	人	有，	目	开	INST
羱，	蔽	絿	絗	兆，	羺	莁	扬	
me²	ljij²	lew²	mjij¹	tsjɨ¹	thja¹	rjir²	·a	
眠，	见	NMLZ	无	亦，	彼	与	一	

只知有人①，开目而眠②，所见亦无，与彼一样。

2541.15B.02

慨。	豅	蘱	絿	緕	毵	栀	靫	豩。
tjɨj²	thjɨ²	bju¹	tsjij²	ku¹	tśhjiw¹	tśhji²	ɣa¹	ŋwu²
理。	此	随	了	则	六	根	门	也。

以此了则六根即门。

汉译文：

又前问曰："三界之因，识为根本不？"诸法之源，彼为最愧。故《经》云："三界唯识，十方唯心。"欲解脱则以此为根。诸行者等，心源迷则沉浮生死；心源了则永离轮回。故《花严经》云："不能了自心，云何知正道？"了心即佛，本来无我，以此了则名曰解脱。

问曰："是心起于无始，生死之根，是障碍故。是心不证真如，云何谓此是佛？"为贼人子，窃财坏法。以愚者导，不拒深坑。

答曰："夫法身者，不生不灭，无来无往，非空非有，非有，难思难议。现今行者，见色闻声，皆汝识也，能见能闻。亦或有目，不曾见色；亦或有耳，不曾闻声。今见色闻声者，汝之识也，非根。譬如一人，住房舍内，外见山河，非户牖观，堵则不见，开则方见，非门能见。今者亦与彼一样，门亦当开，人不视则不能见门。目亦当开，识不观则如彼不见。只知有人，开目而眠，所见亦无，与彼一样。以此了则六根即门。

---

① 汉译参考《究竟一乘圆明心义》，西夏文本"慨絗靫羱"对应汉文本"只知有人"。
② 汉译参考《究竟一乘圆明心义》，西夏文本"羱羺藏絗"对应汉文本"开目眠时"。

2541.15B.02

絟	絹	騰	娥	騰	嘉	鈥	嶯
dzjo¹	kji̱r²	·ji̱j²	sju²	sjij²	·jij¹	dzjwo²	ŋwu²
譬	房	舍	如，	识	自	人	也，

譬如房舍，识即是人，

2541.15B.03

豹	鈥	軾	帰。	膈	㥶	殂	繊，
lju²	dzjwo²	lji̱¹	nja²	djo̱²	mjijr²	tśhji̱¹	dzjij¹
身	人	虽	非。	行	者	尔	时，

羝	騰	姚	禔	䰿	嶯	娥①	髒
thja¹	sjij²	bio̱¹	·jwi̱r¹	·jij¹	wa²	sju²	tśjiw²
彼	识	观	形	相	何	如？	顶

而身非人。行者尔时，观彼识形相如何？

2541.15B.04

訛	娥	繊	絹	蕆	慈	豻。	帰	絑
śjwo¹	rewr²	nji̱²	kji̱r²	ŋa¹	rjir²	thwu̱¹	·u²	njij¹
起	足	至，	室	空	与	同。	内	心

騰	纗	靴	盇	毖	释	嶯	娥
sjij²	tja¹	ŋwər¹	nər²	njij¹	phiow¹	wa²	sju²
识	者，	青	黄	赤	白，	何	如

从头到脚，与空室同。内心识者，如何有青黄赤白②？

2541.15B.05

翎	嶯？	舭	䀹	靴	繝	嶯	娥	翎
gji̱²	ŋwu²	dźjo¹	wjij¹	dzji̱²	khjwi²	wa²	sju²	gji̱²
有	也？	长	短	方	圆，	何	如	有

---

① 原始文献字序为"娥嶯"，倒文，据乙正符号校正。

② 法相宗认为青、黄、赤、白等，是由眼识和意识同时起作用时所了的显色，是实有。

西夏文	□	□	□①	□	□?	□	□	□
拟音	ŋwu²	mjij¹	mo²	zji¹	lji¹	lju²	tśjo¹	wa²
释义	也?	女	IRR	男	IRR	美	丑	何

如何有长短方圆②? 女乎，男也？美丑何也？

2541.15B.06

西夏文	□?	□	□	□	□,	□	□	□
拟音	ŋwu²	lju²	·u²	djɨr²	zja¹	ljo²	do²	dja²
释义	也?	身	内	外	间,	何	处	DIR₁

西夏文	□?	□	□	□	□,	□	□	□③
拟音	dźjij¹	śja¹	ljijr²	sọ¹	zjo²	ljo²	zjij¹	dja²
释义	在?	十	方	三	世,	何	几	DIR₁

身内外间，所在何处？十方三世，所有几何？

2541.15B.07

西夏文	□?	□	□	□	□,	□	□	□	□。
拟音	dju¹	we̠¹	dzjar²	lja¹	·wjij¹	·a	tśhjɨ¹	ŋwu²	lji¹
释义	有?	生	死	来	去,	一	尔	是	也。

西夏文	□	□	□	□	□	□	□	□?
拟音	dju¹	ŋa¹	bja²	·ju²	wa²	kha¹	dja²	wjij¹
释义	有	空	断	常,	何	时	DIR₁	有?

生死来去④，是一霎也。空有断常，何时所有？

2541.15B.08

西夏文	□	□,	□	□?	□	□,	□	□?	□
拟音	lew¹	mo²	do²	lji¹	sej¹	mo²	tśior¹	lji¹	sew²
释义	一	IRR	异	IRR	净	IRR	污	IRR	思

---

① "□"mo²，疑问语气词，相当于汉语的"乎"或"耶"。
② 法相宗认为长、短、方、圆等，是由眼识和意识同时起作用时所了的形色，是实有。
③ 后有一字"□"，标有删改符号。
④ 汉译参考《究竟一乘圆明心义》，西夏文本"□□□□"对应汉文本"生死去来"。

綵	矶	瀫？	憪	綵	嫐	矶？	豑	瓘
tshjij¹	dźjij	mo²	sew²	tshjij¹	mjɨ	dźjij	thjɨ²	bju¹
议	可	IRR	思	议	不	可	此	依

一乎，异也？净乎，污也？可思议乎？不可思议？① 依此

2541.16A.01

柷	瞅	蚤	赦	魤	彌	祗	豑	憪
tśhji²	kjij¹	zjɨr¹	ŋwu²	bio̱¹	thju¹	·jwɨr¹	·jij¹	mji¹
本	释	实	INST	观	察	形	相	不

瓬	蔋	毹	燃	樴	嫩	绐	蘂	璩
dju¹	tśjiw²	śjwo¹	rewr²	njɨ²	lew¹	kjɨr²	ŋa̱¹	sju²
有	顶	起	足	至	惟	室	空	如

释本，以实观察，无有形相②，从头到脚，惟如空室。

2541.16A.02

瓬	艬	绊	騰	糀	嫐	岿	绲	鴉
thja¹	kha¹	njij¹	sjij²	rjir¹	tji²	tsjɨ¹	mjij¹	ŋa̱²
彼	中	心	识	得	可	亦	无	好

鴉	叒	亝	瓬	庬	纅	豑	嫩
ŋa̱²	tśhji¹	dji²	thja¹	rjur¹	tsə̱¹	·jij¹	ljijr²
好	审	察	彼	诸	色	相	方

彼中心识，亦不可得。好好细穷③，彼诸色相，

2541.16A.03

魤	柷	祗	憪	綵	绲	鞍	祗	糀
do²	tśhji²	mjɨ²	sew²	tshjij¹	mjij¹	njɨ¹	zji²	rjir¹
处	根	境	思	议	不	等	皆	得

嫐	绲	新	薮	菘	艬	綵：	瀂	嫣

---

① 参照上下文，"不可思议"应和"可思议乎"构成选择疑问句。
② 汉译参考《究竟一乘圆明心义》，西夏文本"蚤祗豑绲"对应汉文本"实无形相"。
③ 汉译参考《究竟一乘圆明心义》，西夏文本"叒亝"对应汉文本"细穷"。

tji²	mjij¹	tśhjwo¹	lwər²	lhejr²	kha¹	tshjij¹	wjɨ²	rar²
可	不。	故	契	经	中	说：	过	去

根境向处，不思议等，皆不可得。故《经》云：'过去

2541.16A.04

絑	粙	聚	絸，	骰	憿	絑	粙	聚
njij¹	rjir¹	tji²	mjij¹	mjij²	ljij²	njij¹	rjir¹	tji²
心	得	可	不，	未	来	心	得	可

絸，	緯	泫	絑	粙	聚	絸	勿。
mjij¹	mjor¹	dźjij¹	njij¹	rjir¹	tji²	mjij¹	·jɨ¹
不，	现	在	心	得	可	不	QUOT

心不可得，未来心不可得，现在心不可得。'①

2541.16A.05

慨	絑	絬	紃	潝	薤	䊾	㺭：	嫲
niow¹	njij¹	lji²	bio¹	lwər²	lhejr²	kha¹	tshjij¹	new²
LINK	心	地	观	契	经	中	说：	善

絞	祕，	嫲	疆	牧，	㠤	㐌	絑	絑
gor¹	gji²	new²	sji²	dzjwo²	thji²	sju²	njij¹	njij¹
男	子，	善	女	人，	是	如	心	心

又《心地观经》云：'善男子，善女人，如是心心

2541.16A.06

孫	禩，	幅	絸	獙	絸，	聚	㠀	慨
·jij¹	tsjir¹	·u²	mjij¹	djɨr²	mjij¹	zjạ¹	tsjɨ¹	mji¹
GEN	法，	内	无	外	无，	间	亦	不

羕。	羪	庬	禩	䊾，	䴥	粙	聚
dju¹	thja¹	rjur¹	tsjir¹	kha¹	kju¹	rjir¹	tji²
有。	彼	诸	法	中，	求	得	处

之法，无内无外，亦无中间。于诸法中，求不可得。

---

① 汉文本《金刚般若蜜多经》卷一："过去心不可得，未来心不可得，现在心不可得。"

2541.16A.07

絗。	絃	懒	縍	撆,	骹	耕	銰	絗。
mjij¹	rar²	ljij¹	mjor¹	kha¹	·ju²	rjir¹	tji²	mjij¹
无。	去	来	现	中,	寻	得	处	无。

毅	骇	狝	祇,	薍	惰	絗	惰
sọ¹	zjọ²	gjij¹	dzjij¹	dju¹	nja²	mjij¹	nja²
三	世	超	过,	有	非	无	非

去来现在，亦不可得。超越三世，非有非无。'①

2541.16A.08

豭。	轍	蔬	撆	豩:	絆	禰	貌	絗,
·jɨ²	dźiej²	śjwo¹	kha¹	tshjij¹	njij¹	·jwɨr¹	·jij¹	mjij¹
QUOT	信	起	中	说:	心	形	相	无,

蠃	嶽	撆	蓁,	諚	耕	銰	絗
śja¹	ljijr²	kha¹	kju¹	tsiow	rjir¹	tji²	mjij¹
十	方	中	求,	永	得	可	不

《起信》② 云：'心无形相，十方求之，终不可得。'③

2541.16B.01

豭。	溇	赥	龘	赦	蒿	姚	羻	赦,
·jɨ²	lwər²	ljɨ¹	bju¹	ljɨ¹	·jij¹	bio¹	thju¹	ŋwu²
QUOT	经	论	依	虽	自	观	察	INST

蒿	絆	豝	骹	耕	銰	絗,	縍
·jij¹	njij¹	tjọ¹	·ju²	rjir¹	tji²	mjij¹	ku¹
自	心	推	寻	得	可	无,	则

既依经论自观察，推寻自心不可得，则

2541.16B.02

𗹙	𗦾	𗧉	𗒹?	𗧉	𗦾	𗀁	𗋽	𗷻
wa²	ŋwu²	ŋa²	we²	ŋa²	lji¹	mjij¹	ku¹	we¹
何	INST	我	为?	我	虽	无	则	生

𘒿	𗂅	𗤶?	𗹙	𗢳	𗷻	𘒿?	𗥃	𗴿
dzjar²	mjijr²	sjwɨ¹	wa²	tsjir¹	we¹	dzjar²	tjij¹	thjɨ²
死	者	谁?	何	法	生	死?	若	是

以何为我？我既无则死生何人？① 死生何法？若如是

2541.16B.03

𗰣	𗋽	𗦜	𗷻	𗦜	𘒿,	𗫂	𗀁	𗅤
sju²	ku¹	mji¹	we¹	mji¹	dzjar²	śjɨ¹	mjij¹	lja¹
如	则	不	生	不	灭,	往	无	来

𗀁,	𗌰	𗁅	𘃽	𗁅,	𗦜	𗑟	𗦜	𗴟,
mjij¹	dju¹	nja²	ŋa¹	nja²	mji¹	lew¹	mji¹	do²
无,	有	非	空	非,	不	一	不	异,

则不生不灭，无往无来，非有非空，不一不异，

2541.16B.04

𗙷	𗢁	𗏹	𗎫	𗹙	𗰣	𗠋	𗙂?	𗴿
sej¹	tśior¹	bja²	·ju²	wa²	sju²	ŋwu²	ljɨ¹	thjɨ²
净	垢	断	常,	何	如	是	也?	此

𘝣	𗧟	𗵱	𗞈	𗤶	𗧟	𗠋
bju¹	tsjij²	tja¹	·jij¹	njij¹	tsjij²	ŋwu²
随	了	者,	自	心	了	也。

净垢断常，是如何也？依此了即了自心。

---

① 汉译参考《究竟一乘圆明心义》，西夏文本"𗹙𗦾𗂅𗤶"对应汉文本"苦乐何人"；西夏文本"𗷻𘒿"对应汉文本"死生"。

汉译文：

譬如房舍，识即是人，而身非人。行者尔时，观彼识形相如何？从头到脚，与空室同。内心识者，如何有青黄赤白？如何有长短方圆？女乎，男也？美丑何也？身内外间，所在何处？十方三世，所有几何？生死来去，是一霎也。空有常断，何时所有？一乎，异也？净乎，污也？可思议乎？不可思议？依此释本，以实观察，无有形相，从头到脚，惟如空室。彼中心识，亦不可得。好好细穷，彼诸色相，根境向处，不思议等，皆不可得。故《经》云：'过去心不可得，未来心不可得，现在心不可得。'又《心地观经》云：'善男子，善女人，如是心心之法，无内无外，亦无中间。于诸法中，求不可得。去来现在，亦不可得。超越三世，非有非无。'《起信》云：'心无形相，十方求之，终不可得。'既依经论自观察，推寻自心不可得，则以何为我？我既无则死生何人？死生何法？若如是则不生不灭，无往无来，非有非空，不一不异，净垢断常，是如何也？依此了即了自心。

2541.16B.04

𗼨	𗾟
ljij²	sew²
大	思
大	

2541.16B.05

𗥤	𗏁。	𗤢	𗇤	𗱡	𗿷，	𗆞	𗤔	𗤢
tshjij¹	mjij¹	tsjir¹	lju²	nja²	ku¹	wa²	sju²	tsjir¹
议	无。	法	身	非	故，	何	如	法
𗾟?	𗴢	𗣼	𗵽	𗏁，	𗴢	𗣼	𗌰	𗏁。
ŋwu²	po¹	tjɨj¹	·jɨj¹	mjij¹	po¹	tjɨj¹	rjir¹	mjij¹
也？	菩	提	相	无，	菩	提	得	无。

不思议。非法身故，如何是法？菩提无相，不得菩提。

2541.16B.06

thjɨ²	·jij¹	njɨj¹	tsjɨ¹	·jij¹	mjij¹	rjir¹	mjij¹	po¹
此	自	心	亦	相	无	得	无。	菩

tjɨj¹	nja²	ku¹	wa²	sju²	tsjir¹	ŋwu²	niow¹
提	非	故，	何	如	法	也？	又

此自心亦不得无相。非菩提故，如何是法？又

2541.16B.07

mjor¹	ɣiej¹	tja¹	we̱¹	mjij¹	dzjar²	mjij¹	rjɨr²	njɨ²
如	真	者，	生	无	灭	无，	DIR₁	至

tshjij¹	mjij¹	thja¹	lə	mjij¹	tja¹	mjij²	mjor¹
说	无	他	念	无	者，	名	如

真如者，无生无灭，乃至无说无他念者，名曰真如。

2541.16B.08

ɣiej¹	·jɨ¹	djo̱²	mjijr²	njij¹	tsjɨ¹	tshjij¹	tjɨ²	mjij¹
真	谓。	行	者	心	亦	说	可	无

lji¹	lə	tjɨ²	tsjɨ¹	mjij¹	mjor¹	ɣiej¹	nja²	ku¹
及，	念	可	亦	无。	如	真	非	故，

行者心不可说，念亦不可。非真如故，

2541.17A.01

wa²	sju²	tsjir¹	ŋwu²	djo̱²	mjijr²	njij¹	tsjɨ¹	rjir¹
何	如	法	也？	行	者	心	亦	得

竞	绝	縛	綡	绥	缂	蘸	䪾	缛
tji²	mjij¹	kha¹	thjij²	sjo²	we¹	dzjar²	sew²	tshjij¹
可	无	LINK	何	云	生	灭	思	议

如何是法？行者心尚不可得，云何有‘生灭思议’？

2541.17A.02

荒	绝	荒	綡	醆	醆	缀	缀	缛
dju¹	'jɨ²	nji²	ljɨ¹	rjɨj¹	rjɨj²	mjijr²	mjijr²	tshjij¹
有	QUOT	2PL	及	冥	冥	杳	杳	说

纨	䪾	纨	绝	绝	荒	綡	燋
gie¹	sew²	gie¹	mjij¹	'jɨ²	nji²	ljɨ¹	dźju¹
难	思	难	无	QUOT	2PL	及	昭

云何无‘冥冥杳杳，难说难思’①？

2541.17A.03

燋	缀	缀	䪾	缀	毁	缀	蘸	绝
dźju¹	sjwij¹	sjwij¹	mji¹	njwi²	ljij²	njwi²	dzjar²	'jɨ²
昭	灵	灵	闻	能	见	能	灭	QUOT

荒	綡	散	駭	燉	燋②	缂	绝
nji²	ljɨ¹	sọ¹	zjọ²	·ju²	dźju¹	we¹	'jɨ²
2PL	及	三	世	常	显	生	QUOT

云何灭‘昭昭灵灵，能闻能见’③？云何生‘三世常显’？

2541.17A.04

荒	綡	蟲	燉	薇	醆	花	缀
nji²	ljɨ¹	śja¹	ljijr²	rjar²	mə¹	ɣiẹ²	to²
2PL	及	十	方	迹	无	声	出

---

① 汉译参考《究竟一乘圆明心义》，西夏文本“醆醆缀缀，缛纨䪾纨”对应汉文本“冥冥杳杳，难说难思”。

② 原始文献字序为“燋燉”，倒文，据乙正符号校正。

③ 汉译参考《禅源诸诠集都序》西夏文本“燋燋燉纨”对应汉文本“了了常知”，参见聂鸿音、孙伯君《西夏译华严宗著作研究》，宁夏人民出版社、中华书局，2018，第172页。

dju¹	sju²	lja¹	tji²①	mji¹	sjwij¹	·ju²
有？	如	来	处	不	明，	寻

云何有'十方无迹出声'？如不明来处，寻

2541.17A.05

zjij¹	rjar²	mə¹	śji¹	tji²	tsji¹	mjij¹	mə²	mə²
时	迹	无，	往	处	亦	无，	种	种

wji¹	njwi²	sew²	tshjij¹	tji²	mjij¹	khji²	mə²	
作	能。	思	议	可	不，	万	种	

时无迹，亦不可往，能作种种。不可思议。万种

2541.17A.06

·jij¹	śja²	lju²	lhju²	tji²	mjij¹	źjij¹	ɣjow¹	mə¹
相	现，	捕	获	可	不。	病	源	无，

dźju¹	dźju¹	·ju²	nwə¹	tsjir²	kwər¹	we¹	mjij¹	
了	了	常	知，	性	体	生	无，	

相现，不可捕获。病无源，了了常知②，体性无生，

2541.17A.07

mjij¹	mjij¹	dji¹	śja²	ŋwə¹	mej¹	ŋwu²	bio¹	tsə̣¹
静	静	化	现。	五	目	INST	观，	色

ljij²	tji²	mjij¹	nji¹	nju¹	ŋwu²	nji²	ɣiẹ²	

---

① 原文该字后有"缀槐"，二字均标有删除符号。

② 汉译参考《禅源诸诠集都序》，西夏文本"槐槐嚣帆"对应汉文本"了了自知"。

见　　可　　不。　二　　耳　　INST　听，　声

现化寂静。以五目观，不可见色。以双耳听，

2541.17A.08

mji¹	tjɨ²	mjij¹	ljɨɨr¹	sjij²	bji¹	ta̱¹	·jar¹	ɣiɛ²
闻	可	不。	四	智	光	息，	八	声
·jij¹	mjɨ¹	tśhjwo¹	njij¹	ljɨ¹	bio̱¹	lwər²	lhejr²	
自	默。	故	心	地	观	契	经	

不可闻声。四智①光息，八声自默。故《心地观经》

2541.17B.01

kha¹	tshjij¹	thjɨ²	njij¹	tsjɨr²	ŋwu²	so̱¹	kiej²	·wə¹
中	说：	此	心	法②	INST	三	界	主
we²	njij¹	tsjɨr¹	mər²	mjij¹	lhjɨ²	tśior¹	mji¹	la̱¹
为。	心	法	本	无，	尘	污	不	染。

云：'唯将心法，为三界主。心法本无，不染尘秽③。

2541.17B.02

thja¹	so̱¹	zjo̱²	kha¹	njij¹	we²	mjijr²	sjwɨ¹	wjɨ²
彼	三	世	中，	心	为	者	谁？	过
rar²	njij¹	wjɨ²	dzjar²	mjij¹	ljij²	njij¹	mjij²	

---

① 四智，法相宗所立如来之四智。凡夫有八识，至如来转为四智。一大圆镜智、二平等性智、三妙观察智、四成所作智。

② 通"禩"tsjɨr¹。

③ 据汉文本《大乘本生心地观经》卷八，此句之后有一句"云何心法染贪嗔痴？"，西夏译文无。

去　　　心　　　DIR₁　　灭，　　未　　　来　　　心　　　未

于三世法，谁说为心？过去心已灭，未来心未

2541.17B.03

蠟	絵	孖	絆	燉	孖	羽	庞	禩
nji²	mjor¹	dźjij¹	njij¹	mji¹	dźjij¹	thja¹	rjur¹	tsjir¹
至，	现	在	心	不	住。	彼	诸	法

揫	威	羝	叕	絸	羽	庞	禩	燉，
kha¹	tsjir²	rjir¹	tji²	mjij¹	thja¹	rjur¹	tsjir¹	niow¹
中，	性	得	可	不。	彼	诸	法	外，

至，现在心不住。诸法之内，性不可得。诸法之外，

2541.17B.04

瞁	羝	叕	絸	羽	庞	禩	燚	骹
·jij¹	rjir¹	tji²	mjij¹	thja¹	rjur¹	tsjir¹	zją¹	·ju²
相	得	可	不。	彼	诸	法	间，	寻

羝	叕	絸	絆	禩	蒲	絋，	羃
rjir¹	tji²	mjij¹	njij¹	tsjir¹	mər²	ɣa²	·jwir¹
得	处	无。	心	法	本	来，	形

相不可得。诸法中间，都不可得①。心法本来，

2541.17B.05

瞁	燉	荒	絆	禩	蒲	絋，	荒	孖
·jij¹	mji¹	dju¹	njij¹	tsjir¹	mər²	ɣa²	dju¹	dźjij¹
相	不	有，	心	法	本	来，	有	住

叕	絸	庞	絵	燉	氺，	絆	燉	散
tji²	mjij¹	rjur¹	mjor¹	ljij²	tsji¹	njij¹	mji¹	ljij²
处	无。	诸	如	来	亦，	心	不	见

无有形相。心法本来，无有住处。一切如来尚不见心，

----

① 译文参考《究竟一乘圆明心义》，西夏文本"骹羝叕絸"对应汉文本"无处得见"。

2541.17B.06

𗋽,	�303	𗵣	𗵣	𗔮,	𗟻	𗼃	𗤼	𗠁?
kha¹	dzjij²	njij¹	njij¹	tsjir¹	thjij²	sjo²	ljij²	njwi²
LINK	他	心	心	法,	何	云	见	能?

𗢳	𗥃	𗤻	𗼨	𗢳	𗵣	𗔮	�	·𗤼¹
thjɨ²	bju¹	tsjij²	ku¹	thjɨ²	njij¹	tsjir¹	tja¹	·jij¹
此	随	了	则	此	心	法	者,	自

何况余人得见心法？'① 以此了则此心法即

2541.17B.07

𗵒	𗇋	𗠁,	𗢾	𗟻	𗟻	𗫨、	𗤻	𗵣
mjor¹	ɣiej¹	ŋwu²	po¹	tjɨj¹	djij²	phã¹	phju²	tsew²
如	真	也,	菩	提	涅	槃、	上	第

𗏁	𗰖、	𗦻	𗢵	𗦻	𗅲、	𗇋	𗿄	𗤼
wo²	khã¹	sa²	pho¹	rja²	ŋjow²	mji¹	njɨ¹	ljij²
义	谛、	萨	婆	若	海、	不	二	大

是真如，是菩提涅槃、第一义谛、萨婆若海②、不二大

2541.17B.08

𗦻、	𗿭	�	𗤼	𗅲	𗁆	𗠁。	𗴜	𗤼
u̥²	·io¹	sə¹	tsjir²	ŋjow²	nji²	ŋwu²	lhạ²	ku¹
乘、	圆	足	性	海	等	也。	迷	则

𗱽	𗷕,	𗤻	𗼨	𗟻	𗫨;	𗴜	𗼨	𗢳
we̥¹	sjɨ¹	tsjij²	ku¹	djij²	phã¹	lhạ²	ku¹	bju¹
生	死,	了	则	涅	槃;	迷	则	明

乘、圆足性海等。迷则生死，了则涅槃；迷则无明，

---

① 汉文本《大乘本生心地观经》卷八："唯将心法，为三界主。心法本无，不染尘秽，云何心法
染贪嗔痴？于三世法，谁说为心？过去心已灭，未来心未至，现在心不住。诸法之内，性不可
得。诸法之外，相不可得。诸法中间，都不可得。心法本来，无有形相。心法本来，无有住
处。一切如来尚不见心，何况余人得见心法？"
② 萨婆若是梵语 sarvajña 的音译，意译为一切智，谓知悉一切的智能。萨婆若海，以海比喻一切
智之广大。

2541.18A.01

[illegible]，	[illegible]	[illegible]	[illegible]	[illegible]；	[illegible]	[illegible]	[illegible]	[illegible]，
mjij^{1}	tsjij^{2}	ku^{1}	lji̠j^{2}	dwewr^{2}	lhạ^{2}	ku^{1}	ŋa^{2}	we^{2}
无，	了	则	大	觉；	迷	则	我	为，
[illegible]	[illegible]	[illegible]	[illegible]。	[illegible]	[illegible]	[illegible]	[illegible]	[illegible]：
tsjij^{2}	ku^{1}	tsji̠r^{1}	ljụ^{2}	tśhjwo^{1}	lwər^{2}	lhejr^{2}	kha^{1}	tshji̠j^{1}
了	则	法	身。	故	契	经	中	说：

了则大觉；迷则为我，了则法身。故《经》云：

2541.18A.02

[illegible]	[illegible]	[illegible]	[illegible]	[illegible]	[illegible]，	[illegible]	[illegible]	[illegible]
tsji̠r^{1}	ljụ^{2}	ŋwə^{1}	tśja^{1}	źiə^{2}	dziej^{2}	mji̠j^{2}	ɲia^{2}	tśhju^{1}
法	身	五	道	轮	转，	名	众	生
[illegible]。	[illegible]	[illegible]	[illegible]	[illegible]，	[illegible]	[illegible]	[illegible]	
'jɨ^{2}	źiə^{2}	dziej^{2}	mjijr^{2}	tja^{1}	·jij^{1}	thjɨ^{2}	nji̠j^{1}	
QUOT	轮	转	者	者，	自	此	心	

‘法身流转五道，名曰众生。’① 流转者，即是此心。

2541.18A.03

[illegible]。	[illegible]	[illegible]	[illegible]	[illegible]，	[illegible]	[illegible]	[illegible]	[illegible]。
ŋwu^{2}	thjɨ^{2}	nji̠j^{1}	rjɨr^{2}	nio̠w^{1}	źiə^{2}	dziej^{2}	mjijr^{2}	mjij^{1}
是。	此	心	以	外，	轮	转	者	无。
[illegible]	[illegible]	[illegible]	[illegible]，	[illegible]	[illegible]	[illegible]	[illegible]。	
thjɨ^{2}	nio̠w^{1}	thjɨ^{2}	nji̠j^{1}	·jij^{1}	tsji̠r^{1}	ljụ^{2}	ŋwu^{2}	
是	故	此	心，	自	法	身	是。	

此心以外，无流转者。是故此心即是法身。

汉译文：

大不思议。非法身故，如何是法？菩提无相，不得菩提。此自心亦不

① 汉文本《华严经探玄记》卷二：“故经云：‘法身流转五道，名曰众生。’”

得无相。非菩提故，如何是法？又真如者，无生无灭，乃至无说无他念者，名曰真如。行者心不可说，念亦不可。非真如故，如何是法？行者心尚不可得，云何有'生灭思议'？云何无'冥冥杳杳，难说难思'？云何灭'昭昭灵灵，能闻能见'？云何生'三世常显'？云何有'十方无迹出声'？如不明来处，寻时无迹，亦不可往，能作种种。

不可思议。万种相现，不可捕获。病无源，了了常知，体性无生，现化寂静。以五目观，不可见色。以双耳听，不可闻声。四智光息，八声自默。故《心地观经》云：'唯将心法，为三界主。心法本无，不染尘秽。于三世法，谁说为心？过去心已灭，未来心未至，现在心不住。诸法之内，性不可得。诸法之外，相不可得。诸法中间，都不可得。心法本来，无有形相。心法本来，无有住处。一切如来尚不见心，何况余人得见心法？'

以此了则此心法即是真如，是菩提涅槃、第一义谛、萨婆若海、不二大乘、圆足性海等。迷则生死，了则涅槃；迷则无明，了则大觉；迷则为我，了则法身。故《经》云：'法身流转五道，名曰众生。'流转者，即是此心。此心以外，无流转者。是故此心即是法身。

2541.18A.04

憥	螆	婡	瀓	菝	獬	彡:	顭	燚
nio̲w¹	djij²	phã¹	lwər²	lhejr²	kha¹	tshjij¹	lji¹	kji¹
LINK	涅	槃	契	经	中	说:	何	所
絴	蒤	纖,	煭	燚	恔	絴	礍	
njij¹	dju¹	tja¹	ku̲¹	kji¹	djij²	tha¹	we²	
心	有	者,	后	DIR₁	定	佛	成	

又《涅槃经》云：'何为有心，后定当成佛？'

2541.18A.05

螆?	絴	絴	骸	纵,	斱	絴	礍
'ji²	njij¹	tha¹	ŋwu²	nio̲w¹	tśhjwo¹	tha¹	we²

QUOT	心	佛	是	因,	故	佛	成
刕。	絆	拜	幓	絳	拜	翱	豰
·jɨ²	njij¹	tha¹	nja²	ku¹	tha¹	we²	thjij²
谓。	心	佛	非	则	佛	为	何

因心是佛，故曰成佛。心非佛则何能是佛？

2541.18A.06

綖?	絈	縈	燌	秐,	纙	慨	翱	傱。
njwi²	dzjo̱¹	ɣjɨ¹	dzjɨj²	sjwo²	tjɨj²	mji¹	we²	sju²
能?	譬	瓦	砖	磨,	镜	不	成	如。
斳	縦	荄	漊	蕤	糊	㺲:	散
tśhjwo¹	wja̱¹	śjwo²	lwər²	lhejr²	kha¹	tshjij¹	so̱¹
故	花	严	契	经	中	说:	三

譬磨砖瓦，不能成镜。故《花严经》云：'若人欲了知，三

2541.18A.07

骸	拜	禚	禚,	蒅	牧	綄	緩	絳①
zjo̱²	tha¹	ŋowr²	ŋowr²	tjij¹	dzjwo²	tsjij²	kiej²	ku¹
世	佛	一	切,	若	人	了	欲	故,
禖	帗	胏	刻	綄	禚	禚	絆
tsjir¹	kiej²	tsjɨr²	bio̱¹	lew²	ŋowr²	ŋowr²	njij¹
法	界	性	观	应,	一	切	心

世一切佛，应观法界性，一切唯心造。'②

2541.18A.08

蒲	豼	刕。	禚	禚	絆	豼	絳,	絆
bju¹	wji¹	·jɨ²	ŋowr²	ŋowr²	njij¹	wji¹	ku¹	njij¹
随	造	QUOT	一	切	心	造	故,	心

---

① 原始文献字序为"絳緩"，倒文，据乙正符号校正。
② 汉文本《大方广佛华严经》卷一九："若人欲了知，三世一切佛，应观法界性，一切唯心造。"
   西夏文《金狮子章云问类解》中也引用"应观法界性，一切唯心造"。

嘉	缐	蔽	豰。	簇	絴	嘉	缐	禑
·jij¹	mjor¹	ljij²	ŋwu²	thji²	njij¹	·jij¹	ku¹	tsjir¹
自	如	来	是。	此	心	自	则	法

一切心造故，心即是如来。此即心则法

2541.18B.01

虓	飏	豰①	庞	纬	簇	綏，	嘉
kiej²	tsjir²	ŋwu²	rjur¹	tha¹	tsjij²	kiej²	·jij¹
界	性	是。	诸	佛	了	欲，	自
絴	簇	绒，	嘉	絴	簇	缐	嘉
njij¹	tsjij²	lew²	·jij¹	njij¹	tsjij²	ku¹	·jij¹
心	了	应，	自	心	了	则	自

界是性。欲了诸佛，应了自心，自心了则

2541.18B.02

絴	簇	缐②	嘉	庞	纬	豰。	徴	爻
njij¹	tsjij²	ku¹	·jij¹	rjur¹	tha¹	ŋwu²	wja̱¹	śjwo²
心	了	则	自	诸	佛	是。	花	严
瀒	菝	糒	彩:	絴	缐	蔽	稌，
lwər²	lhejr²	kha¹	tshjij¹	njij¹	mjor¹	ljij²	wji¹
契	经	中	说:	心	如	来	造，

自即诸佛。《花严经》云:'心造如来，

2541.18B.03

絴	庞	纬	缪。	纬	絴	慨	鞴，	絴
njij¹	rjur¹	tha¹	we²	tha¹	njij¹	mji¹	rjir¹	njij¹
心	诸	佛	为。	佛	心	不	得，	心
纬	慨	榋	勠。	簇	蘱	簇	缐
tha¹	mji¹	nji̱¹	·ji²	thji²	bju¹	tsjij²	ku¹

① 原始文献字序为"豰飏"，倒文，据乙正符号校正。
② 此句"嘉絴簇缐"疑为衍文。

佛	不	二	QUOT	此	随	了	则

心为诸佛。佛心不得，心佛不二。' 以此了则

2541.18B.04

絟	豩	鞃	骸。	牖	孥	羕	絟，	庞
njij¹	kji¹	lja̱¹	ŋwu²	djo²	mjijr²	·jij¹	njij¹	rjur¹
心	DIR₁	证	也。	行	者	自	心，	诸
絆	糦	胤，	薵	厥	刻	骸，	楅
tha¹	ɲia²	tśhju¹	kwər¹	tsjir²	lew¹	ŋwu²	nji̱¹
佛	众	生，	体	性	一	也，	二

心已证也。行者自心，诸佛众生，体性一也，

2541.18B.05

緢	骹	綖。	斳	緵	夵	濈	菣	耕
we²	mjij²	djij²	tśhjwo¹	wja̱¹	śjwo²	lwər²	lhejr²	kha¹
为	未	曾。	故	华	严	契	经	中
豩：	絟	絆	骹	糦	胤，	䶮	散
tshjij¹	njij¹	tha¹	nio̱w¹	ɲia²	tśhju¹	thji̱²	so̱¹
说：	心	佛	及	众	生，	是	三

不曾为二。故《花严经》云：'心佛及众生，是三

2541.18B.06

凝	撒	絤	刻。	䶮	骹	絟	羕
do²	pha¹	mjij¹	·ji²	thji̱²	nio̱w¹	njij¹	·jij¹
差	别	无	QUOT	是	又	心	自
絆	骸，	豩	慦	胤	綖。	䶮	絟
tha¹	ŋwu²	kji̱¹	djij²	nwə¹	lew²	thji̱²	njij¹
佛	也，	DIR₁	定	知	当。	是	心

无差别。'① 是又'即心是佛，必定当知。是心

① 汉文本《大方广佛华严经》卷一〇："心佛及众生，是三无差别。"

2541.18B.07

𗣼	𗆊	𗃀	𗤲	𗊱	𗋽	𗃀	𗰜
rjɨr²	niow¹	tha¹	rjir¹	tji²	mjij¹	tha¹	tja¹
以	外	佛	得	可	不	佛	者

𗃀	𗆊	𘄴	𗤲	𗤲	𗣼	𗆊	𗃀
dwewr²	swew¹	·jɨ²	thjɨ²	njij¹	rjir²	niow¹	dwewr²
觉	照	QUOT	是	心	以	外	觉

以外，佛不可得，佛者明觉'。是心以外，

2541.18B.08

𗆊	𗗔	𗤲	𗤲	𗃀	𗆊	𗃀	𗃀	𗤄
swew¹	tsjir¹	mjij¹	thjɨ²	dwewr²	swew¹	tja¹	tha¹	nja²
照	法	无	此	觉	照	者	佛	非

𗣼	𗣼	𗣼	𗣼	𗋽	𗣼	𗣼	𗤲
wa²	ŋwu²	tśhjwo¹	lwər²	lhejr²	kha¹	tshjij¹	thjɨ²
何	也	故	契	经	中	说	是

无觉照法。是觉照者，非佛何也？故《经》云'是

2541.19A.01

𗾟	𗤲	𗣼	𗤲	𘄴	𗤲	𗤲	𗤲	𗤲
so¹	do²	pha¹	mjij¹	·jɨ²	tsjij²	mjij²	njɨ²	ku¹
三	差	别	无	QUOT	了	未	至	故

𗤲	𗤲	𗣼	𗤲	𗤲	𗤲	𗤲	𗤲	𗤲
thja¹	do²	pha¹	mjij¹	nwə¹	tsjij²	mjɨ¹	njwi²	lja²
彼	差	别	无	知	了	不	能	口

三无差别'。了不达故，彼无差别，不能了知，

2541.19A.02

𗃀	𗤲	𗂧		𗃀	𗤲	𗾟	𗤲		𗤲	𗤲

---

① 《究竟一乘圆明心义》有西夏文本"𗣼𗤲"对应汉文本"灵明"。

·u²	tshjij¹	tsjɨ¹	njij¹	·jij¹	mjij¹	gji¹	sjij¹	dzjɨj¹
LOC	说	亦，	心	自	静	澄。	今	时

djo̲²	mjijr²	na¹	tsjij²	kięj²	ku¹	ljɨ¹	tja¹
行	者，	深	了	欲	则	何	者

口中亦云，心自澄清。现今行者，欲深了则何者

2541. 19A. 03

tha¹	ŋwu²	tśhjiw¹	tśhji²	tja¹	tha¹	ŋwu²	mo²
佛	是？	六	根	者，	佛	是	IRR

tśhjiw¹	mjɨ²	tja¹	tha¹	ŋwu²	·u²	djɨr²	tjo̲¹
六	境	者，	佛	也？	内	外	求

是佛？六根是佛乎？六境是佛？内外

2541. 19A. 04

thja¹	tśhji²	mjɨ²	tja¹	·jij¹	dwewr²	swew¹	nja̲²	tśhjwo¹
彼	根	境	者，	自	觉	照	非。	故

wja̲¹	śjwo²	lwər²	lhejr²	kha¹	tshjij¹	tsə̲¹	lju̲²
花	严	契	经	中	说：	色	身

求彼根境者，自非觉照。故《花严经》云：'色身

2541. 19A. 05

·jij¹	tha¹	nja̲²	ŋwu̲¹	ɣię²	tsjɨ¹	thja¹	sju²	·jɨ²
自	佛	非，	语	声	亦	彼	如	QUOT

---

① 原文献该字前有一字"惫"，标有删除符号。

㣫	羏	縍	憉	纐	虩	赽	㝹
niow¹	tshjij¹	mjor¹	ljij²	tja¹	·jij¹	ŋwu²	lju²
又	说:	如	来	者,	相	INST	身

非是佛，音声亦复然。'又云：'如来非以相

2541.19A.06

礽	愱	嫩	虩	緗	祗	蠢	禩	散
we²	nja̱²	lew¹	·jij¹	mjij¹	mjij¹	dzjar²	tsjir̩¹	ŋwu²
为	非,	但	相	无	寂	灭	法	是

劣	蔟	巤	禮	蓛	糊	羏	緂
·ji̱²	kię¹	dźja²	pa²	rja²	kha¹	tshjij¹	tsə¹
QUOT	金	刚	般	若	中	说:	色

为体，但是无相寂灭法。'《金刚般若》云：'

2541.19A.07

赽	綖	散	綬	彾	赽	綖	羇	縍
ŋwu²	ŋa²	ljij²	kiej²	ɣię²	ŋwu²	ŋa²	kju̱²	ku¹
INST	我	见	欲,	声	INST	我	求	故,

羆	㸰	裿	蔵	祇	縍	憉	散	㸱
thja¹	dzjwo²	dow¹	tśja¹	dźjij¹	mjor¹	ljij²	ljij²	mji̱¹
是	人	邪	道	行,	如	来	见	不

欲以色见我，以声求我，是人行邪道，不能见如来。'①

2541.19A.08

纐	劣	瀧	蠾	緈	縍	緂	㿜	緂
njwi²	·ji̱²	thji²	bju¹	tsjij²	ku¹	tśhjiw¹	tśhji²	tśhjiw¹
能	QUOT	此	随	了	则	六	根	六

詵,	絆	愱	藼	綂
mji̱²	tha¹	nja̱²	dja²	sjwij¹

---

① 汉文本《金刚般若蜜多经》："若以色见我，以音声求我，是人行邪道，不能见如来。"西夏文《达摩大师观心论》也引用此句。

境，　　　佛　　　非　　　DIR₁　　昭。

以此了则六根六境，非佛所昭。

汉译文：

又《涅槃经》云：'何为有心，后定当成佛？'因心是佛，故曰成佛。心非佛则何能是佛？譬磨砖瓦，不能成镜。故《花严经》云：'若人欲了知，三世一切佛，应观法界性，一切唯心造。'一切心造故，心即是如来。此即心则法界是性。欲了诸佛，应了自心，自心了则自即诸佛。《花严经》云：'心造如来，心为诸佛。佛心不得，心佛不二。'以此了则心已证也。行者自心，诸佛众生，体性一也，不曾为二。故《花严经》云：'心佛及众生，是三无差别。'是又'即心是佛，必定当知。是心以外，佛不可得，佛者明觉'。是心以外，无觉照法。是觉照者，非佛何也？故《经》云'是三无差别'。了不达故，彼无差别，不能了知，口中亦云，心自澄清。

现今行者，欲深了则何者是佛？六根是佛乎？六境是佛？内外求彼根境者，自非觉照。故《花严经》云：'色身非是佛，音声亦复然。'又云：'如来非以相为体，但是无相寂灭法。'《金刚般若》云：'欲以色见我，以声求我，是人行邪道，不能见如来。'以此了则六根六境，非佛所昭。

2541.19A.08

昆	蔋	辩
zjɨr¹	ɣiej¹	tha¹
实	真	佛

真实佛者，

2541.19B.01

纏，	嘉	纖	疑	皷。	纖	疑	攷	骸
tja¹	·jij¹	dwewr²	swew¹	ŋwu²	dwewr²	swew¹	tjo¹	·ju²
者，	自	觉	照	也。	觉	照	推	寻

羸	姦	纖①	骹?	潃	翍	좌	旅,
lji¹	kji¹	tja¹	ŋwu²	sjij¹	thju¹	zjɨr¹	kjij¹
何	所	者	是?	细	观	实	经,

自即觉照。何为推寻觉照？细观经实，

2541.19B.02

瀫	縖	撤	絆	鼌	纖	擬	絋。	絆
lew¹	mjor¹	ljij²	njij¹	·jij¹	dwewr²	swew¹	njwi²	tha¹
惟	如	来	心	自	觉	照	能。	佛

綀	彦	纖,	鼌	絆	骹。	纖	惔
tsjij²	mjijr²	tja¹	·jij¹	njij¹	ŋwu²	dwewr²	niow¹
了	者	者,	自	心	是。	觉	已

惟如来心自能觉照。了佛者，即是心。

2541.19B.03

糒	臧	魟	矖	虒	劜	纖,	羸	姦
ɲia²	tśhju¹	bio²	sjij¹	dju¹	·ji²	tja¹	lji¹	kji¹
众	生	观	性	有	谓	者,	何	所

孫	劜?	毙	矖	膌	赦,	庇	薆
·jij¹	·ji²	thja¹	sjij¹	sjij²	ŋwu²	phjo²	kar²
OBJ	谓?	彼	性	识	INST	分	别

何谓'已觉观众生有性'？以彼性识，能分别

2541.19B.04

擬	縖,	剺	矖	虒	劜。	屝	瀫	虠
njwi²	ku¹	tśhjwo¹	sjij¹	dju¹	·ji²	·u²	djɨr²	tśhji²
能	故,	方	性	有	谓。	内	外	根

祇,	庇	薆	擬	槗。	庇	薆	纖,
mjɨ¹	phjo²	kar²	njwi²	nja²	phjo²	kar²	tja¹

---

① "羸姦纖"疑为倒文，根据西夏语句式，应为"……纖，羸姦骹"。

境，　　　分　　别　　　能　　　非。　　分　　　别　　　　者，

故，方谓有性。内外根境，非能分别。分别者，

2541.19B.05

lew¹	·jij¹	njij¹	ŋwu²	tha¹	tsjɨ¹	njij¹	ŋwu²	sjij¹
惟	自	心	也。	佛	亦	心	也，	性

tsjɨ¹	njij¹	ŋwu²①	thjɨ²	sjij¹	tśhji²	mjɨ¹	nja²
亦	心	也。	是	性	根	境	非，

惟即自心。佛亦是心，性亦是心。是性非根境，

2541.19B.06

ku¹	tśhji²	mjɨ²	rjɨr²	niow¹	thji²	njɨ¹	bio¹
则	根	境	以	外，	此	二	观

thju¹	·jwɨr¹	·jij¹	wa²	ŋwu²	djo²	mjijr²	njij¹
察，	形	相	何	也？	行	者	心

则根境以外，观察此二，形相如何？行者归心，

2541.19B.07

tji¹	thji²	njɨ¹	bio¹	thju¹	zji²	·jwɨr¹	·jij¹
归，	此	二	观	察，	皆	形	相

mjij¹	dzjo¹	tsho²	ŋa¹	sju²	sjij¹	sjij¹	·ji²
无。	譬	虚	空	如，	仔	细	复

观察此二，皆无形相。譬如虚空，仔细复观，

———————————

① 原始文献字序为"也心"，倒文，据乙正符号校正。

2541.19B.08

𗄈，	𗯿	𘆝	𗭀	𗍳。	𗯿	𘆝	𘄒	𘝵，
bio̱¹	tshǫ²	ŋa¹	tsji̱¹	nja²	tshǫ²	ŋa¹	thju¹	dźjij
观，	虚	空	亦	非。	虚	空	观	可，
𗢳	𗄈	𗤒	𘝵。	𘄄	𗍺	𘂠	𗣼
njij¹	bio̱¹	mji̱	dźjij	thji̱²	nji̱	kwər¹	tsjir²
心	观	不	可。	是	二	体	性

亦非虚空。虚空可观，心不可观。是二体性

2541.20A.01

𗢳，	𗷖	𘀄	𘅍	𗤒，	𘂤	𘀄	𘅍	𗤒。
njij¹	se̱w²	tshjij¹	tji²	mjij¹	ŋwu̱¹	tshjij¹	tji²	mjij¹
心，	思	议	可	不，	语	说	可	不。
𗏵	𗭀	𗤒	𘌽，	𘓶	𗥃	𗢩	𘀄
lew¹	tsji̱¹	mjij¹	kha¹	thjij²	sjo²	phjo²	dji¹
一	亦	无	LINK	何	云	分	分

心，不可思议，不可言说。一尚归无，云何分令其别异？①

2541.20A.02

𘒧	𗸍	𗧿	𗥃？	𘘽	𗱊	𘃡	𘌽	𘀄：
do²	pha¹	we²	phji¹	tśhjwo¹	lwər²	lhejr²	kha¹	tshjij¹
差	别	为	CAUS	故	契	经	中	说：
𘄄	𘃛	𘒧	𗸍	𗤒	𗢭。	𘄄	𗱊
thji̱²	sǫ¹	do²	pha¹	mjij¹	·ji̱¹	thji̱²	lwər²
是	三	差	别	无	QUOT	是	经

故《经》云'是三无差别'。是经

2541.20A.03

𗤓	𘂤，	𘄄	𗈁	𗥁	𗒛，	𘄄	𗤒	𘂠

'jwɨr²	tja¹	do²	ljij²	mjijr²	niow¹	do²	mjij¹	rjɨr²
文	者，	异	见	者	故，	异	无	DIR₁

tshjij¹	djo̤²	mjijr²	bio̤¹	thju̠¹	thja¹	do²	mjij¹
说。	行	者	观	察，	彼	异	无

文者，见者异故，所说无异。行者观察，彼相无异，

2541.20A.04

·jij¹	·jij¹	rjir¹	tjɨ²	mjij¹	do²	mjij¹	ljij²	tja¹
相，	自	得	可	不。	异	无	见	者，

·jij¹	do²	ljij²	ŋwu²	do²	mjij¹	do²	ljij²
自	异	见	也。	异	无	异	见，

自不可得。不见异者，自即见异。无异见异，

2541.20A.05

thjij²	sjo²	njɨ¹	nja²	njɨ¹	ku¹	do²	śjij¹	thjɨ²
何	云	二	非？	二	则	异	成，	是

do²	mjij¹	tsjɨ¹	·ju²	rjir¹	tjɨ²	mjij¹	do²
异	无	亦，	寻	得	处	无。	异

云何非二？二则成异，是异亦无，无处得见。

2541.20A.06

zow²	phja¹	niow¹	tśhjwo¹	do²	mjij¹	tshjij¹	sjij¹	dzjij¹
执	断	因，	故	异	无	说。	性	超

thjo̠¹	wo²	tsjij²	mjijr¹	nwə¹	njwi²	thja¹	lha̤²

妙	义，	了	者	知	能。	彼	迷

执异断故，方说无异。性超妙义，了者能知。彼迷

2541.20A.07

𗹯	𗣼，	𗫠	𗣰	𗤁	𗧀？	𗫨	𗧇	𗤼
mjijr²	njij¹	thjɨ²	tsjij²	thjij²	njwi²	lew¹	tji¹	sjij²
者	心，	是	了	何	能？	惟	愿	智

𗹯	𗣼	𗧡	𗤴	𗭣	𗁀	𘝞	𗤓
mjijr²	njij¹	bju¹	gji¹	phji¹	zow²	zjij²	·jijr²
者	心	明	清	CAUS	执	著	去

者心何能了？惟愿令智者心清明。执著去

2541.20A.08

𗧺	𗆧	𗊟	𗆬	𗤴。	𗧵	𗹄	𗊟	𗤼，
ku¹	thja¹	tjɨ²	na¹	tsjij²	śji¹	·o¹	kjɨ¹	nur¹
则	彼	可	深	了。	昔	有	DIR₁	示，

𘝊	𗣼	𗤓	𗭋	𗭪	𘜶	𗤴	𗤊，
tha¹	njij¹	ɲia²	ɣjow¹	mər²	ɣa²	gji¹	sej¹
佛	心	众	源，	本	来	清	净，

则彼可深了。昔有开示，佛心众源，本来清净^①，

2541.20B.01

𗵽	𗐯	𗣟	𗐯。	𗫠	𗮞	𗧴	𗣰	𗾦
tśjɨr²	mjij¹	bie²	mjij¹	thjɨ²	tja¹	zji²	phju²	ɣiej¹
缚	无	解	无。	此	者	无	上	真

𗭋，	𗠋	𗊗	𗊟	𘜶	𗫠	𗤡	𗤴
ɣjow¹	sew²	tshjij¹	tjɨ²	ŋwu²	thjɨ²	bju¹	tsjij²
源，	思	议	可	也。	此	随	了

无缚无解。此者无上真源，可思议也。以此了

---

① 汉译参考《究竟一乘圆明心义》，西夏文本"𗭋𗣼𗈜𗈜，𗭋𗭪𗤊𗤊"对应汉文本"一切众生，本来清净"。

2541.20B.02

繂	絓	絮	嘉	羢、	蔬	酥	羿	厗、
ku¹	phju²	bji²	·jij¹	tsjij¹	śjij¹	ljwu¹	ljwij¹	njij¹
则	上	下	自	他、	顺	逆	怨	亲、

爇	孩	韆	攸，	骸	纀	緂	菰？
dzu¹	khie¹	tshwew¹	nu¹	lhjwi¹	dźjɨr¹	thjij²	dju¹
爱	憎	趣	背，	取	舍	何	有？

则上下自他、顺逆怨亲、爱憎趣背，有何取舍？

2541.20B.03

庞	蔽	裲	裲，	緂	緉	訛	絋？	崭
rjur¹	ljij²	ŋowr²	ŋowr²	thjij²	sjo²	śjwo¹	njwi²	lẹj²
诸	见	一	切，	何	云	起	能？	贪

甤	屌	靴，	圆	蠹	緔	瓬	絓
tshjạ¹	lə²	njɨ¹	·jar¹	khjɨ²	ljɨir¹	tụ¹	lhjɨ²
嗔	痴	等，	八	万	四	千	尘

云何能起一切诸见？云何有贪嗔痴等八万四千尘

2541.20B.04

彩	㺕	緅，	緂	緉	菰	緍？	圆	訛
ror²	zjị¹	njɨ²	thjij²	sjo²	dju¹	we²	·jar¹	mjɨ²
垢	恼	厄，	何	云	有	为？	八	境

靵	絉①	蔀	爇	祁	訛	散	瓨
ljɨ¹	tạ¹	ɣiej¹	dzu¹	mjij¹	gjɨ¹	sọ¹	do¹
风	止，	真	爱	静	澄，	三	毒

垢厄恼？八境风止，真爱湛然②，三毒

---

① 原文献字形为"絉"。
② 《三制律》："爱河之波澜永息，遂得境风忽止，识浪俄停，真源之水湛然。"

2541.20B.05

蘨	蘮①	綖	纎	嘉	祃	核	核	翘
mə¹	lwạ¹	thjo̱¹	dwewr²	·jij¹	mjij¹	wji¹	wji¹	dźjɨ
火	灭，	妙	觉	自	静，	作	作	行

祇	燃	誃	蒂	绢。	蔽	戕	毗
dźjij¹	mji¹	gji¹	sej¹	mjij¹	mji¹	ljij²	nwə¹
行，	不	清	净	无。	闻	见	知

火灭，妙觉自静，所作所行，无不清净。见闻

2541.20B.06

纎，	祗	蒂	徽	戕。	燋	燋	綖	綖，
dwewr²	zji²	ɣiej¹	·ju²	ŋwu²	dźju¹	dźju¹	sjwij¹	sjwij¹
觉，	皆	真	常	也。	昭	昭	灵	灵，

誠	誠	綖	綖。	筅	羬	祹	桃，
rjɨj²	rjɨj²	mjijr²	mjijr²	swu²	thju̱¹	ŋjow²	sju²
冥	冥	杳	杳。	像	观	海	如，

觉知，皆常真也。昭昭灵灵，冥冥杳杳。观像如海，

2541.20B.07

祗	蘨	薇	米。	嘉	朓	蕤	桃，	羕
tśhji²	bju¹	śja²	tsjɨ¹	·jij¹	tsho̱²	ŋa¹	sju²	khjɨ²
根	随	现	亦。	自	虚	空	如，	万

赙	祗	蕤②	刭	纾	戕	绢。	綗
·io̱w¹	tśhji²	na¹	lew¹	mjijr²	lhjwi¹	mjij¹	ljɨɨr¹
功	根	深，	一	通	取	无。	四

亦随根现。即如虚空，万功根深，一通不取。四

2541.20B.08

棐	徽	胒，	戕	蔸	徽	绊。	纚	戕

---

① 原文献字形为"蘮"。

② 原文献字形为"蕤"。

we¹	lew¹	tsjir²	sọ¹	kiej²	lew¹	njij¹	tsə¹	ljij²
生	惟	性，	三	界	惟	心。	色	见

mjij¹	sju²	ɣiẹ²	mji¹	dźiwe¹	thwu¹	lja¹	mjij¹
梦	如，	声	闻	响	同。	来	无

生惟性，三界惟心。见色如梦，闻声同响。无往无来，

2541.21A.01

śji̵¹	mjij¹	mji¹	we̱¹	mji¹	dzjar²	mə¹	lji̵²	su¹
往	无，	不	生	不	灭。	天	地	如

ljij²	be²	bji¹	su¹	swew¹
大，	日	光	如	明。

不生不灭。大如天地，明如日光。"

汉译文：

真实佛者，自即觉照。已觉何为推寻觉照？细观经实，惟如来心自能觉照。了佛者，即是心。何谓'已觉观众生有性'？以彼性识，能分别故，方谓有性。内外根境，非能分别。分别者，惟即自心。佛亦是心，性亦是心。是性非根境，则根境以外，观察此二，形相如何？

行者归心，观察此二，皆无形相。譬如虚空，仔细复观，亦非虚空。虚空可观，心不可观。是二体性心，不可思议，不可言说。一尚归无，云何分令其别异？故《经》云'是三无差别'。是经文者，见者异故，所说无异。行者观察，彼相无异，自不可得。不见异者，自即见异。无异见异，云何非二？二则成异，是异亦无，无处得见。执异断故，方说无异。性超妙义，了者能知。彼迷者心何能了？惟愿令智者心清明。执著去则彼可深了。

昔有开示，佛心众源，本来清净，无缚无解。此者无上真源，可思议也。以此了则上下自他、顺逆怨亲、爱憎趣背，有何取舍？云何能起一切

诸见？云何有贪嗔痴等八万四千尘垢厄恼？八境风止，真爱湛然，三毒火灭，妙觉自静，所作所行，无不清净。见闻觉知，皆常真也。昭昭灵灵，冥冥杳杳。观像如海，亦随根现。即如虚空，万功根深，一通不取。四生惟性，三界惟心。见色如梦，闻声同响。无往无来，不生不灭。大如天地，明如日光。"

2541. 21A. 01

𗑾	𗫡	𗊬
·jɨr¹	dạ²	sjij¹
问	曰：	今

问曰："今

2541. 21A. 02

𗊪	𗣼	𗤉	𗎭	𗼃	𗊪	𗗙	𘘤	𗟩
tsə¹	ljij²	tja¹	·jij¹	zjɨr¹	tsə¹	ŋwu²	thjij²	sjo²
色	见	者，	自	实	色	是，	何	云

𗏵	𗏁	𗧘	𗈜	𘓆	𘃎	𗢭	𗍫
mjij¹	·ji¹	ɣiẹ²	kji¹	mji¹	tsjɨ¹	dzjwo²	bju¹
梦	谓？	声	DIR₁	闻	亦，	人	随

见色者，即是实色，云何谓梦？人所出声，虽为耳闻，

2541. 21A. 03

𗦗	𗴿①	𗰗	𗈜	𗼃	𗗙	𘘤	𗟩	𗩟
to²	djij²	thja¹	tsji¹	zjɨr¹	ŋwu²	thjij²	sjo²	dźiwe¹
出	LINK	彼	亦	实	也，	何	云	响

𗈜	𗊪	𗧘	𗐆	𗗙	𗰗	𗤉	𘘤
·ji²	tsə¹	ɣiẹ²	mji²	ŋwu²	thja¹	tja¹	thjij²
谓？	色	声	境	是，	彼	者	何

---

① 此处"……𗴿，……"句式，表示转折关系。

彼亦实也，云何谓响？色声是境，

2541.21A.04

娜	絆	韃	绍？	厊	粭	骄：	羆	缫
sjo²	njij¹	ɤjow¹	we²	tjɨ¹	hu²	da̱²	thja¹	tsɘ¹
云	心	源	为？	口	答	曰：	彼	色
貒	桃	絆	骰	物	绽，	燚	缝	
mjij¹	sju²	njij¹	ŋwu²	·jɨ²	tja¹	sjij¹	mjor¹	
梦	如	心	也	谓	者，	今	现	

云何彼为心源？"口答曰："彼色如梦谓是心者，现今

2541.21A.05

襁	辨	厐	缫	祸	祸，	羉	죵	茄
mej¹	·ju²	rjur¹	tsɘ¹	ŋowr²	ŋowr²	tjij¹	zjɨr¹	dju¹
眼	前	诸	色	一	切，	若	实	有
缝	祇	簸	骹	缀，	轰	簸	骹	
ku¹	śjwo¹	zjij¹	ljo̱²	to²	dzjar²	zjij¹	ljo̱²	
则	生	时	何	出，	灭	时	何	

眼前一切诸色，若实有则生时何出，灭时何退？

2541.21A.06

燞？	绣	绣	爰	爰，	羆	厐	禋	糊，
lhjwo¹	sjij¹	sjij¹	tśhjɨ¹	djɨ²	thja¹	rjur¹	tsjɨr¹	kha¹
退？	仔	细	审	察，	彼	诸	法	中，
帋	缴①	簸	骹	返	焱	慨	蕨。	
·u²	djɨr²	tjo¹	·ju²	lwu²	tjɨ²	mji¹	ljij²	
内	外	推	寻	隐	处	不	见。	

仔细穷究，彼诸法中，内外推寻②，不见隐处。

---

① 原始文献字序为"缴帋"，倒文，据乙正符号校正。
② 汉译参考《究竟一乘圆明心义》，西夏文本"帋缴簸骹"对应汉文本"内外推寻"。

2541.21A.07

羗	纃	韹	絀	羕	禠	訵,	絲	羆
tjij¹	tsə̣¹	swu²	kha¹	khjɨ²	tsjir¹	śjwo¹	ku¹	thja¹
若	色	像	中	万	法	生,	则	彼

刻	禠	赦	羞	蕤	敳	絍	虒
lew¹	tsjir¹	ŋwu²	ŋər¹	mja¹	ljij²	ljɨ²	zji²
一	法	INST	山	河	大	地	皆

若万法生色像中，则一法皆能育山河大地。

2541.21A.08

缓	絋	礽。	羗	刻	禠	赦	虒	敚
·jur¹	njwi²	we²	tjij¹	lew¹	tsjir¹	ŋwu²	thja¹	ŋewr²
育	能	为。	若	一	法	INST	彼	等

繺,	絲	虒	繺	核	禠	羡	絯
·wiọ¹	ku¹	thja¹	·wiọ¹	mjijr²	tsjir̩¹	·jij¹	ljọ¹
围,	则	彼	围	者	法	自	何

若以一法围彼等，则围者法何所生？

2541.21B.01

揚	訵?	訵	叕	絹	絲,	羡	燉
·a	śjwo¹	śjwo¹	tjɨ²	mjij¹	ku¹	·jij¹	·ju²
DIR₁	生?	生	可	不	故,	自	常

疢	敳。	羡	訵	絹	絲,	敶①	訵
dźjij¹	ŋwu²	·jij¹	śjwo¹	mjij¹	ku¹	mjɨ¹	śjwo¹
在	也。	自	生	不	故,	他	生

不可生故，即是常在。自不生故，岂可生他？

2541.21B.02

絯	糺?	敶	訵	絋	絲,	羡	蕤	慨

---

① 原文献字形为" 敶 "。

ljo̰²	ljɨ¹	mjɨ¹	śjwo¹	njwi²	ku¹	·jij¹	thjij²	mji¹
岂	可?	他	生	能	故,	自	何	不

śjwo¹	·jij¹	śjwo¹	njwi²	ku¹	wa²	sju²	tsjɨr¹
生?	自	生	能	故,	何	如	法

他能生故，自何不生？自能生故，如何有法

2541.21B.03

gjɨ²	śjwo¹	tjɨ²	dju¹	we²	thjɨ²	bju¹	kjij¹	ku¹
有,	生	可	有	为?	此	随	释	故,

thja¹	śjwo¹	tjɨ²	tsjɨ¹	zjɨr¹	ljij²	tjɨ²	mjij¹
彼	生	可	亦,	实	见	可	不。

可生？以此释故，彼亦可生，不可见实。

2541.21B.04

thjɨ²	ljɨ¹	sju²	ku¹	tsə¹	ŋowr¹	ŋowr²	śjwo¹	tśji¹
此	虽	如	故,	色	一	切	生,	指

tśhji²	mjij¹	dzjar²	tjɨ²	tsjɨ¹	mə¹	dzjo̰¹	thja¹
根	无	灭	处	亦	无。	譬	彼

虽如此故，色生一切，指根无，灭处亦无。譬彼

2541.21B.05

mjij¹	gu²	ŋər¹	mja¹	ljij²	ljɨ²	khjɨ²	·jij¹	ljij²
梦	中,	山	河	大	地,	万	相	见

tja¹	mjij¹	dzjɨj¹	ljo̰²	ljɨj²	·jij¹	mjɨ¹	nwə¹

者，　梦　　时　　何　　来？　自　　不　　知

梦中，山河大地，见万相者，梦时何来？自虽不知，

2541.21B.06

赦，	残	愧	骇	燃？	羆	尚	焱
lji¹	gji¹	niow¹	ljo²	lhjwo¹	thja¹	tsji¹	mji¹
虽，	觉	后	何	退？	彼	亦	不

胍。	巅	巍	缝	絲	羆	解①	蓑
nwə¹	thji²	bju¹	tsjij²	ku¹	mjij¹	gu²	khji²
知。	此	随	了	则	梦	中	万

觉后何退？亦不知彼。以此了则梦中万法，

2541.21B.07

禩，	巍	缩	帆	缩。	巉	絲	移	移。
tsjir¹	śji¹	mjij¹	lja¹	mjij¹	sjij¹	mjor¹	wji¹	wji¹
法，	往	无	来	无。	今	现	为	为。

羆	焱	扬	阙。	帆	巍	雅	焱，
thja¹	rjir²	·a	tjɨj²	lja¹	·wjij¹	rjir¹	tji²
彼	与	一	理。	来	去	得	可，

无往无来。现今行为，与彼一样。来去可得，

2541.21B.08

扬	弼	迄	骇。	羆	巍	巅	骇
·a	tśhji¹	·wjij²	lji¹	thja¹	bju¹	thji²	ŋewr²
一	尔	有	也。	彼	随	此	等

祇	絳	巍	薇，	嶽	娜	焱	胍？
zji²	njij¹	bju¹	śja²	thjij²	sjo²	mji¹	nwə¹
皆	心	随	现，	何	云	不	知？

有一霎也。是以此等皆以心现，云何不知？

――――――――――

① 原文献字形为"🔣"。

2541.22A.01

𗗿	𗤶	𗏵	𗏹	𗗿	𗗚	𗾔	𗷟	𗄊
mjij¹	gu²	tsjir¹	tja¹	mjij¹	zjij¹	·jij¹	dju¹	gji¹
梦	中	法	者	梦	时	自	有	觉

𗗚	𗾔	𗏸	𗄊	𗤶	𗏵	𗏹	𗗿
zjij¹	·jij¹	mjij¹	gji¹	gu²	tsjir¹	tja¹	mjij¹
时	自	无	觉	中	法	者	梦

梦中法者，梦时即有，觉时即无。觉时法者，梦

2541.22A.02

𗗚	𗾔	𗏸	𗄊	𗗚	𗾔	𗷟	𗗿	𗤶
zjij¹	·jij¹	mjij¹	gji¹	zjij¹	·jij¹	dju¹	mjij¹	gu²
时	自	无	觉	时	自	有	梦	中

𗨙	𗏹	𗄊	𗗚	𗾈	𗋽	𗡜	𗤼
mji²	tja¹	gji¹	zjij¹	thju¹	ku¹	dźju¹	sjwij¹
境	者	觉	时	观	则	显	明

时即无，觉时即有。觉时可观梦中境，

2541.22A.03

𗩰	𗊱	𗏸	𗾵	𗤏	𗼻	𗄊	𗤶	𗨙
mji¹	ka²	mjij¹	we²	mji¹	dźjij	gji¹	gu²	mji²
不	离	无	为	不	可	觉	中	境

𗏹	𗗿	𗗚	𗦮	𗼻	𗾈	𗐾	𗡜
tja¹	mjij¹	zjij¹	la¹	dźjij	thju¹	tsji¹	dźju¹
者	梦	时	记	可	观	亦	显

分明①不离，不可为无。觉时境者，梦中可计，观亦分明，

2541.22A.04

𗏵	𗩰	𗊡	𗦏	𗧁	𗰚	𗤒	𗴽	𗷟

---

① 汉译参考《究竟一乘圆明心义》"𘞩𗡜𗴖𗦲"（见色分明）。

sjwij[1]	niow[1]	dzjar[2]	ljo[2]	djij[2]	thji[2]	nji[1]	lo[2]	bio[2]
明，	又	灭	何	曾？	此	二	双	观，
𗏆	𘜶	𗓽	𗤌	𗏆？	𘜶	𗤁	𗤌？	𗵽

lji[1]	tja[1]	mjij[1]	ŋwu[2]	lji[1]	tja[1]	gji[1]	ŋwu[2]	zjir[1]
何	者	梦	也？	何	者	觉	也？	实

又何曾灭？观此二双，何者是梦？何者是觉？实

2541.22A.05

𗏆	𗵽	𗓽。	𗤌	𗑠	𗡊	𗤌，	𗥃	𗑠
nwə[1]	tji[2]	mjij[1]	mjij[1]	ku[1]	zji[2]	mjij[1]	gji[1]	ku[1]
知	可	不。	梦	则	俱	梦，	觉	则

zji[2]	gji[1]	lew[1]	mjijr[2]	njij[1]	'jij[1]	tsjir[2]	bju[1]	ljij[1]
俱	觉，	一	通	心	OBJ	性	随	变

不可知。梦则俱梦，觉则俱觉，一通心随性变化。

2541.22A.06

𗵖。	𗥃	𗤌	𗱕	𗑠，	𗤑	𗱾	𗥃	𗵽
lej[2]	thju[2]	mjij[1]	thja[2]	dwewr[2]	thjij[2]	sjo[2]	phjo[2]	kar[2]
换。	此	梦	彼	觉，	何	云	分	别

𗑠	𗡊	𗵽	𗤑	𗥃	𗤌	𗱾	𗑠
do[2]	pha[1]	we[2]	phji[1]	·jij[1]	njij[1]	bio[1]	ku[1]
差	别	为	CAUS	自	心	观	则

此梦中觉彼，云何分令其别异？观自心则

2541.22A.07

𗤌	𗑠	𗥃	𗑠，	𗤌	𗥃	𗥃	𗥃。	𗱾
mjij[1]	nja[2]	gji[1]	nja[2]	mjij[1]	njwi[2]	gji[1]	njwi[2]	thji[2]
梦	非	觉	非，	梦	能	觉	能。	此

𗤑	𗵽	𗑠	𗥃	𗵖	𗥃	𗥃，	𗱾	𗵖
bju[1]	tsjij[2]	ku[1]	khji[2]	tsjir[1]	ŋowr[2]	ŋowr[2]	njij[1]	dju[1]

随　　了　　则　　万　　法　　一　　切，　心　　有

非梦非觉，能梦能觉。以此了则一切万法，心有

2541.22A.08

ku¹	dju¹	njij¹	mjij¹	ku¹	mjij¹	thji²	nio̱w¹	khji²
则	有，	心	无	则	无。	是	故	万
tsjir¹	·jij¹	kwər¹	lew¹	·jij¹	njij¹	ŋwu²	tśhjwo¹	
法	GEN	体，	惟	自	心	也。	方	

则有，心无则无。是故万法之体，惟即是心。

2541.22B.01

mja¹	nio̱w¹	dwewr²	dźiej²	śjwo¹	kha¹	tshjij¹	phjo²	kar²
然	后	觉	信	起	中	说：	分	别
ŋowr²	ŋowr²	·jij¹	njij¹	phjo²	kar²	ɲia²	tśhju¹	
一	切，	自	心	分	别。	众	生	

然后《起信》云：'一切分别，分别自心①。一切众生，

2541.22B.02

ŋowr²	ŋowr²	ɣu¹	mjij¹	rjɨr²	ljij²	lha̱²	njij¹	lwow¹
一	切，	始	无	DIR₁	来。	迷	心	妄
zow²	rjur¹	tsjir¹	ŋowr²	ŋowr²	lju²	nio̱w¹	dju¹	·jɨ²
执，	诸	法	一	切，	身	后	有	谓。

无始已来②。迷心妄执，一切诸法，谓身后有。

① 汉文本《大乘起信论义记》卷三："一切分别，即分别自心。"
② 汉文本："一切众生，无始已来，常入涅槃。"

2541.22B.03

𗹦	𗼪	𗇋	𗀓	𗰭	𗫷	𗤵	𘃺，	𗍥
thjɨ²	·wjɨ¹	lju²	zow²	·u²	ljijr²	we²	phji¹	ŋa²
此	幻	身	执	内	方	为	CAUS	我

𗵆	𗒹	𘔿。	𗦢	𗹦	𘔼	𗢤	𗸰
kwər¹	ŋwu²	·ji²	·io̱¹	thjɨ²	so̱¹	kiej²	tśhjiw¹
体	也	QUOT	凡	此	三	界	六

执此幻身①为内，我为体。'凡此三界

2541.22B.04

𗣼②	𗹠	𗥃	𗧡	𗒹。	𗾝	𘋅	𗴴	𗣞，
tśja¹	zji²	·jij¹	njij¹	ŋwu²	dzjo̱¹	tjɨj²	swu²	śja²
道	皆	自	心	是。	譬	镜	像	现，

𗴴	𗹠	𘋅	𗒹，	𗥃	𘏿	𗋽
swu²	zji²	tjɨj²	ŋwu²	·jij¹	mjɨ¹	nwə¹
像	皆	镜	是，	自	不	知

六趣③，皆即心是。譬如镜现像，像皆是镜，自不知。

2541.22B.05

𗤵。	𘝵	𘄒	𗰭	𗿢	𗣈：	𗥫	𗤓	𗃛
sju²	tśhjwo¹	dźiej¹	śjwo¹	kha¹	tshjij¹	rjur¹	tsjɨr¹	ŋowr²
如	故	信	起	中	说：	诸	法	一

𗃛，	𘋅	𗸃	𗴴	𗤵	𗵆	𗧔	𗋭	𘏨
ŋowr²	tjɨj²	gu²	swu²	sju²	kwər¹	rjir¹	tjɨ¹	mjij¹
切，	镜	中	像	如，	体	得	可	无。

故《起信》云：'一切诸法，如镜中像，无体可得。

---

① 汉译参考《究竟一乘圆明心义》，西夏文本"𗹦𗼪𗍥𗇋"对应汉文本"此身幻相"。

② 原文"𗣼"（道）字前有一字"𘋥"（趣），衍文，右侧有校勘符号。"六道"亦称"六趣"，因此西夏译文可能衍"𘋥"字。

③ 六趣，众生由业因之差别而趣向之处有六所，谓之六趣，亦曰六道。即一地狱趣、二饿鬼趣、三畜生、四阿修罗趣、五人趣、六天趣。

2541.22B.06

絆	靐	絳	縼	縼	禓	靐,	絆
njij¹	śjwo¹	ku¹	mə²	mə²	tsjir¹	śjwo¹	njij¹
心	生	则	种	种	法	生,	心

騾	絳	縼	縼	禓	騾	秢。	雑
dzjar²	ku¹	mə²	mə²	tsjir¹	dzjar²	'ji²	thji²
灭	则	种	种	法	灭	QUOT	是

心生则种种法生，心灭则种种法灭。'①

2541.22B.07

藕	艃	絳	靓	毭	繸	靐?
bju¹	tsjij²	ku¹	do²	ljij²	thjij²	śjwo¹
随	了	则	异	见	何	生?

以此了则何生差别？

汉译文：

问曰："今见色者，即是实色，云何谓梦？人所出声，虽为耳闻，彼亦实也，云何谓响？色声是境，云何彼为心源？"

口答曰："彼色如梦谓是心者，现今眼前一切诸色，若实有则生时何出，灭时何退？仔细穷究，彼诸法中，内外推寻，不见隐处。若万法生色像中，则一法皆能育山河大地。若以一法围彼等，则围者法何所生？不可生故，即是常在。自不生故，岂可生他？他能生故，自何不生？自能生故，如何有法可生？以此释故，彼亦可生，不可见实。虽如此故，色生一切，指根无，灭处亦无。譬彼梦中，山河大地，见万相者，梦时何来？自虽不知，觉后何退？亦不知彼。以此了则梦中万法，无往无来。

---

① 汉文本："是故一切法，如镜中像，无体可得，唯心虚妄。以心生则种种法生，心灭则种种法灭故。"西夏文本未译"唯心虚妄"。

现今行为，与彼一样。来去可得，有一霎也。是以此等皆以心现，云何不知？梦中法者，梦时即有，觉时即无。觉时法者，梦时即无，觉时即有。觉时可观梦中境，分明不离，不可为无。觉时境者，梦中可计，观亦分明，又何曾灭？观此二双，何者是梦？何者是觉？实不可知。梦则俱梦，觉则俱觉，一通心随性变化。此梦中觉彼，云何分令其别异？观自心则非梦非觉，能梦能觉。以此了则一切万法，心有则有，心无则无。是故万法之体，惟即是心。然后《起信》云：'一切分别，分别自心。一切众生，无始已来。迷心妄持，一切诸法，谓身后有。执此幻身为内，我为体。'凡此三界六趣，皆即心是。譬如镜现像，像皆是镜，自不知。故《起信》云：'一切诸法，如镜中像，无体可得。心生则种种法生，心灭则种种法灭。'以此了则何生差别？"

2541.22B.07

缎	鄐	繡	绥	嵗	絢	祗	嘉	絴
·jir¹	dạ²	śji¹	tshjij¹	rjur¹	dzjọ¹	zji²	·jij¹	njij¹
问	曰：	前	说	诸	如，	皆	自	心

骰，
ljij²
见，

问曰："诸如前说，皆自心见，

2541.22B.08

骹	絴	熈	骰。	纞	緣	甍	禩
dzjij²	njij¹	mji¹	ljij²	sjij¹	mjor¹	khjɨ²	tsjir¹
他	心	不	见。	今	现	万	法
嘉	橱	骰，	纔	桷	嶷	纗，	鞢
·jij¹	zjɨ²	ljij²	thjɨ²	njɨ¹	do²	tja¹	lja¹
自	俱	见，	此	二	异	者，	证

他心不见。现今万法俱见，何能证得此二差别？"

2541.23A.01

sji²	wa²	dju¹	hu̱²	da̱²	dzjo̱¹	mjij¹	gu²	mji̱²
NMLZ	何	有?	答	曰:	譬	梦	中	境,
dzjij²	dzjwo²	mji¹	ljij²	mjij¹	gu²	śja²	dzjɨj¹	rjur¹
他	人	不	见。	梦	中	现	时,	诸

答曰:"譬梦中境,他人不见。梦中现时,

2541.23A.02

dzjwo²	ŋowr²	ŋowr²	khjɨ²	tsjir¹	thwu̱¹	ljij²	dzjij²	njij¹
人	一	切,	万	法	同	见。	他	心
·ji²	tja¹	thja¹	tsjɨ¹	mji̱j¹	gu²	·jij¹	njij¹	dza²
谓	者,	彼	亦	梦	中,	自	心	计

一切诸人,同见万法。谓他心者,彼亦梦中,自心计校①,

2541.23A.03

rjar¹	mjɨ¹	mji¹	tśhji¹	ljij²	mji¹	mji¹	dwewr²	·ji²
校,	他	不	尔	见,	他	不	觉	谓,
·jij¹	zjɨr¹	ɣu¹	sej¹	gji¹	niow¹	·ji²	sjij²	
自	实	换	算。	觉	后	复	想,	

他不曾见,谓他不觉,自转换实。觉后复想,

2541.23A.04

---

① 西夏文《禅源诸诠集都序》:"〔西夏文〕,〔西夏文〕。"（触向错解,非理计校。）

zji²	·jij¹	njij¹	bju¹	dja²	·wjɨ	tśhjwo¹	dwewr²	nji²
皆	自	心	随,	DIR₁	化	方	觉。	汝

·jir¹	śjij¹	tsjɨ¹	thja¹	rjir¹	·a	tjɨj²	thja¹	
问	NMLZ	亦,	彼	与	一	理。	彼	

皆随自心，幻化方觉。汝所问亦与彼一样。

2541.23A.05

ljij²	mjijr²	tja¹	lew¹	·jij¹	njij¹	ŋwu²	thwu¹	ljij²
见	者	者,	惟	自	心	是,	同	见

nji²	·jɨ²	mji¹	ljij²	mjijr²	tsjɨ¹	lew¹	·jij¹	
2PL	谓。	不	见	者	亦,	惟	自	

彼见者，惟即心是，此谓同见。不见者亦惟即

2541.23A.06

njij¹	ŋwu²	mjɨ¹	mji¹	ljij²	·jɨ²	dzjo̱¹	thja¹	mjɨj¹
心	是,	他	不	见	谓。	譬	彼	梦

gu²	thwu¹	ljij²	do²	ljij²	mjɨ¹	ŋwu²	·jɨ²	sju²
中,	同	见	异	见,	他	是	谓	如。

心是，谓他不见。譬如梦中，见同见异，谓他是。

2541.23A.07

thja¹	ŋewr²	ŋowr²	ŋowr²	zji²	·jij¹	njij¹	ŋwu²	·i̱o̱¹
彼	等	一	切,	皆	自	心	是,	凡

mjɨ¹	nwə¹	ljɨ¹	tśhjwo¹	lwər²	lhejr²	kha¹	tshjij¹	ɣjej¹

不		知		也。		故	契	经	中	说：	真

一切彼等，皆即心是，凡不知也。故《经》① 云：'未得真觉，

2541.23A.08

𗰗	𗼃	𗼘	𗧻	𗥃	𘃨	𗤊	𗤻	𗤜
dwewr²	mjij²	we²	ku¹	·ju²	mjij¹	gu²	dźjij¹	· jɨ²
觉	未	为	则	常	梦	中	在	QUOT

𗤣	𘃋	𗀓	𗧻	𗮔	𗮔	𗁬	𘃨
thjɨ²	bju¹	sjij²	ku¹	ŋowr²	ŋowr²	zji²	mjij¹
此	随	想	故，	一	切	皆	梦。

恒处梦中。'② 以此想故，一切皆梦。

2541.23B.01③

𗰁	𗣁	𗤼	𘃑	𗤣	𗆄	𗩾	𗮔	𗮔
thja¹	ɣa²	thjij²	·jiw²	thjɨ²	niow¹	tśhjwo¹	ŋowr²	ŋowr²
彼	于	何	疑？	此	又	故	一	切

𗁬	𗊏	𗉮	𗦜	𗤜	𘀗	𗤣	𗣊
zji²	·jij¹	njij¹	ŋwu²	·jɨ²	tsə¹	thjɨ²	sju²
皆	自	心	也	QUOT	色	是	如

于彼何疑？是又故‘一切皆即是心’。色如是

2541.23B.02

𗧻，	𗾃	𘈩	𗭰	𗪆	𗫂，	𗰁	𘊝	𗼕	𗈪。

---

① 据引文内容，此经应为《成唯识论》。
② 《成唯识论》卷七："未得真觉，恒处梦中。"
③ 据原始文献，23B.01 行之前为楷书抄写，自此行始至末尾最后 7 叶为行书和草书抄写。本文认为前后字体之所以不一致，可能是因为时间紧迫或不是同一时间抄写等造成的，整本著作应该为同一个抄写者所写。23B.01 行前后虽然书写风格不同，但部分字迹仍然比较一致。例如：𗤣23B.01，𗤣23A.08。从抄写字体上看，23B.01 行之前的楷书中个别夹杂了草书写法，与 23B.01 后的草书笔迹保持一致。例如："𗥃"在楷书部分的写法为𗥃10A03，在草书部分的写法为𗥃26A.08。前后字形中对于左边构件的写法较为一致。又如："𗧻"在楷书部分的写法为𗧻23A07，在草书部分的写法为𗧻24A03。右边构件在楷书部分的写法非常接近于草书写法。

ku¹	ɣiẹ²	lji²	wjɨ̣¹	tsjụ¹	tsjir¹	thja¹	rjir²	·a	tjɨ̣j²
故，	声	香	味	触	法，	彼	与	一	理。

lew¹	thjɨ²	njij¹	tja¹	ɣiẹ²	·jij¹	tsjir²	we²	dźjij¹
惟	此	心	者，	声	OBJ	性	为，	行

故，声香味触法，与彼一样。"惟是心者，声之为性，

2541.23B.03

twụ¹	zji²	śjwiw²	mji¹	śjij¹	mji¹	lew²	ɣa¹	de²	tśjị¹
处	皆	随，	闻	NMLZ	不	同。	忧	喜	苦

dzu¹	ljwịj¹	njij¹	śjij¹	ljwu¹	sji¹	mjij¹	mə²	ɣiẹ²
乐，	怨	亲	顺	逆，	尽	无	声	音，

皆随行处，所闻不同。忧喜苦乐，怨亲顺逆，无尽声音，

2541.23B.04

to²	zji²	njij¹	ŋwu²	njij¹	sji¹	mjij¹	ku¹	ɣiẹ²	sji¹
悉	皆	心	是。	心	尽	无	则	声	尽

thjij²	dju¹	njij¹	·jij¹	ɣiẹ²	ŋwu²	zjɨr²	·jij¹	phə²	sju²
何	有？	心	自	声	也。	水	自	泡	如，

悉皆心是。心无尽则声有何尽？心即是声。水即如泡，

2541.23B.05

phə²	·jij¹	tsjir²	mjij¹	sjij¹	mjor¹	ɣiẹ²	khwej²	·jij¹	mji¹
泡	自	性	无。	今	现	声	大，	自	闻

---

① 原文献字形为"𗣼"。

胹	骹	希①	租	希	蔽	絗	租	絗 。
tsjir²	ŋwu²	dźiwe¹	ɣiẹ²	dźiwe¹	mji¹	mjij¹	ɣiẹ²	mjij¹
性	是 。	响	声	响	闻	无	声	无 。

泡即无性。现今大声，即闻性是。无声响闻响无声。

2541.23B.06

絗	靰	骮	祗	霻 ，	蔽	胹②	絗	絑	租
dzjọ¹	ljɨ¹	zjir²	ɣiẹ²	źju¹	mji¹	tsjir²	mjij¹	ku¹	ɣiẹ²
譬	风	水	钟	磬 ，	闻	性	无	则	声
朮	絗	挩 。	矨	釟 ：	垚	藬	骹	希 ，
tsjɨ¹	mjij¹	sju²	·jir¹	dạ²	ŋər¹	gjij²	ljij²	ŋjow²
亦	无	如 。	问	曰 ：	山	野	大	海 ，

譬如风水钟磬，闻性无则声亦无。问曰："山野大海，

2541.23B.07

蔽	赦	絗	叕 ，	獭	絑	皍	糒 ，	燸	憸
mji¹	ljɨ¹	mjij¹	djij²	sjij¹	mjor¹	rjur¹	kha¹	gjij¹	tśhjwa¹
闻	虽	无	LINK	今	现	世	间 ，	谷	离
骮	㼌 ，	蔽	繡	蠚	巍 ，	蔽	希	憸
zjir²	na²	ŋwər¹	śji¹	biọ²	dji¹	mja¹	ŋjow²	bju¹
水	洪 ，	天	昔	暴	雷 ，	河	海	波

闻虽然无，而今世间，洪水离谷③，天昔暴雷，河海波

2541.23B.08

粉 ，	后	后	租	蝶 。	巍	孩④	絗	絑
pa¹	lhjɨ¹	lhjɨ¹	ɣiẹ²	khwej²	mjo¹	mjijr²	mjij¹	ku¹
涛 ，	汹	涌	声	大 。	听	者	无	则

---

① 原文献字形为"象"。20B.08 有"见色如梦，闻声同响"。

② 原文献字形为"戓"。

③ 《立志铭心戒》："水聒山溪，风吟谷口。"

④ 原文献字形为"孖"。

祇	絹	蘿	劦？	雝	羨	蘿	絅	蘝
ɣie²	mjij¹	thjij²	·jɨ²	thji²	·wjɨ²	thjij²	sjo²	mji¹
声	无	何	谓？	此	刻	何	云	闻

涛，汹涌大声。何谓听者无则无声？今云何

2541.24A.01

威①	絹	絳	祇	絹	劦	欧？	綵	縠：	羅
tsjir²	mjij¹	ku¹	ɣie²	mjij¹	·jɨ²	nja²	hu²	da²	thja¹
性	无	则	声	无	QUOT	2SG	答	曰：	彼

祇	蔟	緩，	觥	繊	疼	蘝。	蘝	疼	絹
ɣie²	khwej²	tja¹	nwə¹	dźjij²	mjijr²	mji¹	mji¹	mjijr²	mjij¹
声	大	者，	知	有	者	闻。	闻	者	无

闻性无则无声？"答曰："彼大声者，知有者②闻。闻者无

2541.24A.02

絳，	羅	祇	緬③	蘝；	蘝	疼	蒫	緵，	斱
ku¹	thja¹	ɣie²	gjii²	mji¹	mji¹	mjijr²	dju²	niow¹	tśhjwo¹
故，	彼	声	销	闻；	闻	者	有	故，	方

祇	蘝	劦。	蒰	羅	祇	緩，	蘝	威	甆
ɣie²	mji¹	·jɨ²	śji¹	thja¹	ɣie²	tja¹	mji¹	tsjir²	ka²
声	闻	谓。	前	彼	声	者，	闻	性	离

故，闻彼声消④；闻者有故，方谓闻声。前彼声音，离闻性

2541.24A.03

絳，	蘁	觥	薮	蘿，	竀⑤	絼	簿	醗。	斱

---

① 原文献字形为"威"。
② 《楞严经》卷三：："阿难，声销无响，汝说无闻。若实无闻，闻性已灭，同于枯木。钟声更击，汝云何知？知有知无，自是声尘。或无或有，岂彼闻性？为汝无有，闻实云无，谁知无者？"
③ 原文献字形为"緬"。
④ 《楞严经》卷三："击久声销，音响双绝，则名无声。"销，同"消"。
⑤ 原文献字形为"竀"。

ku¹	tśja¹	niow¹	ljij²	lji̱¹	u̱²	tsəj¹	mər²	ŋwu²	tśhjwo¹
故，	道	外	见	虽，	乘	小	宗	是。	故

dźiej²	śjwo¹	kha¹	tshjij¹	lej²	sjij²	bju¹	śja¹	mji̱¹	nwə¹
信	起	中	说：	转	识	随	现	不	知

故，虽见外道，小乘宗是。故《起信》曰：'不知转识现

2541. 24A. 04

niow¹	tśhjwo¹	djir²	niow¹	ljij¹	ljij¹	tsə¹	zjij¹	phjo²	kar²
故，	则	外	后	来	见，	色	着	分	别

·ji²	wja̱¹	śjwo²	lwər²	lhejr²	kha¹	tshjij¹	rjur¹	tha¹	tsjir¹
QUOT	花	严	契	经	中	说：	诸	佛	法

故，见从外来，取色分齐。'②《花严经》曰：'言诸佛法

2541. 24A. 05

mji¹	dju¹	tshjij¹	lwər²	tsjir¹	ljo²	dju¹	dzjwo²	njij¹	bju¹	śjiw²
不	有	说，	经	法	何	有？	人	心	依	随

ŋwu²	thji̱²	sju²	tsjir¹	rji̱r¹	tshjij¹	·ji²	dzjo¹	thja¹	mjij¹
INST	是	如	法	DIR₁	说	QUOT	譬	彼	梦

不有，经法何有？依随人心，如是说法。'譬彼梦

2541. 24A. 06

gu²	tsjir¹	tshjij¹	djij²	mji¹	tśhji̱¹	zjo²	thja¹	xie̱²	ljo²

---

① 原文献字形为"𗦻"。

② 汉文本《大乘起信论》："以不知转识现故，见从外来，取色分齐不能尽知故。"

③ 此处"𘓑"放在动词性短语之后，使之名化。

中,	法	说	NMLZ	闻,	尔	时	彼	声,	何
𗥃①	(Tangut)	(Tangut)	(Tangut)	(Tangut)	(Tangut)	(Tangut)	(Tangut)	(Tangut)	(Tangut)
dzjwɨ²	rjɨr²	ljɨj²	ɣiẹ²	lja¹	tjɨ²	ljɨ¹	·iọ¹	rjir¹	tjɨ²
造	DIR$_1$	来?	声	来	可	虽,	凡	得	可

中，闻所说法，尔时彼声，何造而来？声虽可来，凡不可得。

2541.24A.07

絹。	䐟	㼡	㲅	㰜,	䎱	花	㲅	蕻	花
mjij¹	me²	·jɨ²	niow¹	ljijr¹	thja¹	ɣiẹ²	mji¹	mji¹	ɣiẹ²
不。	睡	眠	后	方,	彼	声	不	闻,	声
ljọ²	wjɨ²	lhjwo¹	thja¹	bju¹	thjɨ²	ɣiẹ²	mji¹	dzjɨj¹	lja¹
何	DIR$_1$	退?	彼	依	此	声,	闻	时	来

睡眠之后，不闻彼声，声有何退？是以此声，闻时无来，

2541.24A.08

絹,	㺵	㰜	薙	絹。	蕻	㼡	努	绛	㲅
mjij¹	gjɨ¹	niow¹	śjɨ¹	mjij¹	dja²	rjɨr²	·jɨ²	ku¹	ljọ²
无,	觉	后	往	无。	DIR$_1$	去	谓	则	何
dzjwɨ²	wjɨ²	lhjwo¹	śjɨ¹	·wjɨ²	mji¹	sjwij¹	zjɨr¹	dja²	
造	DIR$_1$	退?	往	刻	不	明。	实	DIR$_1$	

觉后无往。谓已去则何作所退？往昔不明。实已

2541.24B.01

㼡	绛,	杨	㺵	㰜	㼡	絆	㼰	禈	禈。
rjɨr²	ku¹	·a	me²	·jɨ²	niow¹	njij¹	tśhja¹	mjij¹	mjij¹
去	故,	DIR$_1$	睡	眠	后,	心	上	寂	静。

---

① 原文献字形为"𗥃"。
② 原文献字形为"㰜"。
③ 原文献字形为"㼡"。

𗈦	𗢴	𗤋	𗓽	𗀔	𗬷	𘄴	𗵆	𗄈	𗄈
ɣiẹ²	ljɨ¹	dwewr²	mjijr²	zjɨ¹	njɨ¹	śjɨ¹	sju²	dʑju¹	dʑju¹
声	及	觉	者	俱	二	前	如	昭	昭

去故，睡眠之后，心上平静。声者觉者，俱二如前，昭昭

2541. 24B. 02

𗤁	𗤁	𗈦	𗤬	𘄨	𗠁
sjwij¹	sjwij¹	ɣiẹ²	thjij²	sjo²	śɨ¹
灵	灵	声	何	云	往？

灵灵，声云何往？

汉译文：

问曰："诸如前说，皆自心见，他心不见。现今万法俱见，何能证得此二差别？"

答曰："譬梦中境，他人不见。梦中现时，一切诸人，同见万法。谓他心者，彼亦梦中，自心计校，他不曾见，谓他不觉，自转换实。觉后复想，皆随自心，幻化方觉。汝所问亦与彼一样。彼见者，惟即心是，此谓同见。不见者亦惟即心是，谓他不见。譬如梦中，见同见异，谓他是。一切彼等，皆即心是，凡不知也。故《经》云：'未得真觉，恒处梦中。'以此想故，一切皆梦。于彼何疑？是又故'一切皆即是心'。色如是故，声香味触法，与彼一样。惟是心者，声之为性，皆随行处，所闻不同。忧喜苦乐，怨亲顺逆，无尽声音，悉皆心是。心无尽则声有何尽？心即是声。水即如泡，泡即无性。现今大声，即闻性是。无声响闻响无声。譬如风水钟磬，闻性无则声亦无。"

问曰："山野大海，闻虽然无，而今世间，洪水离谷，天昔暴雷，河海波涛，汹涌大声。何谓听者无则无声？今云何闻性无则无声？"

答曰："彼大声者，知有者闻。闻者无故，闻彼声消；闻者有故，方谓闻声。前彼声音，离闻性故，虽见外道，小乘宗是。故《起信》曰：'不

知转识现故，见从外来，取色分齐。'《花严经》曰：'言诸佛法不有，经
法何有？依随人心，如是说法。'譬彼梦中，闻所说法，尔时彼声，何造而
来？声虽可来，凡不可得。睡眠之后，不闻彼声，声有何退？是以此声，
闻时无来，觉后无往。谓已去则何作所退？往昔不明。实已去故，睡眠之
后，心上平静。声者觉者，俱二如前，昭昭灵灵，声云何往？"

2541.24B.02

絨	鬏	鵗	黐	礼	钃	絴	鮖	玼	袢
·jir¹	da̱²	mjij¹	gu²	ɣie²	tja¹	njij¹	ɣa²	sjij²	·o¹
问	曰	梦	中	声	者	心	于	想	有

氜	蘱	霡	稬						
tśhjwo¹	bju¹	dju¹	sju²						
故	依	有	如						

问曰："梦中声者，心中有想，于是①如有，

2541.24B.03

骒	黐	霡	愺	絴	藗	刕	緈	鐕	愻
thja¹	ɣie²	dju¹	nja²	njij¹	ŋwu²	·ji²	ku¹	gji¹	nio̱w¹
彼	声	有	非	心	也	谓	故	觉	后

黐	钃	黐	愻	玒	黐	絴	钃	霡	黐
ɣie²	tja¹	djɨr¹	nio̱w¹	rjir²	ljij²	·jij¹	zjir¹	dju¹	ljɨ¹
声	者	外	后	DIR₁	来	自	实	有	也

非有彼声，谓是心故，窹后声者，从外而来，即实有也。

2541.24B.04

絿	娿	鬏	黐	緈	藗	鐕	絹	絴	藗
thjij²	sjo²	mjij¹	ɣie²	gji¹	rjir²	kjɨ¹	dzjo̱¹	njij¹	ŋwu²

---

① 汉译参考《禅源诸诠集都序》："鬏蘱絴愻嬔鐕藗鐕辏，黐藗嬔藗藗藗毃辏藗辏。"（于是以如
来三种教义，印禅宗三种法门。）

何	云	梦	声	觉	与	DIR₁	譬	心	是
𗇜	𗊦?	𗼋	𘕕:	𗢳	𗷖①	𗍥	𗥑	𗼇	𗤁
phjo²	nja²	hụ²	dạ²	śji¹	kjɨ¹	śio¹	kha¹	ɣiej¹	dwewr²
令	2SG	答	曰:	前	DIR₁	引	中	真	觉

汝云何令梦声寤声俱如心是?"答曰:"前所引②'未得真觉,

2541.24B.05

𗦀	𗰛	𗄽	𗥩	𗦫	𗇋	𗴺	𗝣	𗟲	𗦬
mjij²	we²	ku¹	·ju²	mjij¹	gu²	dziej²	mji¹	·jɨ²	ɣu¹
未	为,	则	常	梦	中	转	不	QUOT	始

𗇋	𗣼	𗵸	𗝣	𗈁④,	𗥵	𗳅	𗦫	𗰛?	𗟩
sja²	thja¹	gji¹	gu²	·jwɨr¹	thjij²	sjo²	mjij¹	nja²	·jɨr¹
[先]	彼	觉	时	形,	何	云	梦	非?	问

恒梦中不转.'⑤ 先前觉时形,云何非梦?"问

2541.24B.06

𗥩:	𗣼	𗵷	𗦫	𗟲,	𗴒	𗠁	𗵒	𗟲.	𗢳	𗜓
dạ²	thja¹	ŋewr²	mjij¹	ŋwu²	ɣiẹ²	tsji¹	njij¹	ŋwu²	djɨr²	ljij²
曰:	彼	等	梦	是,	声	亦	心	是.	外	来

𗰛	𗄽	𗥵	𗳅	𗡪	𗷖	𗵒	𗟳	𗦫?	𗤁
nja²	ku¹	thjij²	sjo²	thjɨ²	·wjɨ²	njij¹	sjij²	mjij¹	dzjɨj²
非	故,	何	云	此	刻	心	想	无?	时

曰:"彼等是梦,声亦是心。非外来故,云何现今心无想?时

2541.24B.07

𗤽	𗢼	𗵸	𗵒	𗠿	𗣻	𗟩	𗵸	𗥵	𗣼	𗜓

---

① 原文献字形为"𗷗"。

② 指上文 23A.07-08 所引 "未得真觉,恒处梦中"。

③ 原文献字形为"𗝣"。

④ 原文献字形为"𗈁"。

⑤《成唯识论》卷七:"未得真觉,恒处梦中。"《成唯识论演秘》卷一一:"如是未得真智觉时 此觉不转。"

mə¹	dji¹	lhjạ	tshjwu¹	dzjwo²	tśjɨr²	le²	djij²	djɨr²	niow¹	ljij²
天	雷	闪	电	,	人	惊	畏	LINK	外	后	来

nja²	·jij¹	njij¹	ŋwu²	ku¹	thjij¹	sjo²	tśjɨr²	dju¹	tjij¹
非。	自	心	是	故,	何	云	惊	有?	若

天雷闪电，人虽惊畏，然非外来。即是心故，云何惊畏？若

2541.24B.08

tśjɨr²	dju¹	ku¹	·jij¹	djɨr²	ljij²	ŋwu²	thjij²	sjo²	thja¹	ɣiẹ²
惊	有	则	自	外	来	是,	何	云	彼	声

njij¹	ŋwu²	phjo²	nja²	hụ²	dạ²	ɲia²	tśhju¹	ŋowr²	ŋowr²
心	也	令	2SG	答	曰:	众	生	一	切,

惊恐则即是外来，汝云何令彼声是心？"答曰："一切众生，

2541.25A.01

ɣu¹	mjij¹	ɣa²	śjwo¹	tśhjiw¹	khwej²	njij¹	ŋwu²	·jij¹	mjɨ	nwə¹
始	无	于	生。	六	大	心	是,	自	不	知

niow¹	tśhjwo¹	tśjɨr²	le²	śjwo¹	ɣu¹	djɨr²	ljij²	nja²	njij¹	ŋwu²
故,	则	惊	畏	生,	始	外	来	非。	心	也

生于无始。六大即心，自不知故，则生惊畏，始非外来。了是心

2541.25A.02

tsjij²	ku¹	thja¹	ɣiẹ²	ŋowr²	ŋowr²	mər²	śjɨ	lja¹	mjij¹	zji¹
了	故,	彼	声	一	切,	本	往	来	无,	皆

巍①	絤	桝,	弒	絻	祗	敠	牫	牻	徛

_____

① 原文献字形为"𥁞"。

kiwęj¹	mjij¹	kha¹	thjij¹	sjo²	ɣię²	ŋwu²	dzjwo²	tśjɨr²	le²
响	无	LINK	何	云	声	INST	人	惊	畏

故，一切声音，本无往来，尚皆无响，云何以声令人惊畏？

2541.25A.03

祗?	㵀	蘛	㴲	绛	徽	賸	蘛	蒒		骸	憸
phji¹	thjɨ²	bju¹	tsjij²	ku¹	pjo¹	·jow²	tśju¹	bjɨ¹		mjij¹	ljij²
CAUS	此	随	了	则	谤	赞	凌①	辱，		未	来
骰	羿	羆	絆	惢	菽。	蒜	絆	蒜	賸，		
zjǫ²	sji¹	thja¹	njij¹	mji¹	mju²	·jij¹	njij¹	·jij¹	·jow²		
世	尽，	彼	心	不	动。	自	心	自	赞，		

准此了则谤赞凌辱，未来世尽，彼心不动。自心即赞，

2541.25A.04

燚	绲	羇	羔?	蒜	絆	蒜	徽	绱	绲	羇
wejr¹	lew²	wa²	dju¹	·jij¹	njij¹	·jij¹	pjo¹	dźju²	lew²	wa²
盛	NMLZ	何	有?	自	心	自	谤，	衰	NMLZ	何
羔?	㵀	㺇	藃	蘛，	敪	鬝	燚			
dju¹	thjɨ²	sju²	lha²	bju¹	mjɨ¹	dạ²	mjɨ¹			
有?	是	如	迷	随，	他	言	不			

何盛之有？自心即谤，何衰之有？如是迷惑，不执他言，

2541.25A.05

鞵，	潋	惢	憸	劣。	㵀	惢	㴲	醸	蒢	揂、
zow²	djɨr²	niow¹	ljij²	·ji²	thjɨ²	niow¹	śjij¹	ljwu¹	dzu¹	khie¹
持，	外	后	来	谓。	是	又	顺	逆	爱	憎、
骸	纀	羇	鬠、	毹	嬰	燚	绱	羇		
lhjwi¹	dźjɨr²	tśji¹	rejr²	ɣa¹	de²	wejr¹	dźju²	njɨ¹		
取	舍	苦	乐、	忧	喜	盛	衰	等		

---

① 汉译参考《掌中珠》₃₁₁"㵀醸潋噤"（凌持拷打）。

谓从外来。是又见顺逆爱憎、取舍苦乐、忧喜盛衰等。

2541. 25A. 06

�791	�	�	�①	�	�	�	�	�	�	�
ljij²	·jij¹	njij¹	tsjij²	ku¹	ŋowr²	ŋowr²	lew¹	ŋwu²	thja¹	·jar¹
见	自	心	了	故，	一	切	一	是。	彼	八
�	�	�	�	�	�	�	�	�		
lji¹	ŋwu²	mju²	phji¹	mjɨ¹	wjɨ²	·jij¹	lew¹	njij¹		
风	INST	动	CAUS	不	能，	自	一	心		

自心了故，一切是一。八风不能令动，即是一心。

2541. 25A. 07

�	�	�	�	�	�	�	�	�	�	�
ŋwu²	thjɨ²	lew¹	njij¹	tja¹	dzjij²	lew¹	njij¹	rjir²	dźjwɨ¹	rjur¹
也。	是	一	心	者，	他	一	心	同，	相	OBJ
�	�	�	�	�②	�	�	�	�③		
lə¹	we²	dźjwɨ¹	rjur¹	ŋwo²	źjɨ¹	dźjwɨ¹	rjur¹	gjij¹		
障	为，	相	OBJ	损	恼，	相	OBJ	利		

是一心者，同他一心，令互为障碍，互为损恼，互为

2541. 25A. 08

�④，	�	�	�	�	�	�	�	�	�	�
ɣie²	dźjwɨ¹	bie²	lhew²	phji¹	thja¹	tja¹	źjɨ¹	mjij¹	wa²	
益，	相	解	脱	CAUS	彼	者	恼	无，	何	
�	�	�	�	�	�	�	�			
ŋwu²	mju²	phji¹	mju²	lew²	wa²	ŋwu²	thjɨ²			
INST	动	CAUS	动	NMLZ	何	是？	此			

利益，互为解脱。彼者无恼，何以令动？何是所动？

---

① 原文献字形为"�"。
② 上文 3A.05 有"����"（高低山相凭）。
③ 原文献字形为"�"。
④ 原文献字形为"�"。

2541.25B.01

蘿	纩	絳	毣	禩	辁	豺	戻	絧	薮
bju¹	tsjij²	ku¹	khjɨ²	tsjir¹	ɣjow¹	mjij¹	tśjɨr²	mjij¹	lhew²
以	了	则	万	法	源	梦	缚	无	解

絧	�溪	絆	燋	凝	朓	祐	祒	訨
mjij¹	mjijr²	njij¹	dźju¹	swew¹	tsjir²	ŋjow²	mjij¹	gji¹
无，	通	心	显	明，	性	海	静	澄。

准此了则万法梦源，无缚无解，通心显明，性海澄清。

2541.25B.02

祦	毣	稅	絳，	瓻	姤	祋	禩，	瓶	焱
ɣiẹ²	thjɨ²	sju²	ku¹	lji²	wjĩ¹	tsjṵ¹	tsjɨr¹	thja¹	rjir²
声	是	如	故，	香	味	触	法，	彼	与

扬	凝。	祗	祗	豺	稅，	祗	刏	絆	蕻。
·a	tjɨj²	ŋowr²	ŋowr²	mjij¹	sju²	zji²	lew¹	njij¹	ŋwu²
一	理。	一	切	梦	如，	皆	一	心	也。

声如是故，香味触法，与彼一样。一切如梦，皆是一心。

2541.25B.03

絆	毵	焱	絧，	燸	毵	祦	絧，	祦	毵
njij¹	rjir¹	tjɨ²	mjij¹	tsə¹	rjir¹	tjɨ²	mjij¹	ɣiẹ²	rjir¹
心	得	可	不，	色	得	可	不，	声	得

焱	絧，	瓻	姤	祋	禩，	瓶	焱	扬	凝。
tjɨ²	mjij¹	lji²	wjĩ¹	tsjṵ¹	tsjɨr¹	thja¹	rjir¹	·a	tjɨj²
可	不，	香	味	触	法，	彼	与	一	理。

心不可得，色不可得，声不可得，香味触法，与彼一样。

2541.25B.04

纷	娰①	圆	騰，	祗	毵	焱	絧。	纩	纚

---

① 原文献字形为"娰"。

tśhjiw¹	tśhji¹	·jar¹	sjij²	zji²	rjir¹	tji²	mjij¹	rjɨr²	ɣu¹
六	根	八	识，	皆	得	可	不。	DIR₁	初

·jar¹	khjɨ²	ljɨɨr¹	tu¹	lhji²	zji¹	sọ¹	kiẹj¹	tśhjiw¹	tśja¹
八	万	四	千	尘	恼、	三	界	六	道，

六根八识，皆不可得。起初八万四千尘劳、三界六道，

2541.25B.05

rjur¹	ljɨ¹	rjur¹	lho	zji²	rjir¹	tji²	mjij¹	tjij¹	thji²
世	及	世	出，	皆	得	可	不。	若	是

sju²	ku¹	bie²	lhew²	thjij²	we²	we¹	sjɨ¹	źiə²	
如	则	解	脱	何	为？	生	死	轮	

世及出世，皆不可得。若如是则何为解脱？生死轮回，

2541.25B.06

dziej²	lja¹	wjij¹	ljọ²	dju¹	śji¹	dạ²	zji²	rjir¹	tji²
回，	来	去	何	有？	前	言	皆	得	可

mjij¹	'jɨ²	śji¹		ŋwu²	sjụ¹	sji¹	mjij¹		
不	QUOT	前	□	以	银	尽	无		

何有来去？前言'皆不可得'。前以□令银无尽。

2541.25B.07

phji¹	thja¹	bja²	ljij²	sju²	ŋa¹	zow²	ljɨ¹	nja²	khji²
CAUS	彼	断	见	如，	空	持	虽	非，	万

---

① 原文献字形为"㲋"。

䖵	㷟	㷟,	羰	㣻	祗	䝙。	𪚳	䯀	㳩①
·jij¹	dźju¹	dźju¹	thju¹	sew²	zji²	njwɨ²	mjij¹	gu²	wjɨ²
相	显	现,	察	思	皆	能。	梦	中	DIR₁

如彼断见②，虽非空持，万相显现，皆能察思。犹如梦中，

2541.25B.08

㣻,	㿟	糀	㲋	綑	㴉	㿟	禔	祘	祘
sju²	·iọ¹	rjir¹	tji²	mjij¹	śji¹	rjur¹	tsjir¹	ŋowr²	ŋowr²
如,	凡	得	可	不。	前	诸	法	一	切

糀	㴉	㲋	㲍	㲋	㹬	祗	𪚳	絆
rjir²	śji¹	rjur¹	lji¹	rjur¹	lho	zji²	mjij¹	njij¹
DIR₁	前	世	及	世	出,	皆	梦	心

凡不可得。前一切诸法，前世及出世，皆是梦心。

2541.26A.01

㲨。	刻	絆	㸃	㸪,	㷟	䝙	㲨	𢁩,	孞
ŋwu²	lew¹	njij¹	bju¹	lej²	dźju¹	sjwij¹	ŋwu²	tsjɨ¹	zjir¹
是。	一	心	随	变,	显	明	是	亦,	实

糀	㲋	綑,	䅧	纐	㲋	綑。	㵄	䯀
rjir¹	tji²	mjij¹	lhjwi¹	dźjɨr¹	tji²	mjij¹	tjɨj¹	gu²
得	可	不,	取	舍	可	不。	镜	中

一心变化，亦即分明，实不可得，不可取舍。如镜中

2541.26A.02

㴻	㿟,	猯	㵗	㣻	䓫	㲨③	㵗④	㲋	籂。
swu²	sju²	sju¹	·ja²	mji¹	śjɨ¹	lju²	·ja²	mjɨ¹	lhjụ²
像	如,	银	金	不	往	捉	金	不	获。

---

① 原文献字形为"㳩"。

② 断见，谓有情之身心，见为限一期而断绝，与"常见"相对。

③ 原文献字形为"㲨"。

④ "㲨㵗"疑为倒文。

藜	毵①	祸	祸	祗	䡨	繗	骹 。
rar²	swu²	ŋowr²	ŋowr²	zji²	·jij¹	tjɨj¹	ŋwu²
影	像	一	切，	皆	自	镜	是。

像，不捉金银不获金②。一切影像，皆即是镜。

2541.26A.03

蕤	禊	祸	祸 ，	嫩	䡨	絴	骹 。	㸌	繦
khjɨ²	tsjɨr¹	ŋowr²	ŋowr²	lew¹	·jij¹	njij¹	ŋwu²	dźju¹	sjwij¹
万	法	一	切，	惟	自	心	也。	显	明

骹	沠 ，	昬	粎	叕	緪 。	纎	絴	骹
ŋwu²	tsjɨ¹	zjɨr¹	rjir¹	tjɨ²	mjij¹	tsə¹	njij¹	ŋwu²
是	亦，	实	得	可	不。	色	心	也

一切万法，惟即心是。亦即分明，实不可得。色即心

2541.26A.04

繗，	纎	粍	䡨	緂 。	纎	粍	緂	繗，	絴
ku¹	tsə¹	ɣa²	·jij¹	dzju²	tsə¹	ɣa²	dzju²	ku¹	njij¹
故，	色	于	自	聚③。	色	于	聚	故，	心

骹	纋	沠 。	絴	纋	沠	繗，	纎	䡨	纋
lə¹	ɣię²	mjij¹	njij¹	ɣię²	mjij¹	ku¹	tsə¹	·jij¹	ɣię²
障	碍	无。	心	碍	无	故，	色	自	碍

故，自聚于色。聚于色故，心无障碍。心无碍故，色即无碍。

2541.26A.05

沠 。	硫	觥	粎 ，	䡨	緟④	撅	蘳	篍
mjij¹	thjɨ²	·jij¹	lej²	·jij¹	gu²	lhej²	ljij¹	ŋjow²
无。	此	相	变，	自	相	变	换。	海

---

① 上文 11A.05 有"絹毙繗辭，庞蕤毵薇"（譬彼镜中，现诸影像）。

② 《宗镜录》卷二九："诸色心现时，如金银隐起，金处异名生，与金无前后。"

③ 汉译参考《金光明最胜王经》卷九"藲毤屍屍祗緂师"（衣服饮食皆聚集）。

④ 原文献字形为"𰻝"。

㩆	㑥	端①	㒹	㓦	㑩	菣	㒰	㑺
zjɨr²	mej²	dźjwa¹	·u²	·o²	sju²	mji¹	na²	mja¹
水	毛	端	内	入,	[须]	[弥]	芥	子

此相变换，相互②变换。海水摄毛端，

2541.26A.06

㒴	菔	㒱	祇③	㑅	㒼	㒹	㒿	㓤
gjiwr²	ljwị¹	tśhjiw¹	·jwɨr¹	thjị²	lwu¹	ɣạ²	lju²	·jwi²	wji¹
滴	入。	六	形	此	融,	十	身	换	作,

㓦	㒱	㒰	㒹	㓹	㒼	㒱	菣	祇
ɣạ²	thjo¹	ɣa¹	ŋowr²	thja¹	ŋewr²	·ju²	śja²	zji²
十	妙	门	具。	彼	等	前	现,	皆

须弥纳芥子④。融此六相，换作十身⑤，具十妙门。彼等现前，皆是因此。

2541.26A.07

㑅	㓦	㒼	㓤	㒹⑥	㒹	㓦	㒰	菣
thjị²	niọw¹	ŋwu²	dzjwɨ¹	sjij¹	·u²	·o²	mej¹	·ju²	ljij²
此	故	也。	君	智	内	入,	眼	前	见

㒴	㒼	㑥	㒱	㒹	㒼	㒹	㒱	㒵
njwi²	sji¹	mjij¹	thjo¹	ɣa¹	me²	mjijr²	thjo¹	tśhja²
能。	尽	无	妙	门,	神	通	妙	德,

贤君入内，眼前能见。无尽妙门，神通妙德，

---

① 原文献字形为 "㧉"。
② 西夏文 《大宝积经》 卷一 "㓦㑥㒱㒰"（互相轻毁）。
③ 原文献字形为 "㑥"。
④ 《大方广佛华严经 · 净行品》："毛端集刹国，须弥纳芥子。" 文益 《宗门十规论》："海性无边，摄在一毫之上；须弥至大，藏归一芥之中。" 惟劲 《释花严漩澓偈》："心为万法宗，万法一心通。毛端一滴海，一切海皆同。" 西夏文 《注华严法界观门通玄记》 "㒱㒰㑥菣菣㑩"（芥子与须弥同）。
⑤ 《修华严奥旨妄尽还源观》 卷一："经云：'或以自身，作众生身，国土身，业报身，声闻身，缘觉身，菩萨身，如来身，智身，法身，虚空身。'如是十身，随举一身，摄余九身。"
⑥ 原文献字形为 "㒹"。

2541.26A.08

sew²	tshjij¹	mjij¹	·iow¹	lji̵¹	dzjij¹	·io̦¹	swew¹	lji̵¹	lji̵¹
思	议	不	功	也	时	圆	明	一	一

tsji̠r¹	bju¹	sji¹①	mjij¹	tśhja²	ŋowr²	ŋjow²	sju²	nuə	tsji̵¹
法	随	尽	无	德	具	海	如	辩	亦

不思议功也。时一一圆明，随法无尽，具德如海，辩亦

2541.26B.01

ne̦¹	tshjij¹	mji̵¹	njwi²	tśhjwo¹	lwər²	lhejr²	kha¹	lja¹
宣	说	不	能	故	契	经	中	颂

da̦²	tshjij¹	thjo¹	rjir¹	zji²	·jij¹	mji¹	mju²	pju̦¹
言	说	妙	得	皆	持	不	动	尊

不能宣说。故《经》颂曰：'妙湛总持不动尊，

2541.26B.02

śjiw²	le̠¹	gja¹	njij²	rjur¹	zji̵ir¹	dju¹	ŋa²	·jij¹
首	楞	严	王	世	希	有	我	OBJ

rjir²	kja²	tśhju²	sew²	dźjwu¹	se̠¹	u̦²	mji¹
亿	劫	倒	思	消	僧	乘	不

首楞严王世希有，消我亿劫颠倒想，不历僧祇获法身。'③

---

① 原文献"羿"为右侧增补小字。

② 原文献字形为"羿"。

③ 汉文本《宗镜录》卷三："妙湛总持不动尊，首楞严王世希有，消我亿劫颠倒想，不历僧祇获法身。"

2541.26B.03

毵	禒	豭	崩	刕。	惔	㳄	彣	㺜
da²	tsjir¹	lju²	lja¹	·ji²	nio̱w¹	wja̱	śjwo²	lwər²
历	法	身	证	QUOT	LINK	花	严	契

菠	粼	㣂:	毙	庞	禒	粼,	桶	葭①
lhejr²	kha¹	tshjij¹	thja¹	rjur¹	tsji̱r¹	kha¹	nji̱¹	lhew²
经	中	说:	彼	诸	法	中,	二	[解]

《花严经》曰：'于诸法中，不生二解，

2541.26B.04

惔	㤞,	繇	絆	禒	禰	禰,	殢	祂②	辫
mji¹	śjwo¹	ku¹	tha¹	tsjir¹	ŋowr²	ŋowr²	tśhji̱²	rjar²	·ju²
不	生,	则	佛	法	一	切,	立	即	前

薮。	緔	絴	紙	㺜,	嘉	反	頦	頍
śja²	ɣu¹	njij¹	bie²	dzji̱j¹	·jij¹	·ja	duu²	tow¹
现。	初	心	解	时,	自	阿	耨	多

一切佛法，疾得现前。初发心时，即得阿耨多

2541.26B.05

靡	朸	叒	朸	狝	㳄	崩。	庞	禒
lo¹	sã¹	mjiw²	sã¹	po¹	tji̱j¹	rjir¹	rjur¹	tsjir¹
罗	三	藐	三	菩	提	得。	诸	法

禰	禰	絴	嘉	㴡	蔽	㢀,	繇	蕶
ŋowr²	ŋowr²	njij¹	·jij¹	tsjir²	ŋwu²	nwə¹	ku¹	zji̱r¹
一	切	心	自	性	也	知,	则	慧

罗三藐三菩提。知一切法即心自性，成就慧

---

① 原文献字形为"葭"，据汉文本此处应为"解"义的字，但其字形与"㣂"（解）不符，"㣂"在此文献
中的写法参见附录3(25A.08.4)。此处可能用"葭"（见）训读为汉语音。

② 原始文献字序为"祂殢"，倒文，据乙正符号校正。

2541. 26B. 06

𗤶	𗢳	𗡘	𗦀	𗦾	𗋽	𗆜	𗥘
lju²	we²	njwi²	mjɨ¹	bju¹	tsjij²	nja²	·jɨ²
身	成	能，	他	由	悟	不	QUOT

身，不由他悟'①。"

2541. 26B. 07

𗓨	𘕿	𗙴	𗏵	𗘂	𗗙	𗴢	𗉅	𗏇
wo²	thwu̱¹	ljij²	dzjij²	tsjir²	ŋjow²	·io̱¹	swew¹	tjɨj¹
理	通	大	师	性	海	圆	明	镜

𗰜	𗁮	𗏇②		𗪙
lhə	nwə¹	·jwɨr²		dźjwa¹
足	知	文		竟

通理大师《性海圆明镜知足》竟。

汉译文：

问曰："梦中声者，心中有想，于是如有，非有彼声，谓是心故，窹后声者，从外而来，即实有也。汝云何令梦声窹声俱如心是？"

答曰："前所引'未得真觉，恒梦中不转。'先前觉时形，云何非梦？"

问曰："彼等是梦，声亦是心。非外来故，云何现今心无想？时天雷闪电，人虽惊畏，然非外来。即是心故，云何惊畏？若惊恐则即是外来，汝云何令彼声是心？"

答曰："一切众生，生于无始。六大即心，自不知故，则生惊畏，始非外来。了是心故，一切声音，本无往来，尚皆无响，云何以声令人惊畏？准此了则谤赞凌辱，未来世尽，彼心不动。自心即赞，何盛之有？自心即谤，何衰之有？如是迷惑，不执他言，谓从外来。是又见顺逆爱憎、取舍

---

① 汉文本《大方广佛华严经》卷十七："于诸法中，不生二解，一切佛法，疾得现前。初发心时，即得阿耨多罗三藐三菩提。知一切法即心自性，成就慧身，不由他悟。"
② 指一种古文体裁。

苦乐、忧喜盛衰等。自心了故,一切是一。八风不能令动,即是一心。是一心者,同他一心,令互为障碍,互为损恼,互为利益,互为解脱。彼者无恼,何以令动?何是所动?准此了则万法梦源,无缚无解,通心显明,性海澄清。声如是故,香味触法,与彼一样。

一切如梦,皆是一心。心不可得,色不可得,声不可得,香味触法,与彼一样。六根八识,皆不可得。起初八万四千尘劳、三界六道,世及出世,皆不可得。若如是则何为解脱?生死轮回,何有来去?前言'皆不可得'。前以□令银无尽。如彼断见,虽非空持,万相显现,皆能察思。犹如梦中,凡不可得。前一切诸法,前世及出世,皆是梦心。一心变化,亦即分明,实不可得,不可取舍。如镜中像,不捉金银不获金,一切影像,皆即是镜。

一切万法,惟即心是。亦即分明,实不可得。色即心故,自聚于色。聚于色故,心无障碍。心无碍故,色即无碍。此相变换,相互变换。海水摄毛端,须弥纳芥子。融此六相,换作十身,具十妙门,彼等现前,皆是因此。贤君入内,眼前能见。无尽妙门,神通妙德,不思议功也。时一一圆明,随法无尽,具德如海,辩亦不能宣说。故《经》颂曰:'妙湛总持不动尊,首楞严王世希有,消我亿劫颠倒想,不历僧祇获法身。'《花严经》曰:'于诸法中,不生二解,一切佛法,疾得现前。初发心时,即得阿耨多罗三藐三菩提。知一切法即心自性,成就慧身,不由他悟。'"

通理大师《性海圆明镜知足》竟。

第三章　西夏语复句研究

　　本章主要是在对西夏文《性海圆明镜知足》文本解读的基础上，以该文本中存在的语言现象和语料为线索，结合其他西夏文佛教著作、佛经以及西夏文世俗文献的语料，对西夏语有标复句进行综合分析，归纳出西夏语有标复句的句式和用法，并对一些复句中的关联词语进行探讨。

　　此前西夏学界仅有马忠建用二分法首次将西夏语复合句分为联合复句（并列、递进、连贯、选择）和偏正复句（条件、假设、让转、因果）两大类，指出了部分复句中的关联词语。① 孙伯君论述了"縫"的用法，并归纳了西夏语的转折复句句式。② 张珮琪从句法结构的角度，将西夏语的副词子句分出了六种类型：时间句、同时性句、因果句、让步句、条件句及方式句，并对每种类型的语法手段进行描写，尝试了对若干从属标记进行来源分析；③ 另外还提及不定式补语句，认为此结构中表示否定及完成体意义的词缀通常附加在 V2 前。④ 复句的类别划分取决于分类的原则，副词子句是从句法结构的角度做出的分类，与本章讨论的有标复句分类标准

---

① 马忠建：《西夏语语法若干问题之研究》，中国社会科学院研究生院博士学位论文，1987 年，第 232~269 页。
② 孙伯君：《简论西夏文"縫"＊djij²·³³的语法功能》，《西夏学》（第 5 辑）上海古籍出版社，2010，第 126~132 页。
③ 张珮琪：《西夏语的副词子句》，《西夏学》2018 年第 2 期，第 144~169 页。
④ 张珮琪：《西夏语的复合谓语结构析探》，《西夏学》2021 年第 2 期，第 35~36 页。

不同。副词子句是从属句的小类，从属句和并列句共同构成复句。聂鸿音介绍了常用的复合句的关联词语"鏴"ljɨ¹、"叕"djij²、"熈"nio̯w¹、"夔"tjij¹、"緈"ku¹、"鮴"kha¹、"祕"tśhjạ、"飜"bju¹等。①

"二分法"所划分的联合复句和偏正复句，在分析西夏语语料时，不便于从结构形式上进行区分。随着西夏文文献解读和西夏语语法研究的发展，有必要系统性地梳理西夏语复句，并对此前研究未涉及的一部分复句句式进行讨论。本章依据分句之间的关系，借鉴汉语研究的三分系统，将西夏语的复句关系类型分为因果、并列和转折三大类。划分原则是"从关系出发，用标志控制"。标志是联结分句，标志互相关系的关系词语。② 根据关系标志的有无，复句包括有标复句和无标复句。本章所讨论的复句为有标复句，即使用了关系标志，形成了特定句式的复句。试图通过文例的分析与归纳，总结出西夏语复句的句式和关联词语，以期为西夏文文献的解读和西夏语语法、研究提供一定参考。

第一节　西夏语并列类复句

并列类复句是表示广义并列关系的各类复句的总称。这一大类复句，反映各种各样的"并列聚合"③。西夏语并列类复句有递进句、选择问句和并列句。

一　递进句

递进句是分句之间具有层递关系的复句。汉语的递进复句研究始于1898年的《马氏文通》。邢福义《汉语复句研究》将递进句式分为顺递句、

---

① 聂鸿音：《西夏文字和语言研究导论》，上海古籍出版社，2021，第363~375页。
② 邢福义：《汉语复句研究》，商务印书馆，2001，第8~9页。
③ 邢福义：《汉语复句研究》，商务印书馆，2001，第43页。

反递句（反转递进句）和反逼递进句。此前学界对西夏语递进句的讨论较少，马忠建认为"𗷭𗈶"表示递进关系，[①] 本文认为应归为连贯关系。西夏语递进句可分为顺递句、反递句和反逼递进句，其中后二者的句式往往较为明显。

（一）顺递句

顺递句是以一层意思为基点，向另一层意思顺递推进的复句。西夏语"𗷭"可以构成顺递句式"……𗷭，……"。如例（1）中，"𗷭"放在第一个"𗈁"（令）之后，意思为（不仅令）放兵，（而且令）引九万戴甲兵，形成了递进关系，构成顺递句。

（1）

𗖻	𗏁	𗈜	𗰛	𘗣	𗉔	𗤁	𗤻	𘗟	𘃛	𗈁	𗷭	𗱕	𗡞
xu¹	tśju¹	mji¹	lhjij¹	tśhjɨ¹	niow¹	gja¹	ŋewr²	dja²	sar²	phji¹	kha¹	gjɨ¹	khjɨ²
苻	主	不	受	尔	后	兵	数	DIR1	放	CAUS	LINK	九	万
𗺉	𗢳	𗤶	𗤻	𗰜	𗥃	·𗣠	𗤤	𗈜	𘊴	𗥻	𗖻	𗈨	
zjij¹	zjir²	gjwi²	gja¹	rjɨr²	śio¹	·jij¹	ljo²	tsəj¹	·jow¹	phjij¹	kow¹	xu¹	·jow¹
约	甲	戴	兵	DIR1	引	自	弟	小	阳	平	公	苻	融
𗵒	𘋨	𗵘	𗥃	𗤁	𗈨	𗱕	𗰮	𗡞	𗈁				
kji¹	zew²	śji¹	śio¹	gja¹	rjijr¹	ɣu¹	ka̱¹	·wji¹	phji¹				
DIR1	遣	先	导	军	马	头	监	为	CAUS				

苻主不受，仍放兵引九万戴甲兵，遣弟阳平公苻融为军马头监。——《类林》

（二）反递句

反递句，又称反转递进句，是指以一个否定的意思为基点，向一个肯定的意思反转递进的复句。反递句是具有转折关系基础的递进，基事和递事在意义上是相对立的两个方面，二者之间有转折性。由关联词语把转折关系转化为递进关系。汉语中的反递句表现为"不但不……，反而……"的句式。西夏语的反递句除了马忠建提出的"𗿦……𗍳……，𗥃/𗈜……"

---

① 马忠建：《西夏语语法若干问题之研究》，中国社会科学院研究生院博士学位论文，1987 年，第 248~250 页。

外，还可以由"𘜶"单独构成句式"……𘜶，……"。

如例（2）中，西夏译文将汉文的两句理解为一整句。齐国军队到鲁国边境时，看到一个妇人（后赐号义姑）丢下抱着的孩子，抱起了别的孩子跑，齐将追上去质问得知，丢下的是妇人自己的孩子，抱着的是长兄之子。这个例句中，救自己的孩子和丢下自己的孩子救侄子，形成对立面。"𘜶"在句中成为关联词语，将转折关系转化为递进关系，以"子者，当多所爱怜，多所痛也"为基点，向"弃之而救侄"反转递进，构成反递句。

（2）

𘜶	𘝾	𘝟	𘔆	𘎮	𘄬	𘄬	𘎦	𘂉	𘏌	𘄬	𘜶
tshji¹	bju²	ŋwu¹	gji²	tja¹	ŋa²	ŋa²	dzu¹	wier¹	ŋo²	wji²	lew² ŋwu² kha¹
齐	将	曰:	子	者,	多	多	爱	惜	怜	为	当 是 LINK

𘎸	𘝆	𘎈	𘋥	𘇹	𘐀		𘄈	𘕣	𘏱 ?
sjij¹	dźjɨr¹	zjwi̥¹	·jij¹	gju²	nja²		thjij²	ɣiej¹	·ji²
今	舍	甥	OBJ	救	2SG		何	真	QUOT

齐将曰："子者，当多所爱怜，多所痛也。今弃之而救侄，何也？"① ——《新集慈孝传》

例（3）中，西夏译文同样译为一整句，分句中的"三兄弟同居，孝顺无害"和"自心欲分居"导致荆树一夜枯萎，在意义上相对立，用"𘜶"表示二者之间的反转递进关系，构成反递句。

（3）

𘋽	𘝾	𘏚	𘜶	𘄬	𘏱	𘄻	𘋇	𘏗	𘎦	𘝔	𘋽
wə¹	gji²	la¹	kha¹	tshjij¹	thjij¹	tśji¹	so¹	tjo²	·ja	·jij¹	thji¹ wə¹
孝	子	传	中	曰:	田	真	三	弟	一	居	饮, 孝

𘜲	𘝟	𘕅	𘜶		𘔌	𘏱	𘏱	𘏒	𘕣	𘍷	𘎈	𘔋

① 聂鸿音：《西夏文〈新集慈孝传〉释读》，《宁夏大学学报》（哲学社会科学版）1999 年第 2 期，第 43 页。

śjij¹	ɣie²	mjij¹	kha¹	tji¹	nji²	nji²	khju¹	·jij¹	twụ¹	pha¹	thji¹	njij¹
顺	害	无	LINK	一	日	昼	间	自	各	异	饮	心

緩，𧿘𦚢𦏵𦞚𦝛𦝴𦙲𦘶𦘟𦝫……

kiej²	djij¹	·ju²	sọ¹	biej²	phu²	ljij²	dzụ²	thja¹	gji²	zji²	rowr¹
欲，	阶	前	三	棵	树	大	树	是	夜	皆	枯……

《孝子传》曰："田真三兄弟同居，孝顺无碍。一日昼间自心欲分居，阶前种三大荆树，其夜皆枯……"① ——《新集慈孝传》

例（4）中，"一国皆浊"和"唯我独清"，"众人皆醉"和"唯我独醒"是两组明显相对立的两个方面。西夏语在分句"一国皆浊"和"众人皆醉"后标"𦝴"，以示"我"与"一国"、"众人"的对立，构成反递句。

（4）

𦘦𦘨𦚲𦚴𦞝𦙉𦘴𦙯：𦘤𦚢𦝫𦝴𦝴，𦚔

khjwi¹	ɣjwã¹	źju²	lju²	·o¹	·jij¹	dạ²	·ji²	a	lhjij²	zji²	niəj¹	kha¹	lew¹
屈	原	鱼	捕	翁	OBJ	言	谓：	一	国	皆	浊	LINK	唯

𦙕𦚓𦚄，𦛗𦜁𦝫𦝊𦝴，𦚔𦙕𦚓𦞑𦘶。

ŋa²	tjij¹	sej¹	·ji¹	dzjwo²	zji²	lia²	kha¹	lew¹	ŋa²	tjij¹	gji¹	·ji²
我	独	清，	众	人	皆	醉	LINK	唯	我	独	醒	QUOT

屈原谓渔父曰："一国皆浊，唯我独清；众人皆醉，唯我独醒。"② ——《类林》₀₃.₂₂ʙ

例（5）中，汉元帝在虎圈观兽搏斗，妃嫔都在座奉陪。一只熊突然跑出了圈外，左右皇妃都被吓跑了，只有婕妤挡在熊面前。很显然，大家的惊恐和婕妤的不惊恐（甚至挡住熊的勇敢）是对立的两面，形成鲜明的对比。因此西夏语用"𦝴"表示二者之间的反转递进关系，构成反递句。

---

① 聂鸿音：《西夏文〈新集慈孝传〉释读》，《宁夏大学学报》（哲学社会科学版）1999年第2期，第44页。

② 史金波、黄振华、聂鸿音：《类林研究》，宁夏人民出版社，1993，第55~56页。

（5）

彩	矃	稦	絧	湝:	镟	禙	絁	灊,	稬	婇
tsja¹	·ju¹	·jij¹	·jɨr¹	ŋwu¹	dzjwo²	zji²	tśjɨr²	le²	kha¹	wa²
婕	好	OBJ	问	曰:	人	皆	惊	恐	LINK	何

繎	矊	繺	絯	籨	脁	刻?
niow̠¹	rjɨj²	ɣwə²	rjir²	·jar¹	nja²	·jɨ²
故	熊	面	前	立	2SG	QUOT

问婕好曰："人皆惊惧，汝何故立熊当前？"① ——《新集慈孝传》

（三）反逼递进句

反逼递进句，是指以一层意思为基点，向相比之下不值一提的另一层意思反逼递进的复句，汉语中表现为"尚且……，何况……"的句式，在中古汉语中常表现为"尚……何况/况复/况……""亦/犹/……况……"等句式。西夏语反逼递进句，表现为"裫……灊，刻/稬/繺……"的句式，可对应中古汉语的"尚……何况……"或"亦……况……"。西夏语反逼递进句式可分为三种情况。

句式①为"裫……，炥……刻……"，相当于中古汉语的"尚……何况/况复/况……""亦/犹……况……"句式。此句式常出现在西夏文佛经中。

如例（6）中，以否定"能熟初菩提心"为基点，向"能证无上佛果"反向递进。句中"裫"带有前分句的让步逻辑语义，后分句通过"炥"和"刻"逼问，构成反逼递进句。

（6）

湬	槞	絷	籔,	縗	絳	敠	絴	裫	蘜	敠
thji²	sju²	dạ²	ljɨ¹	ɣu¹	po¹	tjij¹	njij¹	tsjɨ¹	śjij¹	mjɨ¹
是	如	言	以,	初	菩	提	心	尚	熟	不

---

① 聂鸿音：《西夏文〈新集慈孝传〉释读》，《宁夏大学学报》（哲学社会科学版）1999年第2期，第45页。

羖	熶	蘿	熷	絑	絥	靴	叕	訧	庋?
njwi²	nio̱w¹	zji²	phju²	tha¹	mja²	lja¹	tji²	ljo̱¹	·wjij²
能,	LINK	无	上	佛	果	证	NMLZ	岂	有?

如是之言，尚不能熟初菩提心，何况能证无上佛果？——《大宝积经》$_{1.49.6\sim50.1}$

例（7）中，以否定"恭敬如来大师"为基点，向"敬彼持法比丘"反向递进，如来地位远大于比丘，因而不能"恭敬如来"，怎能"恭敬比丘"？句中亦是用"羖"表示前分句的让步逻辑语义，后分句通过"熶"和"訧"逼问，构成反逼递进句。

（7）

羝	羃	縦	祹	菣	熶,	縫	巤	殻	彭	孫
phji²	khjiw²	thji̱¹	tsjir¹	mji¹	nio̱w¹	mjor¹	ljij²	ljij²	dzjij²	·jij¹
比	丘	此	法	闻	已,	如	来	大	师	OBJ

羖	熶	縲	羲	熶	羺	祹	熷	羝	羃	孫
tsji̱¹	mji¹	dzjwi̱¹	lhejr²	nio̱w¹	thja¹	tsji̱r¹	·jij¹	phji²	khjiw²	·jij¹
尚	不	恭	敬,	LINK	其	法	持	比	丘	OBJ

縲	羲	叕	訧	庋?
dzjwi̱¹	lhejr²	tji²	ljo²	wjij²
恭	敬	NMLZ	岂	有?

睡眠所覆，瞋恚猛利，如是比丘，闻是法已，尚不恭敬如来大师，岂能敬彼持法比丘？——《大宝积经》$_{2.44.5\sim6}$

例（8）中，以我佛金刚身服药为基点，向"我等及其余者"不是金刚身更需服药反向递进。此句前分句中用"羖"表示前分句的让步逻辑语义，还用"縫"表示转折的逻辑语义。"縫"单独使用时，可构成"……縫，……"句式，表示转折关系[①]。后分句中的"熶"在这里不是句法标志，连接的是"我"和"余者"。后分句通过"訧"逼问，构成反逼递

---

① 孙伯君：《简论西夏文"縫" * djij$^{2.33}$的语法功能》，《西夏学》第 5 辑，上海古籍出版社 2010，第 129 页。

进句。

（8）

𗤅	𗋽	𗤁	𗏹	𗥔	𗤂	𗼃	𗓟	𗏁	𗑱	𗐯
ŋa²	·jij¹	wjij²	lə	tha¹	kie̤¹	dźja²	lju²	tsji̱	tsə̣¹	thji¹
我	OBJ	DIR₂	忆	佛	金	刚	身	尚	药	服

𗤻，	𗤅	𗺉	𗷻	𗋚	𗢸	𘂤	𗰜	𗤭	𗾊？
djij²	ŋa²	nji²	nio̱w¹	dzjij²	ljijr¹	dzjwo²	·ji²	tji²	ljo¹	·wjij²
LINK	1PL	及	余	向	人	谓	NMLZ	岂	有？

彼当忆我佛金刚身，犹尚服药，何况我等及其余者？——《大宝积经》28.62.5~6

句式②为"……𗓟……𗤻，𗋚……𗤭𗾊𗷻？"。前分句有表让步语义的"𗓟（亦）"，末尾加关联词"𗤻"，后分句可使用"𗋚（复）"，也可省略，再加名物化助词"𗤭"搭配存在动词"𗷻"，用疑问词"𗾊"（也可以用"𗼃"）来反问递进。

如例（9）中，汉文本的"亦……况……"是中古汉语的递进句式，西夏文本用"𗓟"对应汉文本的"亦"，表让步语义。在前分句结尾标记"𗤻"，在汉文本中没有对应，西夏语用"𗤻"表示两个分句之间的递进关系。此句以邻家主有难相救之为基点，向"婆母岂可弃"反问递进，构成反逼递进句。

（9）

𗤔	𗸒	𗧹	𗤏	𗤜	𗺇	𗓟	𗸒	𗋽	𗀓	𗤻，
nji¹	dźjwi¹	·o¹	lhjwi²	gie¹	dju¹	tsji¹	dźjwi	·jij¹	gju²	kha¹
家	邻	主	急	难	有	亦	相	OBJ	救	LINK

𗋚	𘀕	𗤺	𗋽	𗤽	𗤭	𗾊	𗷻？
nio̱w¹	nji¹	wji¹	·jij¹	dźjir¹	tji²	ljo²	·wjij²
LINK	婆	母	OBJ	舍	NMLZ	岂	有？

邻家主有急难，亦相救之，况婆母岂可弃哉？① ——《新集慈孝传》

例（10）中，以如来不见心为基点，向"余人得见心法"反向逼问递进，前分句末尾用"𫘦"表示两个分句之间的递进关系，构成反逼递进句。

（10）

𫒉	𫘞	𫢸	𫝊	𫟃	𫖘	𫭡	𫘦，	𫤿	𫟃	𫟃
rjur¹	mjor¹	ljij²	tsjɨ¹	njij¹	mji¹	ljij²	kha¹	dzjij²	njij¹	njij¹
诸	如	来	尚	心	不	见	LINK	余	心	心

𫐆，	𫠭	𫘡	𫭡	𫤳？						
tsjir¹	thjij²	sjo²	ljij²	njwi²						
法，	何	云	见	能？						

一切如来尚不见心，何况余人得见心法？"——《性海圆明镜知足》₂₅₄₁.₁₇B.₀₅~₀₆

例（11）中，志士盗泉之水尚且不饮，何况遗物之利呢？此句以"志士不饮盗泉之水"为基点，向相比之下不值一提的"遗物之利"反逼递进。西夏语用"𫝊"表示让步语义，用"𫘦"表示两个分句之间的递进关系，加上疑问词"𫤿"构成反逼递进句。

（11）

𫞕	𫗬：	"𫭝	𫤿	𫙷	𫞤	𫞕	𫓆	𫙯	𫮮	𫝊
gji²	ŋwu̱¹	mjo²	mji¹	kjur¹	rjir²	tja¹	kjwir¹	mə²	zji̱r²	tsjɨ¹
妻	曰：	吾	闻	志	士	者，	盗	泉	水	亦

𫖘	𫀁	𫘦，	𫖘	𫭝	𫞔	𫐶	𫝈	𫟬	𫟯	𫣁
mji¹	tji¹	kha¹	niow̱¹	phji̱¹	'war¹	gjij¹	sej¹	ŋwu¹	dźji¹	tśior¹
不	饮	LINK	LINK	遗	物	利	计	以	行	污

𫘡	𫀁	𫤿	𫟔	𫮻？"						
phji¹	tji²	ljo²	·wjij²	·ji̱²						

---

① 聂鸿音：《西夏文〈新集慈孝传〉释读》，《宁夏大学学报》（哲学社会科学版）1999年第2期，第43页。

CAUS NMLZ　岂　有　QUOT

妻曰:"吾闻志士亦不饮盗泉之水,又岂有计遗物之利以污其行乎?"① ——《新集慈孝传》

句式③为"……蕤,(㲏)……祇……",直接在前分句的末尾加关联词"蕤",表示递进关系,后分句可使用"㲏",也可省略,再加疑问词"祇"(也可以用"羖")反问递进。

如例(12)的西夏译文前分句没有表示让步的词语"茊",直接使用了关联词"蕤"来表递进关系。以会稽王不能屈为基点,后加疑问词"祇",向"吾等岂敢拟议"反问递进,构成反逼递进句。

(12)

祗	纚	祙	"羏	羓	痷	紨	耗	孤	嬂	燰
xwã¹	wẽ¹	dą²	kwej¹	kji¹	njij²	tsəj¹	thja²	·jij¹	ɣjiw¹	mjɨ¹
桓	温	曰:	会	稽	王	小	彼	OBJ	招	无

羕	蕤,	㲏	雏	纸	緂	叕	祇	務	劲。"	
lji¹	kha¹	niow¹	gia²	mji²	lji¹	tshjij¹	ljo²	kjir²	·jɨ¹	
做	LINK	LINK		IPL	论	说	岂	敢	QUOT	

桓温曰:"会稽王尚不能屈,吾等岂敢拟议也。"② ——《类林》

例(13),前分句亦仅用"蕤"来表示两个分句间的递进关系,搭配疑问词"祇"反问,构成反逼递进句。

(13)

祙	彦	緂	颩,	羕	叕	絾	蕤,	祙	缿	緪
wji¹	mjijr²	ŋa²	tsjir¹	rji¹	tji²	mjij¹	kha¹	wji¹	lew²	tśhjiw¹
作	者	我	性,	得	NMLZ	无	LINK	作	NMLZ	六

缿,	叒	蘕	祇	瓶?						
tśhji²	zjɨr¹	kwər¹	ljo²	dju¹						

---

① 聂鸿音:《西夏文〈新集慈孝传〉研究》,宁夏人民出版社,2009,第153页。

② 译文参考史金波、黄振华、聂鸿音:《类林研究》,宁夏人民出版社,1993,第67页。

根，　　实　体　　何　　有？

作者我性，尚不可得，六根所作，实体何在？——《性海圆明镜知
足》_{2541.12B.05~06}

　　例（14），前分句后用"𗴮"表示递进关系，搭配疑问词"𗋽"进行
反问逼近，构成反逼递进句，以此说明正反两面相互依存的辩证道理，没
有"厌"也就没有"爱"。

（14）

𗴴	𘝞	𗇁	𗴮，	𗥃	𘝞	𗋽	𗤁？
khie¹	lew²	mjij¹	kha¹	dzu¹	lew²	wa²	dju¹
厌	NMLZ	无	LINK	爱	NMLZ	何	有？

所厌尚无，所爱何在？——《性海圆明镜知足》_{2541.11A.06}

　　综合例（1）至例（14），西夏语反逼递进句式可归纳为两种："……
𗴴……𗴮，𘝞……𗥃𗴴𗇁？"和"……𗴮，（𘝞）……𗥃……"。"𗴴"和
"𗴮"均可单独配合疑问词构成反逼递进句，也可以同时出现，加上疑问
词构成反逼递进句。"𗴴"还可单独使用，在让步句中表示让步关系。

二　并列句

　　并列句是分句之间具有平列并举关系的复句。并列句是并列类关系中
最典型、最严格意义上的并列关系。汉语中以"既……又……"为点标
志。关于西夏语的并列复句，此前马忠建认为表示并列关系的有"𘝞"、
"𘝞𗴴"、"𗴉"和"𗴴"。[1] 张珮琪指出"西夏语的并列句，主要使用连词
及空缺为手段"，并简要举例标出连词"𘝞𗴴"[2]。聂鸿音认为并列复句的

———————

① 马忠建：《西夏语语法若干问题之研究》，中国社会科学院研究生院博士学位论文，1987 年，
　　第 234 页。
② 张珮琪：《西夏语的副词子句》，《西夏学》2018 年第 2 期，148 页。

两个分句间可以用"穊"lji¹连接，汉语一般不予译出；① 两个并列分句中常用连接词"愢"niow¹（复）、"绕愢"mja¹ niow¹（然后）强调时间上的顺承关系。②

西夏语并列句以"愢"niow¹为关联词语，常搭配"弥""绕""穊"构成并列句式；因此西夏语并列句的句式可分为以下四类情况。

第一类："愢"单独使用，放在后分句开头，构成并列句式"……，愢……"。如例（1）"愢"连接了分句"已成熟者速得神通"，和分句"一切智心解脱智见"，意为令"已成熟者速得神通"，又令"一切智心解脱智见"。

（1）

庞	糀	絖	孙	骰	蘍	税	纀	祗	蘍	蘍	税
rjur¹	dźia²	tsjij²	·jij¹	mjij²	śjij¹	we¹	tja¹	zji²	dja²	śjij¹	we¹
诸	菩	萨	GEN	未	成	熟	者，	皆	DIR₁	成	熟

庇	阢。	蘍	蘍	税	纀	翩	烩	縫	愢	祐	祐
phjo²	nja²	dja²	śjij¹	we¹	tja¹	xja¹	me̱²	mjijr²	niow¹	ŋowr²	ŋowr²
令	2SG	DIR₁	成	熟	者	速	神	通，	LINK	一	切

祋	绊	絾	薮	祋	戕	袋	鑫	庇	阢。
sjij²	njij¹	bie²	lhew²	sjij²	ljij²	kji¹	lhjụ²	phjo²	nja²
智	心	解	脱	智	见	DIR₁	获	CAUS	2SG

法门如来应说，令诸菩萨未成熟者悉令成熟，已成熟者速得神通，及一切智心解脱智见。——《大宝积经》₄.₈.₂~₃

又例（2）中，"愢"连接了前分句"由瞋覆蔽，互相轻毁"和后分句"于财物摄为己有，亲近守护"，构成并列句。

（2）

祗	稜	蘍	絾，	嘉	緥	絾	鞴，	愢	畋	耤

---

① 聂鸿音：《西夏文字和语言研究导论》，上海古籍出版社，2021，第365页。
② 聂鸿音：《西夏文字和语言研究导论》，上海古籍出版社，2021，第367~368页。

tshjạ¹	nja¹	pho̱¹	nio̱w¹	·jij¹	gu²	pjo	lha¹	nio̱w¹	mjɨ¹	war²
瞋	DIR₁	覆	故，	自	相	轻	毁，	LINK	彼	财

ɣjiw¹	·jij¹	war²	we²	phji¹	?	njij¹	khjuu²	·wejr²	ku¹	tśhjwo¹
摄	己	物	为	CAUS	亲	近	守	护，	则	故

ŋa²	·jij¹	ŋwu²
我	OBJ	是。

由瞋覆蔽，互相轻毁，及于财物摄为己有，亲近守护，是名我所。——
《大宝积经》₁.₃₉.₄~₅

又例（3）中，分句"应以语言演说谈论，善入一切秘密言词"和分句"应了知无障碍法，开示宣说"为并列关系，后分句前加关联词"𗧃"来表示并列。

（3）

thjɨ²	sju²	wji¹	dźjwa¹	ŋwuu¹	dạ²	ŋwu²	ne̱¹	tshjij¹	tśhia²	tśhia²
是	如	作	已，	言	语	INST	宣	说	诘	难，

dwu̱²	rjij²	ŋwuu¹	dạ²	ŋowr²	ŋowr²	·o²	njwi¹	nio̱w¹	ɣie̱²	lụ²
秘	计	言	词	一	切	入	善，	LINK	障	碍

mjij¹	nwə¹	tsjij²	tsjir¹	phie²	nej²	ne̱¹	tshjij¹	lew²
无	知	了	法，	开	示	宣	说	应。

如是作已，应以语言演说谈论，善入一切秘密言词，又应了知无障碍法，
开示宣说。——《大宝积经》₄.₃₀.₄~₅

第二类："𗧃"与"𗫦"搭配，构成并列句式"……𗧃𗫦……"
"……，𗧃……𗫦……"。如例（4）中，第一个"𗧃"搭配了"𗫦"，来
连接分句"应顺如来修行此法"和"亦不应起重瞋恚"，第二个"𗧃"连
接前二者和分句"不应摄取事物"。

（4）

nji²	nji̵²	tsji¹	rər²	bạ¹	wji²	sju²	ŋa¹	ŋa¹	ɣiẹ²	gji²
2PL	亦	铜	铍	DIR₁	如	空	空	声	有	

dju¹	mjor¹	ljij²	bju¹	thji²	tsjir¹	djọ²	lew²	nio̲w¹	tsji̵¹	tshjạ¹
有，	如	来	依	此	法	修	应，		LINK	嗔

kwow²	ljɨ̵¹	tji¹	śjwo¹	niọw¹	dạ²	war²	mji¹	ɣjiw¹	zow²	lew²
恚	重	不	起，	LINK	事	物	不	摄	取	应。

汝等不应犹如铜铍空有其声，应顺如来修行此法，又亦不应起重瞋恚，亦复不应摄取事物。——《大宝积经》₂.₄₁.₇~₄₂.₂

又例（5）中，"㤅半"用于后分句开头，表示分句"明了众生心之所趣"与分句"能分别诸根利钝"的并列关系。

（5）

·ji¹	we¹	njij¹	tshwew¹	dźju¹	tsjij²	niọw¹	tsji̵¹	rjur¹	tśhji²	dźja²
众	生	心	趣	明	了，	LINK	诸	根	刚	

lwəj¹	zji²	phjo²	kar²	njwi²						
钝	皆	分	别	能。						

明了众生心之所趣，又能分别诸根利钝。——《维摩诘所说经》

又例（6）中，后分句中"㤅"搭配"半"连接分句"不应亲近诸比丘尼"和分句"不应行如是之行"。

（6）

thji̵²	niọw¹	po¹	tjij¹	kju¹	mjijr²	phji²	khjiw²	dźji¹	rjir²	mji¹
是	故	菩	提	求	者，	比	丘	尼	与	不

𗥻	𗧀	𗇁	𗗙	𗧀	𗧁	𗍃	𗧁	𗗙	𗇁
?	njij¹	lew²	nio̱w¹	thji²	sju²	dźji	tsji¹	mji¹	dźjij¹	lew²
亲	近	应	LINK	是	如	行	亦	不	行	应

是故求菩提者，不应亲近诸比丘尼，亦不应行如是之行。——《大宝积经》₂.₄.₄~₅

是故求菩提者，不应亲近诸比丘尼，亦不应行如是之行。——《大宝积经》$_{2.4.4\sim5}$

第三类："𗧀"搭配"𗗙"使用，构成并列句式"……，𗗙𗧀……"。如例（7），"𗗙𗧀"连接了"善别脉"和"能知人生死"两个并列的分句。

（7）

𗥻	𗁅	𗼱	𗅫	𗇁	𗇁	𗧀	𗄿	𗥻	𗇁	𗅫
kwo¹	gju²	ko¹	xã²	lji²	·io̧¹	njij¹	ŋwu²	ku¹	xã²	tśjow¹
郭	玉	广	汉	地	方	人	也	后	汉	章

𗍃	𗗙	𗥻	𗄿	𗇁	𗄿	𗅫	𗗙	𗧀	𗧀
dzjwi¹	śjij¹	śiə¹	lo¹	wji¹	źji̱r²	·ju¹	rjijr¹	lji¹	nio̱w¹	njij¹
帝	时	侍	郎	为	脉	看	善		LINK	人

𗇁	𗄿	𗅫	𗧀	𗧀
·jij¹	sji̱¹	sjwu̧²	nwə¹	njwi²
GEN	死	生	知	能

郭玉，广汉地方人，后汉章帝时为侍郎，善别脉，又能知人生死①。

又例（8）中，"𗗙𗧀"连接分句"三界由想"和分句"作意所生"，构成并列句。

（8）

𗍃	𗅫	𗧀	𗄿	𗼱	𗇁	𗄿	𗅫	𗗙	𗗙	𗧀
bju²	mjij¹	ljuu²	tshjij²	dźiã²	tsjij²	so̧¹	kiej²	tja¹	sjij²	lji¹	nio̱w¹
边	无	庄	严	菩	萨	三	界	者	思		LINK

𗄿	𗄿	𗼱	𗄿	𗅫	𗇁	𗅫	𗄿	𗅫	𗅫	𗍃

---

① 史金波、黄振华、聂鸿音：《类林研究》，宁夏人民出版社，1993，第131页。

phji¹	wji¹	bju¹	śjwo¹	ku¹	thjɨ²	nio̱w¹	so̱¹	kiej²	tsho̱²	la̱¹	·jɨ¹
意	作	依	生，	则	此	故	三	界	虚	诳	谓

无边庄严，三界由想，作意所生，是故说言三界虚妄。——《大宝积
经》4.25.2~3

第四类："慨"搭配"纵"使用，构成并列句式"……，纵慨……"。
如例（9）中，"纵慨"用于后分句句首连接"友至"和"共饮"，在时间
上前后相接，具有顺承关系。

（9）

㷲	翢	䗴	憿，	纵	慨	縄	㺍	䣅。
ku̱¹	njɨ²	wjɨ¹	ljij²	mja¹	nio̱w¹	gu²	wjɨ²	thji¹
后	日	友	来，	LINK		共	DIR₁	饮。

后日友至，然后共饮之。——《类林》①

又例（10）中，"纵慨"连接"行三十里"和"魏王始解"，也是在
时间上有顺承关系。

（10）

蘹	㵗	散	祋	妐	祣	焱	憿，	纵	慨	鞿
dja²	rjir²	so̱¹	xa̱²	bju̱²	zjij¹	kjɨ¹	ljij²	mja¹	nio̱w¹	we²
DIR₁	去	三	十	里	几	DIR₁	来，	LINK		魏

席	㧾	㺱，	殂	㵆	慨	㷊	孫	㴱	纁	纵
njij²	·a	tsjij²	tśhjɨ¹	zjij¹	·jow¹	sew²	·jij¹	·jɨr¹	śji¹	njwi²
王	DIR₁	了，	尔	时	杨	修	OBJ	问	先	能

㲵	纵	㼖	㝮。
·jɨ¹	tja¹	rjɨr²	tshji²
谓	者	DIR₁	说。

行三十里，然后魏王始解，乃问杨修先已解者。——《类林》②

综合例（1）至例（10），西夏语并列句的句式可分为4类："慨"单

---

① 史金波、黄振华、聂鸿音：《类林研究》，宁夏人民出版社，1993，第34页。
② 史金波、黄振华、聂鸿音：《类林研究》，宁夏人民出版社，1993，第99页。

独使用和搭配"𗥃""𗣼""𗣼",构成的句式有:"……,�……""……㷉𗥃……""……,㷉……𗥃……""……,𗣼㷉……""……,𗣼㷉……"。

三　选择句

选择句是分句之间具有选择关系的复句。根据句末语气的类型,复句可以分为陈述型复句和非陈述型复句。西夏语选择句式较为明显的是选择句和选择疑问句中的正反问句。

1. 选择句

关于西夏语选择句,此前马忠建认为"𗫂""𗫂"可以表示选择关系。[①] 聂鸿音指出两个并列分句如果是选择关系,则关联词用"𗫂"tjij[1②]。西夏语选择句以"𗫂"为代表性标志,构成句式"𗫂……,𗫂……"。如例(1)中,"𗫂"位于三个选择项之前表示选择关系,或者"欲斗诤",或者"欲损害",或者"欲恼乱"的缘故,来亲近如来。

(1)

𗫂	𗣼	𘀄	𗥃	𘚢	𗣼	𗫂	𗣼	·𗣼	𘌲	𗤀	𗣼
tjij¹	ŋa²	rjir²	ɣwej¹	dzej¹	kiej²	tjij¹	ŋa²	·jij¹	ŋwo²	tśju¹	kiej²
或	1SG	与	战	争	欲	或	1SG	OBJ	损	害	欲,
𗫂	𗣼	·𗣼	𘉋	𗣼	𗣼	𗣼	𗣼	𗣼	𗣼	𗣼	
tjij¹	ŋa²	·jij¹	tsju¹	źjị¹	kiej²	niọw¹	ŋa²	do²	?	njij¹	lja¹
或	1SG	OBJ	恼	烦	欲	故,	1SG	处	近	亲	来。

或欲斗诤,或欲损害,或欲恼乱,而来亲近如来。——《大宝积经》[7. 31.5~32.1]

又例(2)中,"𗫂"位于三个选择项之前表示选择关系,或者"在地

---

①　马忠建:《西夏语语法若干问题之研究》,中国社会科学院研究生院博士学位论文,1987年,第 250 页。

②　聂鸿音:《西夏文字和语言研究导论》,上海古籍出版社,2021,第 369 页。

狱"，或者"在饿鬼"，或者"在畜生"，苦恼无量。

（2）

蕦	餤	頾	幠	蕦	餤	猌	獮	蕦	頾	觮	獮
tjij¹	djɨ¹	·jɨi²	·u²	tjij¹	śjṳ¹	·ju¹	kha¹	tjij¹	sju²	dzju²	kha¹
或	地	狱	内	或	饿	鬼	中	或	牲	畜	中

輆	馺	獙	燚	牎
dźiej²	tśjɨ¹	źjɨ¹	mjɨ¹	pjṳ¹
信	苦	恼	无	量。

苦恼无量，或在地狱，或在饿鬼，或在畜生。——《大宝积经》₂₈.₆.₄~₅

又例（3）中，"蕦"位于四个选择项之前表示选择关系，或者"无常
故"，或者"诸苦故"，或者"无我故"，或者"涅槃故"。

（3）

蕦	燨	燚	蕦	蔵	馺	蕦	緋	絧	蕦	毿	婒	燢	桇
tjij¹	mji¹	·ju²	tjij¹	rjur¹	tśjɨ¹	tjij¹	ŋa²	mjij¹	tjij¹	djɨj²	phã¹	nẹ¹	tshjij¹
或	无	常	或	诸	苦	或	我	无	或	涅	槃	宣	说

獙	愥	鞁	馺	緂	蘹	緣	憿	猢	毼	桇	菰	薂
thjɨ¹	sju²	njɨ²	ɣa¹	tja¹	zji²	mjor¹	ljij¹	·jij¹	rjɨr¹	tshjij¹	sji²	ŋwu²
此	如	等	门	者	皆	如	来	GEN	DIR₁	说	NMLZ	是。

或无常故，或诸苦故，或无我故，或涅槃故，如是等门，此是如来之所演
说。——《大宝积经》₅.₄₉.₅~₆

2. 选择疑问句

戴庆夏先生从不同的角度考察了藏缅语选择疑问句。① 以标记使用与
否，可分为有标记和无标记两类。选择疑问句从语气来看，表达的是疑
问语气；从语义关系来看，体现的是一种选择关系。因而这种句子存在
两类标记：一是表达疑问语气的传疑标记，即疑问语气词或词缀；二是
表达选择关系的关联标记，即关联词。西夏语的正反问句，都带有传疑

---

① 戴庆夏、朱艳华：《藏缅语、汉语选择疑问句比较研究》，《语言研究》2010 年第 4 期，第 1~
2 页。

标记"𗂤"和"𗊢"。这种形式与古汉语的正反问句可以对应。吕叔湘曾指出：文言里的抉择是非问句差不多必用语气词，并且多数是上下都用，是非问句的分句末尾疑问语气词，文言用"乎""欤""也""邪（耶）"。①

西夏语选择疑问句的句式为："……𗂤，……𗊢？"，相当于古汉语的"……乎，……耶？"。如例（4）中，"女"和"男"是正反对立的两面，每个分句末尾分别使用了疑问语气词"𗂤"和"𗊢"，构成选择疑问句。

（4）

dźjo¹	wjij¹	dzjɨj²	khjwi¹	wa²	sju²	gjɨ¹	ŋwu²	mjij¹	mo²	zji¹	ljɨ¹
长	短	方	圆，	何	如	有	也？	女	IRR	男	IRR

长短方圆，如何有也？女乎，男也？——《性海圆明镜知足》₂₅₄₁.₁₅B.₀₅

又例（5）中，"一"和"异"，"净"和"污"，都是正反对立的两面，每组对立的分句末尾分别用了疑问语气词"𗂤"和"𗊢"，构成选择疑问句。

（5）

lew¹	mo²	do²	ljɨ¹	sej¹	mo²	tśior¹	ljɨ¹	sew²	tshjij¹	dźjij
一	IRR	异	IRR	净	IRR	污	IRR	思	议	可

mo²	sew²	tshjij¹	mjɨ¹	dźjij
IRR	思	议	不	可？

一乎，异也？净乎，污也？可思议乎？不可思议？——《性海圆明镜知足》₂₅₄₁.₁₅B.₀₈

又例（6）中，"色是常"和"色是无常"是正反对立的两面，分句末尾分别用了疑问语气词"𗂤"和"𗊢"，构成选择疑问句。

---

① 吕叔湘：《中国文法要略》，《吕叔湘文集》（第1卷），商务印书馆，1947，第283~285页。

（6）

𗥃	𗀉	𗏹	𗫸	𗤒：	𗥃	𗿒	𗢭	𗁬？	𗤓	𗣼
tha¹	·ja	na¹	·jij¹	·ji¹	phji¹	ɣa²	thjij²	sjo²	tse¹	tja
佛	阿	难	OBJ	谓：	意	于	何	云？	色	者

𗥃	𗥃	𗥃，	𗥃	𗥃	𗥃	𗥃？
·ju²	ŋwu²	mo²	mji¹	·ju²	ŋwu²	lji¹
常	是	IRR	无	常	是	IRR

佛告阿难：“于意云何？色是常耶，是无常耶？”——《大宝积经》[55.59.3]

又例（7）中，“有法”和“无法”是正反对立的两面，分句末尾分别用了疑问语气词"𗥃"和"𗥃"，构成选择疑问句。

（7）

𗥃	𗥃：	𗥃	𗥃	𗥃	𗥃	𗥃	𗥃	𗥃，	𗥃	𗥃	𗥃？
niow̱¹	·jɨr¹	thjɨ²	sju²	lhji¹	lhjwo¹	tja¹	tsjɨr¹	dju¹	mo²	tsjɨr¹	mjij¹	lji¹
复	问：	是	如	转	退	者	法	有	IRR	法	无	IRR

复问：“如是退转为有法耶，为无法乎？”——《大宝积经》[103.12.3~4]

又例（8）中，“有发行”和“无发行”是正反对立的两面，分句末尾分别用了疑问语气词"𗥃"和"𗥃"，构成选择疑问句。

（8）

𗥃	𗥃，	𗥃	𗥃	𗥃	𗥃	𗥃	𗥃	𗥃	𗥃	𗥃
tśhjɨ¹	zjo̱²	ma¹	śjuu¹	śji¹	lji¹	phji¹	dźjij¹	njwi²	·jij¹	da̱²
尔	时，	文	殊	师	利	意	住	善	OBJ	言

𗤒：	𗥃	𗥃，	𗥃	𗥃	𗥃	𗁬？	𗥃	𗥃	𗥃	𗥃
·ji¹	mə¹	zji¹	phji¹	ɣa²	thjij²	sjo²	dźjwow¹	we¹	ŋa¹	gu²
谓：	天	子，	意	于	何	云？	禽	鸟	空	中

𗥃	𗥃，	𗥃	𗥃	𗥃	𗥃	𗥃	�，	�	�	�
lja¹	wjij¹	thja¹	dźjwow¹	mjɨ²	rjar²	ŋa¹	gu²	śjwo¹	dźjij¹	dju¹
来	往，	彼	鸟	足	迹	空	中，	发	行	有

𗥃，	�	�	�	�？
薮，	龠	庀	绹	籹？

mo² śjwo¹ dźjij¹ mjij¹ ljɨ¹

IRR　发　行　无　IRR

尔时，文殊师利语善住意言："天子，于意云何？如彼飞鸟往来空中，彼鸟足迹在虚空中，有发行乎，无发行也？"——《大宝积经》₁₀₄.₃.₄～₆

综合以上两类西夏语选择句，选择句的句式为"𱾨……，𱾨……"，"𱾨"可以联结两个或多个选择项，放在每个选择项之前；正反问句的句式可归纳为"……𱽊，……𱿇？"，每个分句后分别带有传疑标记。

第二节 西夏语转折类复句

本节将西夏语转折类复句分为转折句、让步句。此前林英津认为句式"……𱿇𱾖，……𱿇……"表示"然则"，句式"……𱿇……𱾖"与现代汉语的"虽然……但是……"相当。① 龚煌城认为让步句式用表示让步的连词"𱿇"ljɨ¹（虽然）来表示。② 孙伯君论述了"𱾖"的用法，认为"𱾖"往往用于翻译汉语表示转折关系的复句，并归纳了西夏语的转折复句句式："𱾖"搭配"𱿇"构成"……𱿇……𱾖，……"和"……𱿇𱾖，……𱿇……"的句式，或单用构成"……𱾖，……"的句式。③ 彭向前曾指出"𱿇𱾖"一词与藏语中的连词 ma gtogs 相当，意义略相当于"只……""仅……""唯……"，用于前一分句之后，连接肯定与否定的分句，构成对比复句。④ 张珮琪提到：西夏语中让步的意义，主要借由语素"𱿇"与"𱿆"及前缀"𱾗"来表示。⑤ 聂鸿音总结出"𱿇"ljɨ¹ 与"𱾖"djij² 搭配

① 林英津：《夏译〈孙子兵法〉研究》（上），"中研院"历史语言研究所单刊之二十八，1994年，第4～20页。

② 龚煌城：《西夏语概况》，《西夏语言文字研究论集》，民族出版社，2005，第268页。

③ 孙伯君：《简论西夏文"𱾖"*djij²·³³的语法功能》，《西夏学》（第5辑），上海古籍出版社，2010，第126～132页。

④ 彭向前：《西夏语中的对比连词 mjɨ¹ djij²》，《西夏学》2016年第1期，第320～327页。

⑤ 张珮琪：《西夏语的副词子句》，《西夏学》2018年第2期，第156页。

时用作复句的关联词语，表示转折，相当于"虽然……但是……"。有时"𰁌"lji¹与"𗜌"djij²也可以省略一项①，省略"𗜌"djij²的时候与上述用作并列连词的"𰁌"lji¹容易混淆。② 如果只用一个"𗜌"djij²，则可以组成一个主语或宾语从句，这样的"𗜌"djij²用来复指前面的成分，表示一种意料之外的情况，可以理解为"这情况"或者"这样子"，汉语习惯上译作"然""然而"。③

本节根据分句之间的关系，可以将句式"……𗜌，……"和"……𘝯𗜌，……𰁌……"归为转折句，将句式"……𰁌……𗜌，……"归为让步句。

一 转折句

转折句，就是分句间有突然转折关系的复句。汉语转折句以"……，但是……"为点标志，也是整个转折类复句的点标志。西夏语中的"𗜌"为转折句关联词语。《同音》丁14A7背注："𗜌𘃸𗗊𗴷𗾈"（𗜌依附句尾）④。"𗜌"字在用于复句时应该归为上句的句尾，而不是下句的开始。⑤ 西夏语转折句式可分为四种。

第一种："𗜌"单独使用，放在前分句末尾，构成转折句式"……𗜌，……"。如例（1）中，"𗜌"在分句"非无使人"之后，表示转折，非无使人，而是"今姊已老，勋亦年长"的缘故。

（1）

𗵆 𗵹：𘟙 𗅲 𗗆 𗒀 𗜌， 𗤋 𘀍 𘅾 𘃘 𗰔， 𗵆

---

① 孙伯君：《简论西夏文"𗜌" * djij²·³³ 的语法功能》，《西夏学》（第 5 辑），上海古籍出版社，2010，第 126 页。

② 聂鸿音：《西夏文字和语言研究导论》，上海古籍出版社，2021，第 366 页。

③ 聂鸿音：《西夏文字和语言研究导论》，上海古籍出版社，2021，第 367 页。

④ 俄罗斯科学院东方研究所圣彼得堡分所、中国社会科学院民族研究所、上海古籍出版社编《俄藏黑水城文献》（第 7 册），上海古籍出版社，1997，第 83 页。

⑤ 孙伯君：《简论西夏文"𗜌" * djij²·³³ 的语法功能》，《西夏学》（第 5 辑），上海古籍出版社，2010，第 126 页。

tsji²	ŋwu¹	phjị¹	dzjwo²	mjij¹	nja²	djij²	sjij¹	·ja	tsja¹	dja²	nar²	tsji²
勣	曰:	使	人	无	非	LINK	今	阿	姊	DIR₁	老,	勣

tsjɨ¹	śjwi¹	khwej²	dzjɨj¹	dźjo¹	mjij¹	źie²	kiẹj²	tsjɨ¹	rjir¹	tji²	ljo²	·wjij²
亦	年	大,	时	久	粥	煮	欲,	亦	得	NMLZ	岂	有?

勣曰:"非无使人,然今姊已老,勣亦年长,欲久为煮粥,岂可得乎?"① ——《新集慈孝传》

又例(2)中,"复"在分句"少时共食同衣,不能不相爱"之后,表示与后分句"然至长时,各自因守妻子"的转折关系。表示兄弟间的关系,少时非常亲密,而长大后变得不一样了,形成对比。

(2)

thja²	kha¹	ljo²	tjo²	tja¹	tsəj¹	zjọ²	tji¹	gu²	lhwu¹	lew²
其	中	兄	弟	者,	少	时	食	共	衣	同,

dźjwɨ¹	mji¹	dzu¹	mjɨ¹	njwi²	djij¹	rjɨr¹	njɨ²	dzja¹	zjij¹	·jij¹
相	不	爱	不	能	LINK	DIR₁	至	长	时,	自

twụ¹	gji²	bjij²	tśjụ¹	niọw¹	dźjwɨ¹	dzu¹	njij¹	djij¹	ljɨɨ¹	tsji¹
各	子	妻	守	因,	相	爱	心	DIR₂	重,	亦

zjɨr¹	zjij¹	ɣiẹ²	mjij¹	mjɨ¹	njwi²
少	许	碍	无	不	能。

其中兄弟者,少时共食同衣,不能不相爱,然至长时,各自因守妻子,故相爱心固重,亦不能无少许之嫌。② ——《新集慈孝传》

---

① 聂鸿音:《西夏文〈新集慈孝传〉释读》,《宁夏大学学报》(哲学社会科学版)1999 年第 2 期,第 44 页。

② 聂鸿音:《西夏文〈新集慈孝传〉释读》,《宁夏大学学报》(哲学社会科学版)1999 年第 2 期,第 44 页。

第二种："羧"单独使用，放在整个复句末尾，构成转折句式"……，……羧"。如例（3）中，将"羧"放在整个复句句末表示转折关系，对应汉文本的"但"。

（3）

thji²	sju²	zow²	zjij¹,	ŋowr²	ŋowr²	zji²	ŋa¹	ŋwer²	ljij²	tsjir¹
是	如	持	著，	一	切	皆	空，	懈	坏	法

ŋwu²	lew¹	la̱¹	ljor¹	khej¹	lji¹	phjo²	kar²	lji̱¹	·ji¹	djij²
是，	唯	虚	妄	戏	论	分	别	IRR	QUOT	LINK

如是执着，一切皆空，是败坏法，但唯虚妄戏论分别。——《大宝积经》4.34.2~3

又例（4）中，"羧"用于整个复句末尾，对应汉文本的"而"，表示转折关系。

（4）

tśhji¹	bjij²	zjij¹,	thji²	sju²	ljij²	kja¹	lew²	da̱²	dju¹	niow̱¹
尔	时	时，	此	如	大	畏	可	事	有，	复

thja¹	kha¹	gjij¹	ɣie²	·ju²	djij²
其	中	利	益	求	LINK

当有如是大可畏事，而复于中希望利益。——《大宝积经》2.4.3

又例（5）中，也是将"羧"放在句末表示转折，汉文本中虽无明显的转折关系词语，但由分句"具足方便，于颠倒众生"到分句"所以善方便，示不颠倒法"，在逻辑语义上具有转折关系。

（5）

nji¹	mji¹	njij²	tha²	tsjir¹	tsjij²	niow̱¹	tsjir¹	tshjij¹	njwi²	tsjir¹

尼	弥	王	大，	法	了	及	法	说	善，	法
bju¹	njij²	we²	tśier¹	·ju²	ŋowr²	lhəˀ	tśhjɨ²	tśhju²	ɲia²	tśhju¹
如	王	为，	方	便	具	足，	颠	倒	众	生
·jij¹	tśier¹	·ju²	wji¹	ŋwu²	mji¹	tśhjɨ²	tśhju²	tsjir¹	nej²	djij²
OBJ	方	便	为	INST	不	颠	倒	法	示	LINK

是尼弥王，解了诸法，如法为王，具足方便，于颠倒众生，所以善方便，示不颠倒法也。——《大宝积经》₇₆.₃₆.₆~₇

第三种："慫"搭配"嫠"使用，构成转折句式"……嫠慫，……"。聂鸿音认为并列复句的两个分句如果是对立的，则在前一句的末尾加"嫠慫"mjɨ¹djij²，可以理解为后一句开头的"却""但是"。① 如例（6）中，前分句"心见则见"末尾加"嫠慫"，表示与后分句"心不见则根不能见"之间的转折关系。

（6）

绊	蕺	蕺	鼹	嫠	慫，	绊	悦	蕺	絲	髋	蕺	嫠	巍。
njij¹	ljij²	ljij²	ŋwu²	mjɨ¹	djij²	njij¹	mjij¹	ljij²	ku¹	tśhji¹	ljij²	mjɨ¹	njwi²
心	见	见	是	LINK	心	不	见	则	根	见	不	能。

心见则见，心不见则根不能见。——《究竟一乘圆明心义》₂₈₄₈.₀₃ₐ₀₁~₀₂

又例（7）中，出现了两个"慫"，但功能有所不同。第一个是以"嫠慫"为整体，作为转折标志，放在分句末尾，意思是"今吾见军之出"，但"不见军之入"。第二个"慫"为助词，在动词"燃（退）"之后，使之名化，充当谓语"蕺（见）"的宾语。

（7）

黪	蒂	豹	赦	藪	庑	彰：	燃	甄	藏	祔	瓶
kja¹	śjuu¹	lwu̥¹	ŋwu²	bju¹	wjij²	dạ²	sjij¹	mjo²	gja¹	·jij¹	rjɨr²

---

① 聂鸿音：《西夏文字和语言研究导论》，上海古籍出版社，2021，第368页。

塞　　叔　　哭　　而　　送　　送　　言：　今　　1SG　　军　　GEN　　DIR₁

·wjij¹　ljij²　mjɨ¹　djij²　lhjwo¹　djij²　mjɨ¹　tśhjɨ¹　lji²　ŋa²　·jɨ¹
往　　见　　LINK　　退　　NMLZ　　不　　尔　　见　　1SG　　QUOT

塞叔哭而送之，曰："今吾见军之出，不见军之入！"① ——《类林》

又例（8）中，前分句"我闻彼人谓从长安来"末尾加"𘟩𗦻"，表示与后分句"我不闻从日边来者"的转折关系。意思是我有闻从长安来，却不闻从日边来。

（8）

hu²　dạ²　thja¹　dzjwo²　tśhjow¹　ɣã¹　rjɨr²　ljij²　ŋa²　·jɨ¹　mjɨ¹　djij²
答　　曰：　彼　　人　　长　　安　　DIR₁　　来　　1SG　　QUOT　　LINK

be²　ljow²　rjɨr²　ljij²　ŋa²　·jɨ¹　tja¹　mjɨ¹　tśhjɨ¹　mjo¹　ŋa²
日　　边　　DIR₁　　来　　1SG　　QUOT　　者，　不　　尔　　闻　　1SG

答曰："我闻彼人谓从长安来，我不闻从日边来者。"② ——《类林》

又例（9）中，前分句"大愚痴之所迷惑"末尾加"𘟩𗦻"，表示与后分句"于其中无有愚痴，亦无迷惑"的转折关系。

（9）

thja¹　rjur¹　dźjã²　tśhju¹　ljij²　we̱¹　lə²　dźjɨ¹　wji¹　dja²　lhạ²
彼　　诸　　众　　生，　大　　愚　　痴　　ERG　　DIR₁　　迷

phji¹　mjɨ¹　djij²　thja¹　kha¹　ljɨ¹　we̱¹　lə²　mjɨ¹　dju¹　lhạ²
CAUS　　LINK　　彼　　中　　虽　　愚　　痴　　无　　有，　迷

————————————

① 史金波、黄振华、聂鸿音：《类林研究》，宁夏人民出版社，1993，第50页。
② 史金波、黄振华、聂鸿音：《类林研究》，宁夏人民出版社，1993，第97页。

ljɨj^{1}	tsjɨ^{1}	mjij^{1}	ljɨ^{1}
惑	亦	无	IRR

此诸众生，为大愚痴之所迷惑，而于其中无有愚痴，亦无迷惑。——《大宝积经》$_{5.34.7\sim35.1}$

第四种：“[illegible][illegible]”搭配“[illegible]”，构成转折句式“……[illegible][illegible]，……[illegible]……”。如例（10）中，前分句末尾加“[illegible][illegible]”，后分句中用“[illegible]”表转折，表示“唯人能见”，但是“非户牖观”，构成转折句。

（10）

[illegible]	[illegible]	[illegible]	[illegible]，	[illegible]	[illegible]	[illegible]	[illegible]，	[illegible]	[illegible]	[illegible]	[illegible]
dzjọ^{1}	dzjwo^{2}	kjɨ̱r^{2}	dźjịj^{1}	phio^{2}	ɣa^{1}	phie^{2}	zjịj^{1}	djɨr^{2}	rjur^{1}	mjɨ̱^{2}	ljij^{2}
如	人	房	在，	牖	户	开	时，	外	诸	境	见

[illegible]，	[illegible]	[illegible]	[illegible]	[illegible]	[illegible]，	[illegible]	[illegible]	[illegible]	[illegible]	[illegible]。
tja^{1}	lew^{1}	dzjwo^{2}	ljij^{2}	mjɨ^{1}	djij^{2}	phio^{2}	ɣa^{1}	ljij^{2}	ljɨ^{1}	nja̱^{2}
者，	唯	人	见	LINK		牖	户	见	LINK	非。

如人在房，户牖开廓，外见诸境，唯人能见，非户牖观。——《究竟一乘圆明心义》$_{2848.03A.02\sim03}$

又例（11）中，前分句末尾加“[illegible][illegible]”，后分句中用“[illegible]”表转折，意思是（虽然）“说有三世”，但说的并不是“菩提有去、来、今”，构成转折句。

（11）

[illegible]	[illegible]	[illegible]：	[illegible]	[illegible]	[illegible]	[illegible]	[illegible]	[illegible]	[illegible]，	[illegible]	[illegible]	[illegible]	[illegible]
mə^{1}	mjịj^{1}	dạ^{2}	zji^{2}	rjur^{1}	mur^{1}	·jwɨr^{2}	dji^{2}	ŋewr^{2}	bju^{1}	sọ^{1}	zjọ^{2}	rjɨr^{2}	tshji̱j^{1}
天	女	曰：	皆	世	俗	文	字	数	以，	三	世	DIR$_{1}$	说

[illegible]	[illegible]，	[illegible]	[illegible]	[illegible]	[illegible]	[illegible]	[illegible]	[illegible]	[illegible]	[illegible]	[illegible]。
mjɨ^{1}	djij^{2}	po^{1}	tjɨj^{1}	·jij^{1}	śji^{1}	kụ^{1}	mjor^{1}	dju^{1}	·jɨ^{2}	ljɨ^{1}	nja̱^{2}
LINK		菩	提	OBJ	去	来	今	有	谓	LINK	非。

天曰：“皆以世俗文字数故，说有三世，非谓菩提有去、来、今。”① ——

① 王培培：《西夏文〈维摩诘所说经〉研究》，中国社会科学院研究生院博士论文，2010年，第80页。

《维摩诘所说经》

综合以上例（1）至例（11），西夏语转折句以"□"为代表性形式，单独使用时，可放在前分句末尾，也可放在整个复句的末尾，可以搭配"□"使用。因而西夏语转折句式有："……□，……""……，……□""……□□，……""……□□，……□……"。

二　让步句

让步句，是分句之间具有先让后转关系的复句。汉语让步句以"虽然……但是……"为点标志。张珮琪认为西夏语中表示让步的意义，主要借由语素"□"与"□"及前缀"□"。不同于作为并列句连接手段时的词序，当"□"表示"让步"义时，通常位于从句的谓语之前。"□"或"□"与语助词"□"形成框架结构。[①] 聂鸿音认为两个并列分句如果是转折关系，则在前一句的谓词前面加"□"djij[2]，在后一句的开头加"□"tsji[1]，相当于汉语的"虽然……但是……"，一般翻译成"虽……亦……"，也可以不用"□"djij[2]而只用"□"tsji[1]，相当于"即使……也……"[②]。本文认为"□"可单独表示让步，而"□"构成的让步句中前分句动词的前缀常用"□"，因而形成了常见句式"……□……□……"。上文所讨论的递进句中"□"表示让步的逻辑语义，就来源于"□"自身的用法。

西夏语让步句的句式可以分为四种情况。

第一种："□"和"□"标记的前分句表示让步，后分句出现转折语义，构成让步句式"……□……□，……"。如例（1）中，前分句用"□"和"□"，表示"虽痛于心"，但是"失于义"，构成让步句。

（1）

□　□　□　□　□　□　□　□　□，　□　□　□

---

① 张珮琪：《西夏语的副词子句》，《西夏学》2018 年第 2 期，第 156~157 页。
② 聂鸿音：《西夏文字和语言研究导论》，上海古籍出版社，2021，第 369~370 页。

gji²	tja¹	njij¹	ɣa²	ŋo²	wji²	lji̱¹	ŋwu²	djij²	wo²	do²	ljwu¹
子	者	心	于	怜	为	LINK	是	LINK	义	于	逆

we²	thji̱²	niow̲¹	gji¹	dʑi̱ir¹	wo²	dʑjij¹
为	此	故	子	弃	义	行

子者虽痛于心，然失于义，因此弃子行义。①　——《新集慈孝传》

又例（2）中，前分句的"敎"表示让步，"虽为信"，前分句末尾加"逡"表示与后分句的转折关系，"然君子不为此行"，构成了让步句。

（2）

thji̱²	tja¹	dʑiej²	lji̱¹	ŋwu²	djij²	gor¹	gji²	thji̱²	dʑi̱	mji¹	dʑjij¹	lji̱¹
此	者	信	LINK	是	LINK	君	子	此	业	不	行	也

此虽为信，然君子不为此行也。②　——《类林》

又例（3）中，前分句用"敎"表示让步，虽然汝意如朕意，前分句末尾用"逡"表示转折，但是"有智无智，校三十里"，构成了让步句。

（3）

tɕhji¹	zjo²	we²	njij²	ŋa̱²	ŋa̱²	djij¹	ŋwu²	da̱²	·ji²	nja²
尔	时，	魏	王	好	好	笑	而	曰	谓：	汝

phji¹	ɣjɨr¹	phji¹	rjir¹	lew²	lji̱¹	ŋwu²	djij²	sjij¹	tɕhju¹	sjij²
意	朕	意	与	同	LINK	是	LINK	智	有	智

mjij²	so̱¹	ɣa̱²	bju²	zju²	lji̱¹	·ji̱
无	三	十	里	异	IRR	QUOT

① 聂鸿音：《西夏文〈新集慈孝传〉释读》，《宁夏大学学报》（哲学社会科学版）1999年第2期，第43页。
② 史金波、黄振华、聂鸿音：《类林研究》，宁夏人民出版社，1993，第35页。

时魏王大笑曰:"汝意虽如朕意,然有智无智,校三十里。"① ——《类林》

又例(4)中,前分句用"𦏋"和"𗖐","虽不往视"表示让步,后分句"全夕无眠"具有转折义,构成了让步句。

(4)

𗀅	𗥦	𗤊	𗥃	𗏁	𗼇	𗴮	𗗚	𗟲	𗖐
kụ¹	mjo²	gji²	ŋo²	zjij¹	tśhja¹	mjij²	lji̱¹	·ju¹	śji²	djij²
后	吾	子	病	著	于,	未	LINK	视	往	LINK

𗥤	𗤜	𗫸	𗟾。
śjwo¹	ŋowr²	·ji²	mjij¹
夕	全	眠	无。

后吾子患病,虽不往视,然全夕无眠②。——《新集慈孝传》

第二种:"𦏋"单独使用,放在前分句主语之后,构成让步句式"……𦏋……,……",表示让步关系。如例(5)中,汉文本的"虽见非真实",西夏文译为"𗗚𦏋𗗚𗫻𗟲"(虽见实不见),第一个"见"为"𦏋"所标志的让步成分,意思是虽然见了,但不是真实的。

(5)

𗤺	𗭴	𗥃	𗗷	𗟻	𗗚	𦏋	𗗚	𗫻	𗟲	𗌭
dzjọ¹	sju²	tji̱j²	gu²	swu²	ljij²	lji̱¹	ljij²	mji¹	zjir¹	tha¹
譬	如	镜	中	像,	见	LINK	见	不	实,	佛

𗹙	𗭴	𗺆	𗗚,	𗿛	𗋽	𗤄	𗫻	𗣀。
thji̱²	sju²	tsjir¹	ljij²	rjur¹	kiej²	kha¹	mji¹	lha²
是	如	法	见,	世	界	中	不	迷。

譬如镜中像,虽见非真实,佛如是见法,不迷于世间。——《大宝积经》⁷⁰·²⁰·⁵~⁶

又例(6)中,"𦏋"放在主语"我"之后,表示让步,句义为(虽

① 史金波、黄振华、聂鸿音:《类林研究》,宁夏人民出版社,1993,第99页。
② 聂鸿音:《西夏文〈新集慈孝传〉释读》,《宁夏大学学报》(哲学社会科学版)1999年第2期,第43页。

然）"我于大海水中居"，（但）"在彼经历多年载"。

（6）

𗀔	𗣼	𗋒	𗑟	𗗟	𗢭	𗿒	𗥑	𗾞	𗋽	𗡜	𗀔
ŋa²	lji¹	ljij²	ŋjow²	zjɨr²	kha¹	mji¹	thja²	·u²	rejr²	kjiw¹	·jij¹	dźjij¹	ŋa²
我	LINK	大	海	水	中	居	彼	内	多	年	DIR₂	住	1SG

我于大海水中居，在彼经历多年载。——《大宝积经》₆₂.₃₁.₂~₃

又例（7）中，"𗣼"放在主语"此"之后，表示让步，（虽然）此不入道，（但）我入善道。

（7）

𗿒	𗣼	𗫠	𗧓	𗖰	𗀔	𗦇	𗫠	𗖰
thja¹	lji¹	tśja¹	mji¹	·o²	ŋa²	new²	tśja¹	·o²
彼	LINK	道	不	入	我	善	道	入

此不入道，我入善道。——《大宝积经》₇₉.₈.₃~₄

第三种："𗭼"搭配"𗒹"，"𗒹"位于前分句动词之前，"𗭼"位于后分句开头，构成让步句式"……𗒹……，𗭼……"，表示让步关系。据上文分析，"𗭼"还可参与构成反逼递进句式，在句中表示让步的逻辑语义。如例（8）中，"𗒹"在前分句，"𗭼"放在后分句的句首，表示让步。意思是虽然"以刀杖瓦石，加害我身"，但是"我于尔时，不应生恚，不应悔退"。

（8）

𗌣	𗆄	𗯨	𗋆	𗭾	𗣼	𗀔	𗥃	𗧟	𗧁	𗫨	𗪙	𗒹
ku¹	bjir¹	bo²	ɣjɨ¹	lu¹	ŋwu²	ŋa²	lju²	·jij¹	ŋwo²	tśju¹	gji²	djij²
故	刀	杖	瓦	石	INST	我	身	OBJ	损	害	有	DIR₂

𗣫	𗭼	𗀔	𗕀	𗌭	𗫠	𗪿	𗀔	𗦢	𗫞	𗉜	𗀔	𗦢
ŋwu²	tsjɨ¹	ŋa²	tśhjɨ¹	zjo²	tshją¹	śjwo²	lew²	nja²	lhji¹	lhjwo¹	lew²	nja²
也	LINK	我	尔	时	嗔	生	应	不	悔	退	应	不

故以刀杖瓦石，加害我身，我于尔时，不应生恚，不应悔退。——
《大宝积经》₇₉.₇.₅~₈.₁

又例（9）中，"𦴭"用在前分句动词"闻"之前，后分句以"𤕟"
开头，"虽闻我教"，"犹数思念邪恶女人歌舞戏笑，不生厌离"。

（9）

𦴭	𥛰	𦴭	𦴭	𤕟	𥄰	𥄰	𥚯	𥟆	𥝰	𦖸	𦷇
ŋa²	tsjịr¹	djij²	mji¹	tsjɨ¹	śjwɨ¹	śjwɨ¹	dow¹	niow²	sji²	dzjwo²	mju²	kjạ²
我	教	DIR₂	闻，	LINK	时	时	邪	恶	女	人	舞	歌

𥋉	𥚃	𦷼	𥹜	𦅇	𦳿	𦲇	𥕝
'u²	djij¹	sjwɨ¹	ljịr²	dwər¹	ka²	mji¹	śjwo¹
戏	笑	思	念，	厌	离	不	生。

虽闻我教，犹数思念邪恶女人歌舞戏笑，不生厌离。——《大宝积
经》₉₇.₅.₁

又例（10）中，"𦴭"用在前分句动词"胜"之前，"𤕟"用在后分
句开头，表示让步关系，"虽克齐，犹石田也"。

（10）

𦲳	𥏘	𦴋	𦶚	𦴭	𥛊	𤕟	𥘧	𦵆	𥆡	𦾴	𥞭	𦴹
tshji¹	'jij¹	dja²	ljij²	djij²	bu̲²	tsjɨ¹	lụ¹	ljɨ²	ŋwu²	lji¹	mjɨ¹	dźiow²
齐	OBJ	DIR₁	坏	DIR₂	胜，	LINK	石	地	是，	种	不	可。

虽克齐，犹石田也，不可种之。——《类林》①

第四种："𤕟"单独使用，放在主语之后，构成让步句式"……
𤕟……"。如例（11）中，"𤕟"位于"一"之后表示即使一个人也
没有。

（11）

𦴾	𥛅	𦳢	𦳿	𦱳	𦲿	𦖸	𦳿	𥔙	𥙷	𤕟	𦳿	𦷬

---

① 史金波、黄振华、聂鸿音：《类林研究》，宁夏人民出版社，1993，第54~55页。

ku̱¹	me²	zjɨj¹	ni̯ow¹	phja¹	bju²	dzjwo²	lja¹	mjijr²	lew¹	tsjɨ¹	mji¹	dju¹
后	卧	时，	LINK	旁	边	人	来	者	一	LINK	不	有。

后卧时，旁无一人来者。——《类林》①

又例（12）中，"岽"放在"蛮貉邦"之后，表示只要忠信、行笃敬，即使是蛮貉之邦的人也能得到尊重。

（12）

ŋwu¹	twu̱¹	dźiej²	dźjɨ¹	bju¹	ljɨ¹	ku¹	kjij¹	ɣu¹	lhjij	tsjɨ¹	dźjij¹	ljɨ¹
言	忠	信，	行	敬	厚，	LINK	蛮	貉	邦	LINK	行	IRR

言忠信，行笃敬，虽蛮貉之邦行矣。——《论语》②

综合以上例（1）至例（12），西夏语让步句以"岽""岽""岽"为代表性形式，句式可归纳为四种："……岽……岽，……""……岽……，……""……岽……，岽……""……岽……"。

第三节　西夏语因果类复句

因果类复句反映的是各种"因果聚合"，西夏语中句式较为明显的是因果句、假设句、假设条件句。

一　因果句

因果句，就是分句之间具有因果关系的复句。跟广义因果关系相对而言，因果句所表明的是最典型的、严格意义上的因果关系。③ 关于西夏语

① 史金波、黄振华、聂鸿音：《类林研究》，宁夏人民出版社，1993，第73页。
② 郑昊：《西夏文儒家典籍整理与研究》，中国社会科学院大学博士学位论文，2023年。
③ 邢福义：《汉语复句研究》，商务印书馆，2001，第40页。

因果句，此前马忠建认为因果句中常见的关联词语是"縱"①。龚煌城认为因果句使用表示原因的连词"蘿"bju¹（因为）来表示。② 张珮琪认为因果句中，主要以"縱"或者"縒欷"连接语素来表示因果关系，有时亦见"縱+縒"，或是"縱+欷"的组合。③ 聂鸿音总结表示因果关系时可以在分句后面加"蘿"bju¹，相当于"因为""……的缘故"。④

西夏语因果句的句式可分为以下 6 类。

第一类：以"縱"为关系标志，单独使用，可位于前分句末尾，也可位于整个复句末尾，表示原因，构成因果句式"……縱，……"和"……，……縱"。

如例（1）中，"縱"位于前分句的末尾，表示"因为……的缘故"，因为追求美味，所以挑食，因为贪心，所以追求绫罗绸缎。

（1）

| sjij¹ | mjor¹ | na² | bia² | tji¹ | dzji¹ | dźjwiw² | gju² | ku¹ | lew¹ | ljɨj² | wjɨ̱¹ |
| 今 | 现 | 菜 | 粥 | 饮 | 食 | 饥 | 救 | 则 | 足 | 甘 | 味 |

| gji² | niow¹ | tji¹ | ŋa̱² | tsjɨr¹ | gjij¹ | khwa² | no̱² | ·jɨr² | bjij¹ | dźjij¹ | gju² |
| 希 | LINK | 食 | 好 | 挑 | 选 | 布 | 褐 | 绢 | 丝 | 寒 | 救 |

| ku¹ | lew¹ | thja¹ | njij¹ | lu̱² | niow¹ | ·ji¹ | tjɨj¹ | rjɨj² | me² |
| 则 | 足 | 其 | 心 | 贫 | LINK | 复 | 绫 | 罗 | 寻 |

今饮食菜粥，救饥则足；求美味故，挑拣珍馐。布褐绢丝，御寒则足；其心贫故，复寻绫罗。——《性海圆明镜知足》₂₅₄₁.₂A.₀₁~₀₃

又例（2）中，"縱"位于前分句的末尾，表示因为遇到大风而晚归。

---

① 马忠建：《西夏语语法若干问题之研究》，中国社会科学院研究生院博士学位论文，1987 年，第 262 页。

② 龚煌城：《西夏语概况》，《西夏语言文字研究论集》，民族出版社，2005，第 268 页。

③ 张珮琪：《西夏语的副词子句》，《西夏学》2018 年第 2 期，第 154 页。

④ 聂鸿音：《西夏文字和语言研究导论》，上海古籍出版社，2021，第 373 页。

（2）

刻	绌	绌	潵	靫	散	兹	讔	燃	蔍	緻
tji¹	nji²	nji²	khju¹	lji¹	ljij²	rjir²	ber²	lhjwo¹	dja²	lwe²
一	日	日	落	风	大	与	遇	退	DIR₁	迟

緻,	蕊	顽	乖	斑	豠	鸪	緻	禘	縒	羍
nio̱w¹	mja¹	dźjwiw²	śjwo¹	wji²	śiə¹	tshja̱²	gji²	·jij¹	wji²	thji¹
LINK	母	渴	发	为，	诗	怒	妻	OBJ	DIR₁	逐。

一日日落与大风遇而归迟，母渴，诗怒而出妻。① ——《新集慈孝传》

如例（3）中，"緻"放在整个复句的末尾，表示原因，因为"宿世熏力难改"所以"欲罢不能"。

（3）

兹	蕊	敊	舦	鋬,	羅	羴	訜	魑	臷	玁	蘱
mji¹	njwi²	lji¹	kja̱¹	djij²	thja¹	njwo²	zjo̱²	kjij¹	ɣie¹	lhej²	ljij¹
不	能	虽	罢	然，	是	宿	世	熏	力	改	变

绬	緻。
gie¹	nio̱w¹
难	LINK

然欲罢不能，是宿世熏力难改。——《禅源诸诠集都序》13.5

第二类："緻"搭配"缝"，位于前分句的末尾，表示"……的缘故"，构成因果句式"……緻缝，……"。如例（4）中，"緻缝"放在分句"活命"的末尾，表示因为"活命"的缘故，"说我、众生，乃至涅盘"。

（4）

羅	獤	杨	毵,	怅	鈮	糐	虬	兹	蔘	黱,	姚	婈
thja¹	kha¹	·a	djij¹	nio̱w¹	dzjwo²	dźja̱²	tśhju¹	rjir²	sji̱²	sjij²	ka̱¹	·jur¹
其	中	一	类，	后	人	众	生	与	知	识，	命	活

緻	缝,	綕、	糐	虬,	玁	玁	兹	嫭	疣	彡。

① 聂鸿音：《西夏文〈新集慈孝传〉释读》，《宁夏大学学报》（哲学社会科学版）1999 年第 2 期，第 42 页。

nio̯w¹	ku¹	ŋa²	dźiã²	tśhju¹	rji̯r²	nji²	djij²	phã¹	dju¹	tshjij¹
LINK	我	众	生	DIR₁	至	涅	槃	有	说	

于中一类，众未曾识，为活命故，说我、众生，乃至涅盘。——《大宝积经》$_{2.55.6\sim56.1}$

又例（5）中，"縋锋"放在前分句的末尾，表示由于"住慈心"的缘故，"于彼一切所远离者，乃至不起一念恶心"。

（5）

祀	绊	粍	泫	縋	锋	羠	椛	甍	缓	祸
njij²	njij¹	ɣa²	dźjij¹	nio̯w¹	ku¹	thja¹	khwa¹	ka²	lew²	ŋowr²
慈	心	于	住	LINK		彼	远	离	所	一

祸	烎	茈	纖	扬	憚	祓	皴	绊	慨	翫
ŋowr²	do²	rji̯r²	nji²	·a	lə	zjij¹	niow²	njij¹	mjij¹	śjwo¹
切	于	DIR₁	至	一	念	时	恶	心	不	起

由住慈心，于彼一切所远离者，乃至不起一念恶心。——《大宝积经》$_{1.43.5\sim6}$

又例（6）中，"縋锋"放在前分句的末尾，表示因为不知足的缘故，三年的用量只用了一年，还不足够。

（6）

燚	𥎦	縋	锋	散	绶	㴠	缓	扬	绶	瓶
mji̯	lhə	nio̯w¹	ku¹	so̜¹	kjiw¹	śjwo¹	lew²	·a	kjiw¹	wji¹
不	足	LINK		三	年	用	NMLZ	一	年	用

屶	燚	祸	嵺
tsji̯¹	mji̯¹	lew¹	wji¹
亦	不	满	为

以不足故，三年所用用一年，亦为不满。——《性海圆明镜知足》$_{2541.5A.06\sim07}$

第三类："縋"搭配"菥"，构成因果句式"……縋，菥……"。如例（7），"縋"标记在前分句末尾，"菥"在后分句开头，表示原因，是"为彼众生令得道"的缘故，所以"如来示现如是方便善巧诸事"。

（7）

羠	糷	胤	獮	蕆	祇	祂	綴	緂	,	鄣	鐇	憿
thja¹	dźiã²	tśhju¹	·jij¹	tśja¹	rjir²	phji¹	kiej²	niọw¹		tśhjwo¹	mjor¹	ljij²
彼	情	有	OBJ	道	得	CAUS	欲	LINK		LINK	如	来

豍	玐	緱	毈	燚	毈	庞	覝	綹	薇
thjɨ²	sju²	tśier¹	·ju²	new²	ɣjɨr¹	rjur¹	dạ²	·wjị¹	śja²
是	如	方	便	善	巧	诸	事	示	现

为彼众生令得道故，如来示现如是方便善巧诸事。——《大宝积经》₂₈.₇₂.₄~₅

又例（8）中，"緂"用于前分句末尾，"鄣"在后分句开头，表示因为"无边际"的缘故，"痴亦不可量"。

（8）

屝	死	荄	绗	緂	,	鄣	愭	燚	叕	绗
lə²	bju²	ljow²	mjij¹	niọw¹		tśhjwo¹	pjụ¹	dza²	tjị²	mjij¹
痴	边	际	无	LINK		LINK	量	度	可	不

痴亦不可量，以无边际故。——《大宝积经》₂₉.₃₃.₂~₃

又例（9）中，"緂"用于前分句末尾，"鄣"在后分句开头，表示因为"执著众生"的缘故，"而说彼名字"。

（9）

糷	胤	蕼	幽	緂	,	鄣	绲	翊	飒	弩
dźiã²	tśhju¹	zow²	zjij¹	niọw¹		tśhjwo¹	dź	mjij²	dji²	tshjij¹
众	生	执	著	LINK		LINK	假	名	字	说

为执著众生，而说彼名字。——《大宝积经》₂₉.₃₆.₃

第四类："緈"和"鄣"搭配使用，构成因果句式"……緈，鄣……"。如例（10）中，"緈"用于前分句末尾，"鄣"用于后分句开头，表示原因，意思是因为"无有解"，所以"即是空"。

（10）

𗫂	𗄊	𗜓	𘃤	𘂆	𗿒	𗥃	𗐯
tsjij²	mji¹	dju¹	ku¹	tśhjwo¹	ŋa¹	ŋwu²	ljɨ¹
解	不	有	LINK	LINK	空	是	也。

无有解故即是空也。——《大宝积经》₂₆. ₃₃. ₄~₅

又例（11）中，"𘃤"在前分句末尾，"𗥃"在后分句开头，表示因为"菩萨通达是诸法"，所以"能如是说于受记"。

（11）

𘒣	𗫂	𘜶	𗐳	𘃽	𗫂	𗹏	𘃤	𗥃	𘍦	𗥔	𘏲	𘕿
dźiã²	tsjij²	thja²	rjur¹	tsjɨr¹	tsjij²	dar¹	ku¹	tśhjwo¹	thjɨ²	sju²	la¹	ɣiwej¹
菩	萨	是	诸	法	通	达	LINK	LINK	是	如	记	受

𗾟	𗫂
tshjij¹	njwi²
说	能。

菩萨通达是诸法故，则能如是说于受记。——《大宝积经》₂₇. ₃₂. ₂~₃

又例（12）中，"𘃤"在前分句末尾，"𗥃"在后分句开头，表示因为"彼皆如幻化"，所以"不能令尽"。

（12）

𘍦	𘃽	𗸮	𗥔	𘃤	𗥃	𘝴	𗏵	𘘫	𗭟
thjɨ²	zji²	wjɨ²	sju²	ku¹	tśhjwo¹	sji¹	phji¹	mjɨ¹	ljɨɨ¹
彼	皆	DIR₁	如	LINK	LINK	尽	CAUS	不	能。

彼皆如幻化，故不能令尽。——《大宝积经》₂₉. ₃₂. ₃

第五类："𗫤"单独使用放在前分句末尾，还可搭配"𗥃"使用，构成因果句式"……𗫤，……"和"……𗫤，𗥃……"。如例（13）中，"𗫤"位于分句末尾，表示原因，"汝问"的缘故，"我今说喻"。

（13）

𗥦	𗪪	𗢳	𘒣	𘋙	𗤶	𗫤	𘍦	𘋥	𗤁	𘄑	𗾟	𗫂

new²	g̣or¹	gji²	nji²	dja²	·jɨr¹	bju¹	thjɨ²	wjɨ²	dzjǫ¹	gji²	tshjɨj¹	ŋa²
善	男	子，	汝	DIR₁	问	因，	此	刻	喻	有	说	1SG

善男子，为汝问故，我今说喻。——《大宝积经》₂₈.₄₁.₂~₃

又例（14）中，两个分句用了不同的关系词语，上分句用"縱縒"表示原因，"方便力"的缘故，后分句用"蘿"表示原因，"智慧善巧"的缘故。

（14）

衍	骹	臧	縱	縒，	骹	罋	斴	稐	蘿。
tśier¹	·ju²	ɤie¹	niọw¹	ku¹	sjɨj²	zjɨr¹	new²	ɤjɨr¹	bju¹
方	便	力		LINK	智	慧	善	巧	因。

以方便力故，智慧善巧故。——《大宝积经》₂₈.₄₈.₅

又例（15）中，"蘿"搭配"斴"使用，表示原因，意思是因为"是因缘"，所以"当知如来于诸众生，深有大悲"。

（15）

㴑	縱	縱	蘿，	斴	縒	憿	庞	糚	衪	秅，
thjɨ²	·jiw¹	niọw¹	bju¹	tśhjwo¹	mjor¹	ljɨj²	rjur¹	ɲia²	tśhju¹	ɤa²
是	因	缘	以，	LINK	如	来	诸	众	生	于，

骹	燕	菠	繲	骹。
ljɨj²	wju¹	dźjo²	ŋa²	lji¹
大	悲	有	1SG	也。

以是因缘，当知如来于诸众生，深有大悲。——《大宝积经》₇₉.₂₄.₅~₆

第六类："蘿"单独使用表示结果，相当于"因而"，更多地和"斴"组合成"斴蘿"使用，相当于"于是"。需要说明的是，有"斴蘿/蘿"位于句首的情况，实际应理解为西夏语复句中的分句开头。西夏译文中的一个长句往往对应汉语中的两句或多句，在划分时如以汉文原文为标准，西夏译文长句常被拆分，所以讨论西夏语时应结合上下文，还原西夏译文的整句。如例（16）中，前分句为圭峰大师久而叹曰"吾丁此时，不可以默矣"，后有小字注文"孔子重修俗文者，为兴盛礼乐也，皆不得已而为之，非如本意。师亦久修当宗佛法……"，"𫗦𫘤"用于后分句开头表示结果，表明前句为"印禅宗三种法门"的缘故。

（16）

𫖮	𫞲	𫟙	𫙊	……	𫟙,	𫗦	𫘤	𫖲	𫘝	𫞒	𫞀	𫗳	𫘰
kjwi¹	xjow²	ljij²	dzjij²		·jɨ²	tśhjwo¹	bju¹	mjor¹	ljij²	·jij¹	sọ¹	mə²	tsjir¹
圭	峰	大	师	……QUOT	LINK	如	来	之	三	种	教		

𫙖	𫟕	𫟈	𫘢	𫘝	𫘢	𫗳	𫚈	𫘾	𫘱	𫘤
wo²	ŋwu²	śjã¹	mər²	·jij¹	sọ¹	mər²	tsjir¹	ɣa¹	nja¹	tjɨj
义	以	禅	宗	之	三	种	法	门	DIR₁	印

圭峰大师……于是以如来三种教义，印禅宗三种法门。——《禅源诸诠集都序》①

综合以上例（1）至例（16），西夏语因果句以"𫟙""𫘤""𫖲𫗦"为代表性形式，句式上可分为 6 类，"𫟙""𫖲""𫗦"三者可以任意两两组合，"𫟙"可单用。在同一个西夏语因果句中，可出现不同的表示因果关系的词语，如例（14）。因而西夏语因果句的句式较多，有"……𫟙/𫟙𫖲，……""……，……𫟙""……𫟙，𫗦……""……，𫖲𫗦……""……𫘤，……""……𫘤，𫗦……""𫘤/𫗦𫘤……"等。

二 假设句和假设条件句

假设句是以假设为根据推断某种结果。条件句是以条件为根据推断某种结果。西夏语的假设句与条件句的表现形式往往有交集，形成假设条件句，因而此部分放在一起讨论。

---

① 聂鸿音、孙伯君：《西夏译华严宗著作研究》，宁夏人民出版社；中华书局，2018，第15～20页。

　　马忠建认为"絈"表示条件关系，① 表示假设条件关系的有"蒆""刻蒆""蒆……絈……""刻蒆……絈……"。② 张珮琪认为在条件句中，可以使用不同的语素来表示，如"蒆"tjij¹，"刻蒆"tjɨ¹tjij¹，"絈"ku¹，并指出"蒆"与"刻蒆"并没有使用上或语义上的区别。③ 聂鸿音认为"蒆"tjij¹最常与"絈"ku¹相配，形成假设条件分句，相当于"如果……那么……"。④ 与"蒆"tjij¹相配的还可以是名词"蔤"zjij¹（……时），仍然是"如果……那么……"的意思，不一定很强调时间。如果不强调假设，也可以只在主句的前面加"絈"ku¹，一般译成"则"。⑤

　　西夏语假设句以"蒆""刻蒆"为关联词语，从句式上可以分为两类。假设条件句以"蒆""刻蒆""絈"为关联词语，从句式上也可分为两类。

　　第一类："蒆"或"刻蒆"单独使用，位于整个复句的句首，构成假设句式"蒆……，……"或"刻蒆……，……"。如例（1）中，"蒆"位于句首表示假设，假如"以刀杖瓦石加我，及夺我命"。后分句的"蔤"不是假设关联词，而是组词"矞蔤"，表示时间。

　　（1）

tjij¹	bjɨr¹	bo²	ɣjɨ¹	lu̱¹	ŋwu²	ŋa²	·jij¹	ŋwo²	tśju̱¹	nio̱w¹	ka̱¹	lhjwi¹
若	刀	杖	瓦	石	INST	我	OBJ	损	害	及	命	夺

wji¹	ŋa²	tsjɨ	tśhjɨ	zjij¹	·a	du̱²	tow¹	lo¹	sã¹	mjiw²	sã¹	po¹
为，	我	亦	尔	时，	阿	耨	多	罗	三	藐	三	菩

① 马忠建：《西夏语语法若干问题之研究》，中国社会科学院研究生院博士学位论文，1987 年，第 253 页。
② 马忠建：《西夏语语法若干问题之研究》，中国社会科学院研究生院博士学位论文，1987 年，第 256 页。
③ 张珮琪：《西夏语的副词子句》，《西夏学》2018 年第 2 期，第 158～159 页。
④ 聂鸿音：《西夏文字和语言研究导论》，上海古籍出版社，2021，第 371 页。
⑤ 聂鸿音：《西夏文字和语言研究导论》，上海古籍出版社，2021，第 372 页。

𗱷 𗙱 𗥤 𗾈 𗾨 𗿔。
tjɨj¹ ɣa² njij¹ mji¹ lhji¹ lhjwo¹
提 于 心 不 悔 退。

若以刀杖瓦石加我，及夺我命，我于尔时，心不退转于阿耨多罗三藐三菩提。——《大宝积经》₇₉.₃₈.₁~₃

又例（2）中，"𗾨"位于句首表示假设，假如"有未得佛正法者"。

（2）

𗾨 𗋽 𗤋 𗼄 𗰜 𗈁 𗦀 𘀗，𗳽 𗈁 𗰙 𗦮 𗱧。
tjij¹ tha¹ tśhja² tsjir¹ mjij² rjir² mjijr² tja¹ zji² rjir² phjo² ŋa² ·jɨ²
若 佛 正 法 未 得 者 者， 皆 得 令 1SG QUOT

若有未得佛正法者，能令得之。——《大宝积经》₂₈.₃₂.₄

又例（3）中，"𗰖𗾨"位于句首表示假设，假如历"百千劫"。

（3）

𗰖 𗾨 𗮔 𗸧 𗤾， 𗼙 𗭿 𗵒 𗲲 𗬀。
tjɨ¹ tjij¹ ·jir² tṵ¹ kja² ·ju² rjur¹ lji² lji¹ tsjɨ¹
假 若 百 千 劫， 常 诸 香 嗅 亦。

假令百千劫，常嗅种种香。——《大宝积经》₂₉.₈.₁

又例（4）中，"𗰖𗾨"位于句首表示假设，假如"如来食于土块瓦石等物"。

（4）

𗰖 𗾨 𗆟 𗾈 𗭣 𗤋 𘐧 𘓦 𗤝 𗉛 𗵒， 𗬀
tjɨ¹ tjij¹ mjor¹ ljij² dzjiw¹ low² ɣjɨ¹ lṵ¹ nji² wjij² dzji² tsjɨ¹
假 若 如 来 土 块 瓦 石 等 DIR₂ 食， 亦

𗳽 𗥤 𗤶 𗰙 𘀏。
zji² thjo¹ wji¹ tji¹ we²
皆 妙 味 食 为。

假使如来食于土块瓦石等物，而无不退微妙味食。——《大宝积经》₂₈.₈₁.₃

第二类："𗾨"或"𗰖𗾨"搭配"𘀏"，构成假设条件句式"𗾨……

𗐼，……"或"𗤌𗐼……𗐼，……"。如例（5）中，"𗐼"位于句首，"𗐼"位于前分句末尾，表示假设，如果"菩萨得此三昧"，那么"能现一切诸清净色"。

（5）

𗐼	𗾞	𗤪	𗬩	𘝾	𗱕	𗗙	𗐼	𗢳	𗸪	𗰖	𗤋
tjij¹	tshjɨ¹	tsjij²	thjɨ²	sã¹	mej²	rjir²	zjij¹	rjur¹	gji¹	sej¹	tsə¹
若	菩	萨	此	三	昧	得	COND	诸	清	净	色

𗣼	𗣼	𘕿	𗁦
ŋowr²	ŋowr²	śja²	njwi²
一	切	现	能。

若菩萨得此三昧，能现一切诸清净色。——《大宝积经》₂₉.₃₈.₆

又例（6）中，"𗐼"位于句首，"𗐼"位于前分句末尾，表示假设，如果"以身手触诸众生"，那么病就会痊愈。

（6）

𗐼	𗟀	𗷢	𗋽	𗾞	𗠁	𘜶	𗐼	𗤓	𗫂	𗫂	𗽀
tjij¹	ljụ²	lạ¹	ŋwu²	ɲia²	tśhju¹	tsjụ¹	zjij¹	ŋo²	to²	zji²	ŋwər²
若	身	手	INST	众	生	触	COND	病	悉	皆	瘥。

若以身手触诸众生，病皆除瘥。——《大宝积经》₇₉.₁₇.₁~₂

又例（7）中，"𗤌𗐼"位于句首，"𗐼"位于前分句末尾，表示假设，如果"有众生闻斯法名"，那么"当获无量无边功德"。

（7）

𗤫	𗣿	𗴒	𘄆	𗤌	𗐼	𗾞	𗠁	𗬩	𗤁	𗪊	𗐼
dzjwir¹	lja¹	zjọ²	bju¹	tjɨ¹	tjij¹	po¹	tśhju¹	thjɨ²	tsjir¹	mji¹	zjij¹
后	来	世	于，	假	若	情	有	是	法	闻	COND

𗼺	𗎫	𗍫	𗼺	𗤪	𗩴	𗣦	𘜶
mjɨ¹	pjụ¹	bju²	mjij¹	tśhja²	·iow¹	djij²	rjir²
无	量	边	无	德	功	当	获！

于后末世，若有众生闻斯法名，当获无量无边功德！——《大宝积

经》₂₅.₆₅.₃~₄

又例（8）中，"刻蘝"位于句首，"蔹"位于前分句末尾，表示假设，如果"有众生恶口骂我"，那么"我不还报"。

（8）

刻	蘝	糤	臧	絁	孤	妭	皸	赦	絁	薐	蘪
tjɨ¹	tjij¹	ɲia²	tśhju¹	ŋa²	·jij¹	lja²	niow²	ŋwu²	ŋa²	źier¹	njɨ²
假	若	众	生	我	OBJ	口	恶	INST	1SG	骂	詈

蔹，	萧	㹸	蒏	絁。
zjij¹	tshja²	mji¹	lji¹	ŋa²
COND	报	不	还	1SG

若有众生恶口骂我，我不还报。——《大宝积经》₇₉.₃₅.₄~₅

第三类："蘝"或"刻蘝"搭配"絳"，"蘝"或"刻蘝"位于前分句的句首或前分句的讹主语之后，"絳"位于前分句的末尾，构成假设条件句式"蘝……絳，……"或"刻蘝，……絳……"。如例（9）中，"蘝"位于前分句主语之后表示假设，"絳"位于前分句末尾表示条件，如果人不观，那么"虽开户牖，开不能观"。后分句用到了让步句式"……羊……，㹸……"。

（9）

锹	蘝	㹸	蔽	絳，	鶲	籾	羊	祓，	㹸	襪
dzjwo²	tjij¹	mji¹	ljij²	ku¹	phio²	ɣa¹	djij²	gjij¹	tsjɨ¹	mej¹
人	若	不	见	COND	牖	户	虽	开，	LINK	观

蔽	㹸	絁。
ljij²	mji¹	ljɨ¹
见	不	能。

人若不观，虽开户牖，开不能观。——《究竟一乘圆明心义》₂₈₄₈.₀₃A₀₃~.₀₄

又例（10）中，"蘝"位于前分句主语之后表示假设，"絳"位于前分句末尾表示条件，如果"诸众生成渴法心、成求法心"，那么"渐次皆证无上菩提"。

（10）

藐	庞	糒	粃	禩	髯	絴	蕥	、	禩	羇	絴	蕥
tjij¹	rjur¹	dźiã²	tśhju¹	tsjir¹	sjuu¹	njij¹	śjij¹		tsjir¹	kju¹	njij¹	śjij¹
若	诸	情	有	法	慕	心	成	、	法	求	心	成

絺	嶽	瓃	禗	瀻	姚	絤	叕	貓	姦	韅
ku¹	tśjɨɨ¹	bju¹	zjɨ²	zjɨ²	phju²	tśhja²	ka¹	po¹	tjɨj¹	lja¹
COND	次	依	皆	最	上	正	等	菩	提	证。

复次，迦叶，若诸众生成渴法心、成求法心，渐次皆证无上菩提。——
《大宝积经》2.12.3~4

又例（11）中，"藐"位于前分句主语之后表示假设，"絺"位于前分
句末尾表示条件，如果"于涅盘起于分别及有所得"，那么"如来尽说名
为邪见"。

（11）

藐	叕	缆	粍	屁	甕	絴	氜	㦜	韥	綖	蒝
tjij¹	djij²	phã¹	ɣa²	phjo²	kar²	njij¹	śjwo¹	niọw¹	rjir¹	lew²	dju¹
若	涅	盘	于	分	别	心	起	及	得	所	有

絺	絺	厥	乾	孫	禗	稫	茷	妷	叕	叕
ku¹	mjor¹	ljij²	thja²	·jij¹	zjɨ²	dow¹	ljij²	dzjwo²	ŋwu²	·jɨ²
COND	如	来	彼	OBJ	尽	邪	见	人	是	谓。

若于涅盘起于分别及有所得，如来尽说名为邪见。——《大宝积
经》2.25.7~26.1

又例（12）中，"刻藐"位于前分句主语之后表示假设，"絺"位于前
分句末尾表示条件，如果"能圆满萨埵"，那么"圆满菩提"。

（12）

刻	藐	瓾	叕	皠	雂	絚	絺	耏	貓	叕
tjɨ¹	tjij¹	sa²	to²	iọ¹	sə¹	njwi²	ku¹	tśhjwo¹	po¹	tjɨj¹
假	若	萨	埵	圆	满	能	COND	故	菩	提

耏	皠	雂
术	能	雂。

tsji¹	io̜¹	sə¹
亦	圆	满。

若复有能圆满萨埵，则圆满菩提。——《大宝积经》₁.₃₁.₆

又例（13）中，"劲叔"位于前分句主语之后表示假设，"缘"位于前分句末尾表示条件，如果别人问"是表示法非真实"，那么"佛之音声、言说、表示为虚妄耶"？

（13）

劲	叔	姚	谒，	斌	燃	流	祇	吾	藓	赦
tji¹	tjij¹	dzjwo²	gji²	thji²	dźju¹	nej²	tsjir¹	źjir¹	ɣiej¹	ŋwu²
假	若	人	有，	此	表	示	法	实	真	而
惰	缘，	绊	姚	逐	祎	花、	移	移、	燃	流
nja²	ku¹	tha¹	rjir²	tshjij¹	mə²	ɣie²	ŋwu¹	da̱²	dźju¹	nej²
非	COND	佛	DIR₁	说	声	音、	言	语、	表	示
祇	北	蝇	嘏	败？						
tsji̠r¹	tsji̠¹	dź-	ŋwu²	mo²						
法	亦	虚	是	IRR						

若他问言，是表示法非真实者，佛之音声、言说、表示为虚妄耶？——《大宝积经》₂.₁₃.₃~₄

第四类："叔"或"劲叔"还可同时与"豕""缘"搭配使用，"叔"或"劲叔"位于句首，"豕"位于第一个分句末尾表示假设，"缘"位于第二个分句末尾表示条件，构成假设条件句式"叔……豕，……缘"或"劲叔……豕，……缘"。如例（14），"豕"位于第一个分句末尾表示假设，假如"闻此法门，乃至一弹指顷"，"缘"位于第二个分句末尾表示条件，那么"生希有心"。

（14）

彘	跞，	叔	斌	祇	毅	毅，	姚	毅	侵	隔	慈
rjur¹	pju̱¹	tjij¹	thji²	tsjir¹	ɣa¹	mji¹	rjir²	nji²	la̱¹	njar¹	ljij¹

| 世 | 尊， | 若 | 此 | 法 | 门 | 闻， | DIR₁ | 至 | 手 | 弹 | 顷 |

| 𗹙，| 𗂧 | 𘂠 | 𗰖 | 𘃡。 |

zjij¹　zji̱r¹　dju¹　njij¹　śjwo¹　ku¹

COND　希　有　心　生　COND

诸善根。何以故？若闻此法门，乃至一弹指顷，生希有心。——《大宝积经》₂₈.₄₆.₆~₄₇.₁

又如例（15），"𗹙"位于第一个分句末尾表示假设，假如善男子、善女人"得闻如此菩萨行"，"𘃡"位于第二个分句末尾表示条件，那么善男子、善女人"生欢喜心"。

（15）

𗤶	𗰜，	𗭪	𗤶	𗤁	𗀆	𗂧、	𗀆	𗋕	𗥃，	𗯟	𗑠
rjur¹	pju̱¹	tji̱¹	tjij¹	new²	go̱r¹	gji²	new²	sji²	dzjwo²	thji̱²	sju²
世	尊，	假	若	善	男	子、	善	女	人，	是	如

𗼓	𗼆	𗼷	𗱫	𗡮	𗹙，	𗑠	𘅣	𗰖	𘃡，	𗭫
ɲia²	tsjij²	·jij¹	dźi̱	mji¹	zjij¹	dzjwo²	lji̱j²	njij¹	śjwo¹	ku¹	thja²
菩	萨	GEN	行	闻	COND	人	喜	心	生	COND	彼

𗤁	𗌄	𗕑	𗂧	𗤶	𗀆	𗭪	𗢳	𘌭	𗪅。
dzjwo²	wji̱²	rar²	zjo̱²	rjur¹	new²	tśhji²	lji̱¹	djij²	sji²
人	过	去	世	诸	善	根	种	曾	NMLZ

世尊，若有善男子、善女人，得闻如此菩萨行已，生欢喜心者，彼人过去种诸善根。——《大宝积经》₂₈.₄₆.₄~₆

综合以上例（1）至例（15），"𗤶"和"𗭪𗤶"在用法上没有明显区别，"𗤶"单用或与"𗹙""𘃡"搭配的句式中，皆能用"𗭪𗤶"替换。假设句句式为"𗤶……，……"或"𗭪𗤶……，……"。假设条件句句式为："𗤶/𗭪𗤶……𗹙，……"；"𗤶/𗭪𗤶……𘃡，……"；"𗭪𗤶……𗹙，……𘃡，……"。条件句句式为"……𘃡，……"。

第四节　西夏语复句关联词语探讨

关于西夏语复句的关联词语，聂鸿音曾指出有些分句并没有使用语法学意义上的关联词语，他们和主句间的关系是通过名词体现的，例如表示时间的名词"𗹬"zjij¹（时）和表示原因的名词"𗟻"niow¹（缘故）。① 从本章所梳理的复句句式来看，西夏语复句的关系标志可以由连词（如"𗢬"）、名词（如"𗟻"）、方位词（如"𘁈"）、语气词（如"𗢭"和"𗟤"）充当。通过上文的梳理与归纳可以看出，一些关联词在复句中的用法与其本义存在着隐含的逻辑关系。本节选取表示递进关系的"𘁈"kha¹和表示并列关系的"𗢬"niow¹进行初步的探讨。

一　递进句关联词"𘁈"kha¹

西夏语"𘁈"kha¹本义为表示方位的"中"或"间"，在西夏辞书中的释义也很一致，如，《同音》₂₆B₄："𗯼𘁈"②（中心）。《同音》丁 29B12 背注："𘁈𗤁𗧁𗄭"（中：中心、二间）③。《文海》₂₃.₁₅₂："𘁈𗫉𗭞𗧀𗤙𘁈𗫽𗤁𗋽𗤙𗧁𗤙𗤁𗧁𗄭𗆫𘟣𗎩𗢭𗤙"④（中：坑左［渴］右；中者中也，中也，中央也，二间中方之谓也）。此前学界较多提及"𘁈"作为格助词的用法，如毛利瑟⑤、龚煌城⑥、

---

① 聂鸿音：《西夏文字和语言研究导论》，上海古籍出版社，2021，第 374 页。

② 俄罗斯科学院东方研究所圣彼得堡分所、中国社会科学院民族研究所、上海古籍出版社编《俄藏黑水城文献》（第 7 册），上海古籍出版社，1997，第 13 页。

③ 李范文编著《夏汉字典》，中国社会科学出版社，1997，第 944 页。

④ 俄罗斯科学院东方研究所圣彼得堡分所、中国社会科学院民族研究所、上海古籍出版社编《俄藏黑水城文献》（第 7 册），上海古籍出版社，1997，第 131 页。

⑤ 孙伯君编《国外早期西夏学论集》（1），民族出版社，2005，第 131 页。（原文参见 M. G. Morisse（1904）. Contribution préliminaire à l'étude de l'ecriture et de la langue Si-hia. Mémories présentés par divers savants à l'Academie des Inscriptions et Belles-Lettres. 1ʳᵉ Série, tome XI, IIᵉ partie, pp. 313~379.）

⑥ 龚煌城：《西夏语概况》，《西夏语言文字研究论集》，民族出版社，2005，第 250 页。

张珮琪①等。张珮琪在对时间句的分析中，提出"𘋋"可以作为格标记，用以连接两个同时进行的事件，表示时间的重叠。② 聂鸿音认为表示时间的分句可以在句末加"𘋋""𘝞"，意思是"正当某个时候"，相当于汉语的"时"。③

"𘋋"作为位格助词时，在句中位于名词之后、动词之前。"𘋋"表示空间意义的"中"，包括具体空间和抽象空间，如例（1）。

（1）

絧	税	𘟙	醉	𘁰	蔽	𥫗	蔽	𣸣	蚕	祥	𘄴
dzjọ¹	sju²	tjɨj²	gu²	swu²	ljij²	ljɨ¹	ljij²	mji¹	zjɨr¹	tha¹	thjɨ²
譬	如	镜	中	像，	见	LINK	见	不	实，	佛	是

税	禩	蔽，	𦈡	𦉑	𘋋	𣸣	𥂕
sju²	tsjɨr¹	ljij²	rjur¹	kiẹj²	kha¹	mji¹	lha²
如	法	见，	世	界	中	不	迷

譬如镜中像，虽见非真实，佛如是见法，不迷于世间。——《大宝积经》70.20.5~6

通过时空隐喻，"𘋋"由表示空间概念衍生出表示时间概念，后置于时间名词时，表示在某个时间范围内，如例（2）。

（2）

𣸣	𘄴	𦉱	𘟙	𘋋，	𦈡	𨁏	孫	彦	禩	𘟙	祇。
niow¹	nji²	sọ¹	dzjɨj¹	kha¹	·ji¹	dzjwo²	·jij¹	pjwɨr¹	tsjɨr¹	nji²	phji¹
LINK	日	三	时	POST	众	人	OBJ	劝	法	听	CAUS

于日中昼三时，劝众人听法。——《大宝积经》15.19.4~5

后置于谓词性成分时，表行为的持续或情状的延续，如例（3）。

---

① 张珮琪：《西夏语的格助词》，《西夏学》（第5辑），上海古籍出版社，2010，第145~146页。
② 张珮琪：《西夏语的副词子句》，《西夏学》2018年第2期，153~154页。
③ 聂鸿音：《西夏文字和语言研究导论》，上海古籍出版社，2021，第370~371页。

（3）

絥	糁	糁	絸	絿，	祢	禧、	奴	舵	螯	烝、	燃
ŋa²	mə²	mə²	mjij²	ŋwu²	mjij¹	sej¹	·ja	ljij¹	rja²	dźjij¹	tsowr²
我	种	种	名	INST	寂	静、	阿	兰	若	住、	惯

烝	繍	燃	烝	孝	騒	薇……
ŋewr¹	kha¹	mji¹	dźjij¹	mjijr²	·jow¹	śja²……
闹	POST	不	住	者	赞	叹……

我种种名，赞叹寂静、住阿兰若、不处惯闹……——《大宝积经》2.42.5

当"繍"前面的成分由谓词性成分扩展为完全小句，表示后分句所述的情状在前分句所述情状持续的时间之中，就具备了连接时间句的功能。当"繍"所在的前分句成为后分句的前提和参照框架而强调后分句时，就可以参与构成递进句，例如本章第一节递进句的例（11）。

西夏语"繍"kha¹作为关系标志连接递进句的用法不是孤例，在藏缅语中有同类型的用法，一些亲属语言的方位词也可以作为复句的关系标志。格内蒂（Carol E. Genetti）指出使用格标记来表示句子关系在藏缅语中是常见的手段。[1]

藏语表并列关系的复句就常用方位词 la 作关联词语。[2] 并列关系包含了递进关系，因而方位格助词 la 的用例中也出现了反递句。如例 a 中，方位词 la 标记于前分句"群众是真正的英雄"末尾，表示转折式的递进，对比"我们"不是真正的英雄，而是幼稚可笑的。

a.

dmangs. tshogs = ni　dpa'. bo　dngos yin = la,　　nga. rang = ho　ni　rtag. par

群众 = TOP　　　　　英雄　　真的 COP = LINK　　1SG. REF = PL　TOP　常常

phru. gu = 'i　bsam. blo　yod = pa = 'I　　mi　rgod. bro. po = zhig　yin

孩子 = GEN　　想法　　有 = NMLZ = GEN　人　可笑的 = INDEF　　COP

群众是真正的英雄，而我们自己往往是幼稚可笑的。

---

① 张珮琪：《西夏语的副词子句》，《西夏学》2018 年第 2 期，第 153~154 页。
② 格桑居冕：《藏语复句的句式》，《中国藏学》1996 年第 1 期，第 133 页。

西夏语的系属问题一直受到关注，目前学界一般认为西夏语属于藏缅语族羌语支的语言。羌语支语言中表示方位的格助词有木雅的 le^{33}、却域的 -ʁa^{33}（-kɯ^{33}）、尔苏的 -kɛ^{33}、道孚的 -ʁa^{33}、史兴的 -la^{55}、扎坝的 -khə^{55} 等，张珮琪认为西夏语的"𗧤"ɣa^2 或"𗄊"kha^1 和羌语支语言的方位格助词在形式上相似，似乎可以推测它们的同源关系。[1] 羌语支语言中也有用方位词来标记句子关系的现象。

拉坞戎语中，方位词"ʁogo"（上）可以用于连接递进句中的两个分句。例如：

b.

Xsêrskə=tə　næ-lûn=tə=jə=ʁogo　væ̂lʁa　ɕ=tə　nu-ntsʰɣ̂. ɕəd[2]

金像=DEF　PST-得到 . II=DEF=GEN=上方　尸体　肉=DEF　PST. INV-卖 . II. TRANSLOC. II

不仅拿了金像，还把尸体的肉给拿去卖了。

格内蒂认为藏缅语中，特定的后置词和特定的从属连词规律性地相配，足以建立一些模式并揭示语法化趋势，其中后置词的演化趋势为：LOCATIVE > if/although，when/while。[3]

西夏语"𗄊"可以作为递进分句的标记，可能经历过一个语法化的过程。

语法化路径可归纳为：

（表示空间）→（表示时间）

"𗄊"：方位名词——→后置词（1）"某时段中"→ 时间句连词

后置词（2）"某一情状之中"→ 递进连词

"𗄊"的语义由表示具体空间泛化到也可以表示抽象空间。如很多语言一样，通过时空隐喻，由表示空间概念衍生出表示时间概念，表示在某个时段中。一个时间段包含了一个发展的过程和界限，"𗄊"前面所接成

① 张珮琪：《西夏语的副词子句》，《西夏学》2018 年第 2 期，第 148 页。

② 语料由赖云帆于 2022 年 2 月 12 日提供。

③ Carol Genetti, *The development of subordinators from postpositions in Bodic languages.* Proceedings of the 12th Annual Meeting of the Berkeley Linguistics Society, 1986, pp. 387.

分由时间名词扩大到谓词性成分，再扩展为完全小句，表示主句所述的情状在从句所述情状持续的时间段内。因此"𘌺"可以作为时间句的标记，连接两个同时性的句子，这时也表示了"𘌺"所标记的小句中动作或情状的持续。"𘌺"所标记的小句里的动作或情状，成为主句里的动作或情状的参照框架和前提，"𘌺"所标记的时间意义弱化，两个并列小句的对比意味加强。"𘌺"所标记的小句成为基点，后面的主句更进一层，具有了递进的含义。

另外，在词法层面，"𘋩𘌺"作为一个副词对应汉语的"甚""极""最"，"𘌺"附加在"𘋩"之后不再是方位词的"中"，而是具有一定语法功能的虚词。"𘋩"本身可独立成词，表示"最"的意义，加上"𘌺"后，"𘋩𘌺"隐含了比"最"更进一层的意思。如：

𗥃	𗮀	𗷶	𘉾	……	𘋩	𘌺	𗫡	𗘟	……
·jij¹	wə̱¹	lhjij	·u²	……	zji²	kha¹	biej¹	rejr²	……
自	属	国	内	……	最	甚	快	乐	……

（迦叶，如有帝王）安住国界……快乐无极……——《大宝积经》₂.₅₄.₇~₂.₅₅.₁

二 并列关联词"𗂾" nio̱w¹

西夏语"𗂾"nio̱w¹本义为"后"，表示"背后"的空间位置。在西夏辞书中的释义为，《同音》甲₁₇B₃："𗁾𗂾"（背后）①。《同音》乙₁₇A₆₈："𗴒𗂾"（同后）。②《文海》₆₃.₁₂₁："𗂾𗁾𘕰𘊗𗅋𗂾𗫻𗤁𗁥𗁾𗁾𗢸𗀓𗢸"③（后：背全后右；后者背后也，后面之谓也）。

学界一般认为"𗂾"为连词。毛利瑟在"词缀和虚字"中列出"𗂾

---

① 俄罗斯科学院东方研究所圣彼得堡分所、中国社会科学院民族研究所、上海古籍出版社编《俄藏黑水城文献》（第7册），上海古籍出版社，1997，第9页。

② 俄罗斯科学院东方研究所圣彼得堡分所、中国社会科学院民族研究所、上海古籍出版社编《俄藏黑水城文献》（第7册），上海古籍出版社，1997，第37页。

③ 俄罗斯科学院东方研究所圣彼得堡分所、中国社会科学院民族研究所、上海古籍出版社编《俄藏黑水城文献》（第7册），上海古籍出版社，1997，第151页。

复，及，又，并，后（？）"。① 《夏汉字典》（1997）对"愀"的释义为
"连词，具有多种意义"，有"后""及、又、复""更""外"等意义，②
其中意义⑦"之也"不妥，还有一些是不同文本中逐字对应的语境义，不
应理解为"愀"这个词的义项。聂鸿音认为两个并列分句中常用连接词
"愀"niọw¹（复）、"緂愀"mja¹ niọw¹（然后），强调了时间上的顺承
关系。③

"愀"作为连词的用法应和其本义具有隐含的逻辑关系，并列连词的
用法可能由表示"后"的方位名词语法化而来。"愀"作为方位名词，通
过时空隐喻，由表示空间概念衍生出表示时间概念，后置于时间词语或短
语之后，表示"某时段之后"。如例（1）。

（1）

𗡪	𘕯	𗤮	𘀗	𗱊	𗾺	愀	𘄒	𗆜	𗸯	𗎵	𗏰
ne̠w²	gor¹	gji²	sọ¹	lhjij²	phow¹	niọw¹	rjijr²	thja²	ŋwa̠¹	·jir²	rjijr²
善	男	子，	三	月	个	已	DIR₂	彼	五	百	马，

𗴂	𗤛	緂	𗼇	𘀗	𗤊	𘀗	𘒀	𗊱	𗰖	𗷆
lju²	ljij¹	ka̠¹	bja²	sọ¹	ɤa̠²	sọ¹	ma¹	tśhja̠¹	wji̠²	we̠¹
身	舍	命	断，	三	十	三	天	上	DIR₁	生。

善男子，过三月已，彼五百马，舍身生于三十三天。——《大宝积
经》₂₈.₈₀.₃~₄

"愀"作为后置词表示时间时，还可以后置于动词或动词性短语之后，
表示"某一情状实现或结束的时间之后"。如例（2），"愀"后置于动词
"𗪽"（闻），表示"闻"这个动作已经发生并结束之后。

---

① 孙伯君编《国外早期西夏学论集》（1），民族出版社，2005，第 129 页。（原文参见 M. G.
Morisse（1904）. Contribution préliminaire à l'étude de l'ecriture et de la langue Si-hia. Mémories
présentés par divers savants à l'Academie des Inscriptions et Belles-Lettres. 1ʳᵉ Série, tome XI, IIᵉ
partie, pp. 313~379.）
② 李范文：《夏汉字典》，中国社会科学出版社，1997，第 364 页。
③ 聂鸿音：《西夏文字和语言研究导论》，上海古籍出版社，2021，第 367~368 页。

（2）

�	𗼻	𗟲	𗵘	𗵘	𘝞	𗭼	𗢟	𗤋	𘃆	𗈜	𘃉	𗇋	𗿒
tśhjụ¹	njij²	mji¹	nio̱w¹	ljij²	tshjạ	tsə¹	giu¹	·jij	źier¹	·jij	·jij	dja²	sja¹
楚	王	闻	后，	大	怒	子	玉	OBJ	骂，	自	己	DIR₁	杀。

楚王闻后大怒，子玉，自杀。① ——《类林》

"𗵘"的适用范围由动词性成分扩展为完全小句，成为时间句连词。如例（3），"𗵘"在分句"语已"之后，连接"母悔曰"。

（3）

𗥼	𗴢	𗵘	𗆟	𗤀	𗥩	𗊱	𗋽	𘂤	𗏁	𗥩
tshjij¹	dźjwa¹	nio̱w¹	mja¹	lhji¹	dạ²	ŋwu̱¹	kjɨ¹	dza̱¹	ŋa²	·jɨ²
语	已	LINK	母	悔	曰：	言	DIR₁	失	1SG	QUOT

语已，母悔曰："吾失言。"② ——《类林》

前一动作或情状的结束伴随着下一动作和情状的开始，因此，"𗵘"由这个用法衍生出表示连接并列，具有了并列连词的功能。"𗵘"在句中位于后分句句首，表示动作或情状的并列。如例（4）：

（4）

𘞌	𗐎	𗵷	𗗿	𗿢	𗵘	𗼻	𗧀	𗴛	𗿢
·jã¹	lo¹	kiej²	zjɨr¹	mjij¹	nio̱w¹	lji¹	mjijr²	tsjɨ¹	mjij¹
阎	罗	界	实	无，	LINK	堕	者	亦	无。

实无阎罗界，亦无流转者。——《大宝积经》₂₉.₂₂.₆

"𗵘"表示并列关系，可以连接词语、短语和句子。两个动作或情状并列，"𗵘"标记第二个动作或情状时，便带有"又""复""再"的意义，可以组词或单独使用放在句首。如例（5）。

---

① 史金波、黄振华、聂鸿音：《类林研究》，宁夏人民出版社，1993，第36页。
② 史金波、黄振华、聂鸿音：《类林研究》，宁夏人民出版社，1993，第35页。

（5）

[illegible]	[illegible]	[illegible]	[illegible]：	[illegible]	[illegible]	[illegible]	[illegible]	[illegible]	[illegible]	[illegible]，	[illegible]
nio̱w^{1}	thjɨ^{2}	lə	wji^{1}	ŋa^{2}	śji^{1}	dju^{1}	njij^{2}	ɣa^{2}	rjɨr^{2}	jiị^{2}	ŋwər^{2}
又	是	念	作：	我	昔	久	远	于	DIR_{1}	来，	愈
[illegible]	[illegible]	[illegible]	[illegible]，	[illegible]	[illegible]	[illegible]	[illegible]	[illegible]	[illegible]。		
gie^{1}	ŋo^{2}	rjir^{2}	dźju^{2}	djị^{2}	rjijr^{1}	tser^{1}	djị^{2}	mjijr^{2}	mjij^{1}		
难	病	与	遇，	医	良	医	治	者	无。		

又作是念：我久远来，遇难愈病，无有良医能疗治者。——《大宝积经》$_{28.30.2\sim3}$

因此，“[illegible]”可能经历过如下的语法化路径：

（表示空间）→（表示时间）

“[illegible]”：方位名词→后置词(1)“某时段之后”→时间句连词

↘ 后置词(2)“某一情状实现或结束的时间之后”→并列连词

如同上文西夏语方位词“[illegible]”（中）作递进标记的用法一样，方位词“[illegible]”（后）作并列标记的用法在羌语支语言中也有同样的语法化路径。下游史兴语中，ʥo^{31}la^{55}本义是具体意义的“后面”，语法化成了一个副词，常用来表示两个动作的先后顺序。ʥo^{31}la^{55}的位置有时在主语后，有时在整个句子后面表示“V后”，起连词作用。有时又可以在整个句子前面表示“后来”。①

例a用læ^{55}“后”连接分句表示并列，带有时间上的顺承关系，和西夏语“[illegible]”的用法非常类似。

a

thi^{53} xu^{33}wɜ^{33} pha^{35} dzɜ^{35} ʦha^{55} læ^{55}，si^{55} ʐ̩ə^{55} ndʐu^{55}lɜ^{55} si^{55} ti^{33} ha^{33} sɿ^{55}.

他　早饭　吃　完　马上　山上　柴　坎　大概（语尾助词）

他吃完早饭后，大概立即上山砍柴去了。

① 徐丹：《下游史兴语的某些特点》，《民族语文》2009年第1期，第39页。

结　语

　　辽代义学繁荣，华严、密教、唯识发达。辽道宗大力提倡佛教并为政权的统一寻找思想理论依据，其以华严学的真心思想为核心理论、融合诸宗、统一佛学思想的主张对佛教发展的方向产生了重要影响。在辽代佛教的百年兴盛时期，涌现了滥度僧尼的现象。道宗提倡用佛教的戒律约束整顿僧团，允许在宫廷设坛传戒，形成讲习律学之风。辽代末期南禅传入燕京地区，潭柘寺、竹林寺、延福寺等成为南禅宗的传播重地。在这些背景下，通理大师的《性海圆明镜知足》面世。西夏佛教本身受到周边的汉、吐蕃、契丹、回鹘等民族佛教信仰的影响。辽夏佛教交流不止于国家层面，还有民间的交往，西夏人曾到辽燕京地区求戒。《性海圆明镜知足》传入西夏地区被译为西夏文，而今汉文本佚失，西夏文本成为孤本，使其具有非常高的研究价值。

　　本研究用"四行对译法"首次对西夏文《性海圆明镜知足》进行了全文译释。译释时对原始文献的讹、脱、倒、衍进行校勘，汉译时参考其他文献的译法，重点参考通理大师的《究竟一乘圆明心义》。原始文献中首题和一部分偈颂缺失，本研究从人物关系和著作内容等方面确定其作者为辽代的通理恒策，并对其"法眼玄孙"的记载进行了讨论，认为通理大师当属法眼宗。西夏地区流传有通理大师的四部著作：《立志铭心诫》《无上圆宗性海解脱三制律》《究竟一乘圆明心义》《性海圆明镜知足》。西夏文本通理大师《究竟一乘圆明心义》为刻本，其中通理大师的译法与《性海圆明镜知足》的译法不一，或因译者不同所致。

在主要内容方面，通理大师以世俗的"知足"作为切入点，从"世俗""胜义"二谛两个维度定义不同的"知足"，立足华严以"心"为宗融合万法。通理大师一生处于辽道宗时期且曾受宗天皇太后和辽道宗的礼遇，此部著作也一定程度上反映了辽道宗思想主张的影响。西夏文《性海圆明镜知足》吸收了宗密、澄观和延寿等人的佛学观点，接续了唐五代时期的华严禅思想，其核心为心性思想、以禅释教借教明宗，体现了辽代末年燕京地区禅与教、禅与净、禅与律等诸宗融合的状况。黑水城文献中不乏此类华严禅的著作，这表明西夏所流行的华严禅与唐宋时期奉行的教派有很深的渊源，且辽代佛教是西夏承接唐代华严禅思想的一个重要途径。

本研究基于文本的解读和其他西夏文语料，首次用"三分法"系统地对西夏语复句进行了研究，将西夏语复句划分为并列类复句、转折类复句和因果类复句三大类，归纳了并列类复句中的递进句、并列句和选择句的句式，转折类复句中的转折句和让步句的句式，以及因果类复句中的因果句和假设条件句的句式；进而对递进句的关联词语"𗏁"kha[1]和并列句的关联词语"𗆬"niow[1]进行了探讨，认为二者在西夏语复句中的用法可能都由方位词语法化而来，在藏缅语中也有类似的用法。

囿于时间和能力，本研究尚存在诸多不足之处。对材料本身所含的佛学思想，将来还应从宗教学的角度进一步系统地提炼。原文献最后的草书部分释读难度较大，直至交稿仍有一个草书字形存疑，尽管字形似曾相识，但暂无确切理由厘定出来。

附　录

一　西夏文《性海圆明镜知足》草楷对照表

西夏文《性海圆明镜知足》（以下简称《知足》）最后 7 页为草书书写，由于缺乏其他文本和楷书本对勘，特整理出一份草楷对照表作为录文依据。此表第一列按原文顺序列出草书在文中位置（重复出现的西夏字只列出第一次出现的位置），第二列是《知足》中按顺序第一次出现的草书字形，第三列为识别出的西夏文楷书字形，第四列为同一个字在《知足》中其他处出现的字形，标有出现的页、行、字数，多处出现的，最多选用三个字形。第五列是同一个西夏字在其他文本中出现的草书字形，按其与《知足》字形的相似程度列出。此表一方面可以为本研究草书的识别提供理论支撑，另一方面可以为西夏文草书和文字学的研究提供材料。

字形出处文献简写：

《知足》：西夏文《性海圆明镜知足》（инв. № 2541）

《近》①：西夏文《近住八斋戒文》（инв. № 5964）

《显》②：西夏文《显扬圣教论》（инв. № 4916）

《喜》③：西夏文《喜金刚现证如意宝》

页．行．字	草书	楷书	《知足》	其他文本
23B.01.1		㲄		
23B.01.2		㲆		
23B.01.3		㲋		
23B.01.4		㲌		
23B.01.5		㲍		
23B.01.6		㲎		
23B.01.7		㲏		
23B.01.8		㲐		
23B.01.9		㲑		
23B.01.10		㲒		
23B.01.11		㲓		
23B.01.12		㲔		
23B.01.13		㲕		
23B.01.14		㲖		
23B.01.15		㲗		
23B.01.17		㲘		
23B.02.1		㲙		
23B.02.2		㲚		

① 《近住八斋戒文》的草书字形基于孙颖新的研究成果进一步处理而成［国家社会科学基金冷门绝学和国别史等研究专项"西夏佛经中的通假研究"（19VJX133）］，个别字形源自原始文献（инв. № 5964）。

② 《显扬圣教论》的草书字形参考王龙《西夏文草书〈显扬圣教论·成瑜伽品第九〉考补》，《西夏学》2018 年第 1 期；《西夏文草书〈显扬圣教论·成不思议品第十〉考补》，《西夏研究》2019 年第 1 期。

③ 《喜金刚现证如意宝》的草书字形参考李若愚《西夏文〈喜金刚现证如意宝〉考释》，中国社会科学院研究生院博士学位论文，2017 年。

续表

页.行.字	草书	楷书	《知足》	其他文本
23B.02.3	▢	▢	▢25B.02.5 ▢25B.03.13	
23B.02.4	▢	▢	▢25B.02.6 ▢25B.03.14	
23B.02.5	▢	▢	▢25B.02.7 ▢25B.03.15	▢《近》
23B.02.6	▢	▢	▢24A.06.2 ▢25B.08.8 ▢26B.03.15	▢《近》 ▢《显》
23B.02.8	▢	▢	▢24A.04.6 ▢25A.07.9 ▢25B.02.10	▢《近》
23B.02.9	▢	▢	▢24B.01.3 ▢25B.02.11 ▢25B.03.19	▢《近》
23B.02.10	▢	▢	▢24A.05.4 ▢25B.02.12 ▢25B.03.20	▢《显》
23B.02.11	▢	▢	▢26A.03.5	▢《显》
23B.02.14	▢	▢	▢24A.01.13 ▢24A.02.17 ▢25A.08.7	▢《近》
23B.02.16	▢	▢	▢25A.07.15 ▢25A.07.19 ▢26B.02.9	▢《近》
23B.02.17	▢	▢	▢24A.02.19 ▢26B.07.5	▢《近》
23B.02.18	▢	▢	▢24B.05.2 ▢25A.07.13 ▢25B.05.16	▢《近》
23B.02.19	▢	▢		▢《近》
23B.03.1	▢	▢		▢《近》
23B.03.3	▢	▢	▢24A.05.11	▢《显》
23B.03.4	▢	▢	▢24A.02.5 ▢24A.07.18 ▢26A.05.18	▢《近》
23B.03.5	▢	▢	▢25A.05.8	▢《近》
23B.03.6	▢	▢	▢24A.07.8 ▢26B.01.16 ▢26B.04.1	▢《近》
23B.03.7	▢	▢		▢《近》
23B.03.8	▢	▢	▢25A.05.16	
23B.03.9	▢	▢	▢25A.05.17	
23B.03.10	▢	▢	▢25A.05.14	▢《显》
23B.03.11	▢	▢	▢25A.05.15	▢《近》
23B.03.12	▢	▢		
23B.03.13	▢	▢		
23B.03.15	▢	▢	▢25A.05.9	▢《显》
23B.03.16	▢	▢	▢25A.03.13 ▢25B.06.17 ▢26A.07.12	▢《近》
23B.03.17	▢	▢	▢25A.01.2 ▢25B.01.9 ▢25B.03.12	▢《近》 ▢《喜》
23B.03.18	▢	▢		

续表

页．行．字	草书	楷书	《知足》	其他文本
23B.04.1		褫		
23B.04.12		蔬	24A.02.8　24A.05.2　26B.02.7	《近》
23B.04.17		殿	26A.05.10	《近》
23B.04.19		孺		
23B.05.5		纊		《近》
23B.05.6		緒		《近》《显》
23B.05.8		獮	24A.01.12　25A.01.6	
23B.05.13		蒂		
23B.06.1		绢	24A.05.19　24B.04.8	《显》
23B.06.2		靴	25A.06.12	
23B.06.4		祇		
23B.06.5		巍		
23B.06.11		朮	24B.06.7　26A.03.12　26A.08.20	《近》《显》
23B.06.14		纵	24B.02.1　24B.05.20	《显》《近》
23B.06.15		彤	24B.06.1　25A.04.18　26B.01.10	《显》《近》
23B.06.16		毵		
23B.06.17		蘸		
23B.06.19		猜	25B.01.17　26A.05.9　26A.08.17	
23B.07.2		赦	25B.05.2　25B.07.8　25B.08.14	《近》《显》
23B.07.4		绥	24A.03.7　24A.06.4　24B.07.8	《近》
23B.07.7		嵐	25B.05.3　25B.08.15　26B.02.5	《近》《显》
23B.07.8		耕	24A.03.13　25A.02.14　26B.03.16	《显》《近》
23B.07.9		灘		
23B.07.10		腮		
23B.07.12		藏		
23B.07.13		瓣		
23B.07.14		绣	24A.02.14　24B.01.17　24B.04.15	《近》《显》
23B.07.15		蘿		
23B.07.16		巍	24B.07.2	

续表

页.行.字	草书	楷书	《知足》	其他文本
23B.07.17				
23B.07.19				
23B.08.1				
23B.08.2				
23B.08.6				
23B.08.15			24A.08.15　24B.06.17	
23B.08.17			24B.04.2　24B.05.17　24B.08.9	《显》
24A.01.7			24B.04.12　24B.08.15	《近》
24A.01.8			24B.04.13　24B.08.16	《近》　《显》
24A.01.15			24A.03.20　25A.01.11　26B.05.16	《近》　《显》
24A.01.16				
24A.01.17			24A.01.19　24A.02.7　24B.01.14	《近》　《显》
24A.02.4				
24A.02.9			24A.04.1　25A.01.12　26A.07.2	《显》　《近》
24A.02.20				《显》　《近》
24A.03.2			25B.04.20	《近》　《显》
24A.03.4			24A.04.6　25B.07.4　26A.07.10	《近》　《显》
24A.03.6			26B.02.16	
24A.03.8			25A.02.7	《近》　《显》
24A.03.11				《近》　《显》
24A.03.12			25A.01.4　25A.01.16　26B.04.2	《近》　《显》
24A.03.15			26A.01.5　26A.05.4	
24A.03.16			25B.04.4	《近》　《显》
24A.03.17			24A.05.10　24A.07.15　24B.02.18	《近》　《喜》　《显》
24A.03.18			26A.06.18　26B.04.11	《近》
24A.03.19			25A.01.10　25A.06.16　26A.02.9	《近》
24A.04.3			24B.03.13　24B.07.9　25A.01.18	
24A.04.5			24A.06.13　24B.07.11　25A.01.19	《近》　《显》
24A.04.8				《显》

续表

页．行．字	草书	楷书	《知足》	其他文本
24A.04.9				《显》
24A.04.10				《显》
24A.04.12			26B.03.7	《近》
24A.04.13			26B.03.8	
24A.04.14			24A.05.4　26B.01.6　26B.03.9	《近》
24A.04.15			26B.01.7　26B.03.10	《近》
24A.04.18			25B.08.7　26B.03.14　26B.05.8	《近》　《显》
24A.04.19			26B.04.4	《近》　《喜》　《显》
24A.05.6			24A.06.10　24A.07.11　25B.06.4	《显》
24A.05.8			24A.05.20　24B.07.5	《近》
24A.08.4			24B.02.6　25A.02.8　26A.02.6	《近》
24A.05.12			25A.02.18　25A.08.11　25B.06	《近》　《显》
24A.05.16			24B.03.15　25B.04.9　25B.08.11	《近》　《显》
24A.05.21			24B.04.3　25B.05.5　25B.01.7	
24A.06.1			24B.05.6　25B.07.19　26A.01.19	
24A.06.6				《近》　《显》
24A.06.7				
24A.06.11			24A.08.11	
24A.06.15			24A.07.20　25A.02.9　25B.06.2	《近》
24A.06.16			25B.03.3　25B.04.7　25B.08.4	《显》
24A.06.18			25B.08.2　26A.08.7　26B.07	《近》
24A.06.19			25B.03.10　25B.08.3　26A.03.14	《近》　《显》
24A.07.2			24B.01.4	
24A.07.3			24B.01.5	
24A.07.5				《近》
24A.07.12			24A.08.12　25B.07.20	《近》
24A.07.13			24A.08.13	《显》
24A.07.19			24B.06.21　26A.08.6　26B.04.15	《近》
24A.08.2			24B.03.9　24B.04.5　24B.05.13	

续表

页.行.字	草书	楷书	《知足》	其他文本
24A.08.6			24A.08.19	燃
24A.08.7			24B.01.1	
24A.08.17			24B.02.1　26A.01.7　26A.03.10	《近》　《显》
24A.08.18			24B.03.18　26A.01.10　26A.03.13	《近》　《显》
24B.01.8				《显》　《近》
24B.01.9			24B.01.10　25B.01.18	《显》　《近》
24B.01.13			24B.04.20	《近》
24B.01.15				《显》
24B.01.16			26B.03.17	《显》　《近》
24B.01.19			25B.07.12　26A.01.6　26A.03.9	《近》　《显》
24B.02.15			24B.06.19	《显》
24B.02.16				《近》
24B.03.4			24B.05.19　25A.01.20　25B.07.9	《显》
24B.03.20			26A.08.5　26A.08.9	《近》　《显》
24B.04.7				《近》　《近》　《显》
24B.04.11			24B.08.14	《近》
24B.04.17				
24B.04.19				《近》　《显》
24B.05.1			25A.03.10	《近》
24B.05.4				《显》
24B.05.7				《显》
24B.05.10			25A.01.1　25B.04.10　26B.04.12	《近》
24B.05.11				
24B.05.15			26.06.04	
24B.06.3			26A.06.16	《近》　《显》
24B.07.1				《近》
24B.07.3				
24B.07.4				
24B.07.6			24B.08.1　25A.01.14　25A.02.20	

续表

页.行.字	草书	楷书	《知足》	其他文本
24B.07.7			25A.01.15 25A.02.21	
24B.07.21			25B.05.9	《近》《显》
24B.08.18				《近》《显》
24B.08.19				《近》
25A.01.5			25B.04.1 25B.04.19 26A.06.3	《显》
25A.02.1			25A.03.4 25A.06.4 25B.01.2	《近》《显》
25A.02.12				
25A.03.1			25A.06.15 25A.08.5 25B.07.1	《近》《喜》
25A.03.6			25A.04.8	
25A.03.7			25A.03.21	
25A.03.8				
25A.03.9				
25A.03.12				《近》《显》
25A.03.17			25A.06.14 25A.08.12 26B.01.17	
25A.04.1			25A.05.18	《显》
25A.04.2			25A.04.10	《近》《显》
25A.04.3			25A.04.11 25A.08.10 25A.08.16	《近》《显》
25A.04.9			25A.05.19	
25A.04.15				
25A.04.17			26B.06.4	《显》
25A.05.1			25B.07.7	《显》《近》
25A.05.10				《近》《显》
25A.05.11				
25A.05.12			26A.01.14	
25A.05.13			26A.01.15	
25A.05.20				《近》《喜》
25A.06.8			25A.07.3 25B.02.18 26A.01.2	《近》
25A.06.11			25B.04.3 25B.04.11	《近》《喜》
25A.06.17				

续表

页.行.字	草书	楷书	《知足》	其他文本
25A.07.6				《近》 《显》
25A.07.10			25A.07.18 25A.08.2	
25A.07.12			26A.04.11	
25A.07.16				《显》
25A.07.17				《近》 《显》
25A.07.20				《显》
25A.08.1				《显》
25A.08.3			25B.05.13 26B.04.14	
25A.08.4			25B.01.10 25B.05.14	
25B.01.4			25B.04.12 25B.07.10 26A.03.1	
25B.01.6				
25B.01.8				
25B.01.12			26A.07.17	
25B.01.19				
25B.04.2				
25B.04.13				《近》 《显》
25B.04.14				
25B.04.15				
25B.04.17				《近》 《近》 《显》
25B.04.18				《近》 《显》
25B.05.4			25B.08.16	
25B.05.17				
25B.05.18				
25B.05.19				
25B.06.1				《近》 《喜》 《显》
25B.06.3				
25B.06.14				
25B.06.16			26A.02.3	
25B.07.3				

续表

页.行.字	草书	楷书	《知足》	其他文本
25B.07.6				《近》《显》
25B.07.11			26A.05.3	《显》
25B.07.14				《显》
25B.07.15			26A.08.1　26B.02.13	《显》
25B.07.17			26A.07.11　26B.01.4　26B.06.3	《近》《显》
26A.01.18			26A.02.17　26B.07.9	
26A.02.1			26A.02.12	《近》
26A.02.4			26A.02.8	
26A.02.7				
26A.02.10				《近》
26A.02.11				
26A.04.5			26A.04.8	
26A.04.12			26A.04.15　26A.04.20	《近》
26A.05.6				
26A.05.7				
26A.05.8				
26A.05.11				
26A.05.12				
26A.05.13			26A.07.6	《显》
26A.05.14			26A.07.7	《近》《喜》《显》
26A.05.17				
26A.05.18				《近》《显》
26A.06.1				
26A.06.2				
26A.06.6				
26A.06.7			26A.06.11	《近》《喜》《显》
26A.06.8			26B.03.3　26B.06.1	《近》
26A.06.9				《显》
26A.06.10				《近》《喜》《显》

续表

页.行.字	草书	楷书	《知足》	其他文本
26A.06.12			26A.07.14　26A.07.18　26B.01.12	《近》
26A.06.13			26A.07.15	
26A.06.14			26A.08.16	《近》 《显》
26A.06.17			26A.07.9　26B.04.10	《近》 《喜》
26A.07.4				
26A.07.5				《显》
26A.07.8				
26A.07.16				《近》
26A.07.19			26A.08.15	《显》 《近》
26A.08.4				《近》 《显》
26A.08.8			26B.07.8	《近》 《喜》
26A.08.19				
26B.01.1				《显》
26B.01.9				《显》 《近》
26B.01.15				《近》
26B.01.18				《显》
26B.02.1				
26B.02.2				
26B.02.3				
26B.02.4				《近》
26B.02.6				《近》 《显》
26B.02.8				《近》 《显》
26B.02.10				
26B.02.11				《近》
26B.02.12				
26B.02.14				
26B.02.15				
26B.03.1				
26B.03.4				《近》 《显》

页．行．字	草书	楷书	《知足》	其他文本
26B.04.8		殢		
26B.04.9		祧		
26B.04.17		赧		《近》
26B.04.18		顈		
26B.04.19		顙		《近》　《显》
26B.05.1		麤		《近》　《显》
26B.05.2		觔	26B.05.4	《显》
26B.05.3		燮		
26B.05.5		麵		《近》　《显》
26B.05.6		叕		《近》　《显》
26B.05.18		龔		《显》
26B.07.1		膌		《显》
26B.07.2		獙		
26B.07.4		髟		《近》
26B.07.10		絠		
26B.07.12		茇		《近》　《显》
26B.07.13		稷		《近》　《喜》　《显》

二 西夏文《性海圆明镜知足》汉译文

此附录为 инв. № 2541 西夏文《性海圆明镜知足》全书的汉译文。为便于阅读和注释，第二章根据文义对汉译文适当进行了分段，但不便于查见《性海圆明镜知足》汉译全貌，因而附录其整体汉译文如下，以供相关研究参考。

> 了性竟无生，清净圣贤僧。
> 有性梦者告，令自心珠识。
> 功德虚空如，圆明法界至。
> 复偈：
> 知足无事，无事静心，
> 静心慧明，慧明见性，
> 见性无心，无心发功，
> 发功无为，本性显现。
> 次解三门，了深妙者，须依此三，何以为三？
> 一者世俗知足清净门。
> 二者胜义知足近真门。
> 三者性海圆明解脱门。

（一）世俗知足清净门

夫知足者，谓断取舍因，去贪客想，不生得失，自灭悲喜。准此则名知足。悲喜是大病，此者辱族危身，失志灭名，倾家败国，背觉沉沦。此等悉皆不足故也。知足之义，说易行难。若知足则往后安定；若不足则急时遭灾。今饮食菜粥，救饥则足；求美味故，挑拣珍馐。布褐绢丝，御寒则足；其心贪故，复寻绫罗。苆舍灰房，安身则足；不能止念，松堂益美。倚仗而行，来去则足；遣心难止，专好车马。

木陶器具，待客则足；贪心盛故，觅金玉具。家有二仆，差使则足；骄慢心逸，爱使众人。位庸过人，他敬则足；不思危难，寻求高位。盛远遭灾，退则安定。

　　夫徙高山则有流；行平地则无碍。是故世间有盛则有衰，无盛无衰。高则有坠，退则居安。低者为高，为高易崩。无高则无低，无低无事，无事则寿终。位高致苦，彼苦败身。是故屈原贪位丧命，尸散泽畔；伍员灭吴国，身浮水面。此二福君，山隐七净。扬相对隐，如何？张良让位，自隐深山。范蠡静志，泛舟海上。此二成功，不著未来。昔觉了患全身，辞荣免辱，卓然逸士，迥异常夫，世网不拘，闲云无系，何不乐耶？由此盛退为衰，乐后致苦，成后有败，是后带非，长短相较，高下相倾，喜去悲来，爱离憎逢，善隐恶扬。世事如是，云何不知？

　　盛不足则为衰，乐不足则遇苦，成不足则有败。是不足为非；长不足为短；高不足为低；喜不足为悲；爱不足则憎；善不足则遇恶；心不足则烦恼倍盛。若如是则君子失德，小人取行。妄自成谋他憎，近处起逆违上。谄谀倍增，忠孝永弃，人面兽心，负恩背德，败家灭祖，失志败身。世世苦海，沉沦多劫，人天身亡，不知足故。如是苦思，罪莫大于不足。

　　夫不求好，恶亦自无。无所爱故，亦无所憎。不爱喜故，生愁无边。不爱高故，低亦非低。不爱长故，短亦非短。不受则非己不生。不爱盛为衰。何礼乐者，苦之本盛，根为衰？知足者，苦亦算乐。不足者，乐亦算苦。譬如茅屋旧室，饮食菜粥，布褐绢丝，（不）足者衣食住宿，叹气不乐，悲愁受苦，难忍泪流，不可而喻。是苦中苦也。知足者，住茅屋视如妙室，饮菜粥思如珍馐，衣布褐亦想如绫罗。以是自心乐，则王亦是小，何求彼人富贵？又与他何比？若如是则守护忧思，远离亡弃，想心自止。实乐中乐也。

　　知足则他敬，不足则皆厌。不足者，苦恼历百年；知足者，清净过一世。净心得道者,因知足也。亡国败身者,因不足也。是以色不足故,殷纣二王身败;仪不足故,陈侯以此灭亡;国不足故,项籍死海水边;尊不足故,符坚败于东晋;名不足故,武安系颈而死;盛不足故,李斯身死命断。大虑败身,不足为根。

得道净心,因知足也。不足者之一遍食,为知足者之一月粮。不足者之一件衣,买知足者之十件衣。因知足故,一年所用用三年,亦复翻倍;因不足故,三年所用用一年,亦不满足。一门知足一门富,一国知足一国富。上不足,上生贪。上生贪,低处寻,强压迫。强压迫,为贫贱,贼心起。贼心起,身命败。若如是则与贼何异?设方便而不应取财。如割身肉,为己所食,虽然饱腹,损坏身命。若如是则有何所乐?饮食者,牛人力也。衣着者,虫筋牲皮。艰难而作,非容易成。妄取则何异群贼?好好克己,不应放逸。上放逸则庶民放逸。庶民放逸则庶民为贫。庶民贫故,君臣背礼,国家不安,弃仁义道,亲戚为仇,男女无信,子孙叛逆,慈孝难行。国人贫故,贼寇发起。贼寇盛故,国家混乱。国家乱故,必定毁国。如是大罪,不足故也,此等非罪在君臣。

夫合今时,富贵大姓,亦皆当集,所用所行,与庸人同。穿衣亦与庸人同;饮食亦与庸人同;住宿亦与庸人同。所行所作如庸人,则上下等同,共上为殊。上为殊故,上无贪心。无贪心故,君臣行德。君臣德故,国家安定。国家安定,庶民富裕。庶民安乐,盗贼自无。盗贼无故,诡计自灭。诡计灭故,军民自正。军民正故,国家安定。国家安定,理持孝道,仁德兴盛。以此作为,叛乱永无。叛乱无故,贼军亦无。无贼军故,不闭津门,不用关锁,牢狱静空,荡除罚律,全国安乐。教以无为,妙边清净,八方休战,不逆德道,不持教理。此释源则知足为根。大碍能治,不过于此。出尘上者,理入明智。欲至无生,知足为根。离名利则何可恼缚?

风若止则波涛自无。才志高则世间永离。万缘绝则一性自显。境风无则心海自澄。不著世事，不动身心。多劫熏习，幻力不止。不舍世事，为净背理。欲清净故，应净身心。欲净身心，应舍世事。欲舍世事，知足为先。万事灭故，一心明净。一心明净，妙宗了悟。妙宗了悟，因闲净是。此等皆亦因知足成。

（二）胜义知足近真门

今我大师觉，出现于世，玄宗开示。彼诸法中，知足为上。能知足则得大菩提；不知足者沉沦苦海。是故有性，六尘迷惑，六根定持，六识已生，方为三业。六道受身，苦恼倍深，长为轮回。如是大罪，不足故也。

若了根尘体性，则名知足。永离生死，安得涅槃。根尘体性迷惑不了，是不足者。常安背家，生死入狱，彼等云何？谓不足。则不知足者行色时，上根遇境时，亦或心悦，或心不悦，持以种色，转变为实，随顺于色，随爱生心，心乱情浊。以此为根，故起贼心。贼不利故，异谋恶觉，杀盗倍盛，虚妄发生。三毒盛火，作十恶业，起八万四千尘劳等。人天失乐，坠三恶道，沉沦多劫，合时受苦。色不足故，如是遭灾，或逆见色，以迷为因。不识根故，积无量罪，背神圣道，弃德法轮，作阐提因，断如来根。皆因色也。色如是则香味触法与彼一样。

无边出罪，无量幻法，无等形相，皆难具说。一尘尚生无量罪，诸尘因罪，具说何尽？苦恼逼迫，轮回何止？罪莫大于不足也。六根迷惑，六识已生，我持著故，生外尘劳。迫此随相，爱憎心深，顺逆分故，怨亲离去。八境风波，六识波起，三界轮回，四生迷醉，苦恼狱内，无出离故，劫海无边。如是苦难，是六根不足故也。以此游梦三界，迷失一极，筐缚六根，六根为本。是故《万行首楞严经》云："佛谓阿难曰：'欲识知俱生无明，使汝轮转生死结根，唯汝六根，更无他物。'"汝六根中，定持实我，外染万缘，生死轮回。彼染六根，以不足故，则为大病。

问曰："云何名为知足，永断轮回，得大解脱？今请解说。"

答曰："夫知足者，观彼六尘，何为体性？又彼色尘，如镜中像及梦中境，如空中花及水中月，令人目眩。欺愚者也。仔细过则何有真实？何为所爱？譬如世间，有二画师，一是愚痴，一多智慧。愚痴师者，自以青黄，作种种相。虎狼鬼神，画有恶相。自观见时，毛发悚然。又彼画中，美丽殊胜，锦绣珠宝，宫殿楼阁。见好相时，爱著识幻，不敢离散。彼者何也？未释本故，如是迷惑，他人讥笑，实谓愚痴。智慧师者，非如同之。见凶恶相，无怖畏心；见美丽相，无贪爱心。谓何故？则皆自所画，显了故也。合和虚色，无实体性，逐一过则青黄赤白紫黑土灰绿，和诸色以成画。心著于何？爱憎于何？若如是则名为知足。"

今诸法亦与彼一样。虽皆六尘，四大而起，彼所爱憎，未曾实有。现今有人，好爱锦绣。彼物体性，以蚕丝成。量虚实故，置火上烧，后香臭散为尘。尘散为空，彼好何在？复譬有人，欲爱美色，身相诸根。现释本则肉上覆皮，皮间装肉，肉下连筋，与筋骨接，骨中有髓，五脏等不算实足，遍三十六种。污秽如厕，容以薄皮，是名曰行便所。世间愚人，见彼面目，观察赤白，皆谓和美，无分别智，妄生贪爱。赤者为血，白者为脓。譬如以纱障物时外见红。红血白脓，何美之有？释彼根本，红白而成，彼体污臭，腥臭为性。死后腐烂胀臭，望见亦憎，烧时下风无处立人，自作业。

如是受报，生死之本，罪过之源，自不曾觉。如是观身，迷执妙算，愚痴已深，实应慈悲。如愚画师，他人所嫌。智者了故，如彼镜中现诸影像，淤净皆虚，好恶本空。所憎尚无，所爱何在？以此了故，自无顺违。无顺违故，怨亲等容。如影像故，谁自谁他？我人持心，彼法乃灭。我人灭故，譬如虚空，八境风止，六尘波息，通源清净，智海静澄，六通具足，万德圆明。如是解脱，因知足也。众生不了，为我执人，方为不足。若知足则无事者也。

问曰："现今七趣六根具足，八识皆众，自他不同，你我各异。六根实有，六境不虚，云何了无我人？"

答曰："彼体所观，何为六根？何来六境？彼六根中，能作四大，所作四尘，合和八法，以是为体。譬如世间，作泥球和积木成屋，泥球木室，虚合而成，泥木归尘，球室不如。身亦同彼，四尘四大，八法而成，四大离散，四尘各散，六根体性，何处所在？体性尚无，我在何所？此大及彼四尘等，皆是我故，已为八我，谁为自体？八法以外，何处有我？八法成则何为八我？离此八法，我如龟毛，云何令此为执我？若谓隐于八法中，则如火珠镜，逢遇炎日，蔓上着光，突然出火，何出此火？不明来处，逐一释本，内外皆无。是故不觉彼火来处。彼火灭时，退去何处？入镜乎？入手，已入，入空乎？何处休？何可寻？亦无所得。隐处明故，灭亦无边。准此知则生不可来，灭不可去，无去无来，何生何灭？作者我性，尚不可得，六根所作，有何实体？体尚归无，我在何所？以此了则我亦不有。我不有则彼六根者，自为解脱。能如是故，方谓知足。六尘境亦与彼一样。何为实有？如梦中境。梦以心现，来不可起，往不可至，皆即是心，有何可得？不可得故，又爱憎、顺逆自他，取舍怨亲，有可得乎？若如是则六尘境界，彼亦解脱，方谓知足。无有六根，本无六境，我我之灭，此名曰解脱。"

（三）性海圆明解脱门

问曰："根境当灭，识为实我，三界之因，识为根本。有根本故，生死相续，六贼障碍，万德难显，残根断枝，枯源竭流。尔时然后，识海无生，苦源自灭，根境即空。与幻相同，虽然了一，识为实我，即知难了。今真空妙有，所说所作，义云何也？"

答曰："前所说等，皆是方便，此者真实。前者与化城同，此者如出宝处。行者当以真实心深了。夫四生睡眠，九有未窹。本源清净，迷惘轮回，向道首趣，无明酒饮，六道痴覆。爱醉卧故，一通迷梦。苦海沉浮，涌没如泡。随迷圆轮，来去如蚁。觉道可知，历经迷惑，心虽出离，而有疑惑，吾以自缚。若照西天，智不出故，九有迷暗，以何坏？是故佛陀发慈，大人施悲。室内指宝，衣间示珠。贫子见父，定获安稳。演若迷窹，远离怖畏。破一尘出大千经卷，令彼身内不二心源显现。如来出世，示此谓心。故《莲花经》中说：'如来为一大事因缘，欲令众生开佛知见，使得清净故，出现于世。'"

又前问曰："三界之因，识为根本不？"诸法之源，彼为最愧。故《经》云："三界唯识，十方唯心。"欲解脱则以此为根。诸行者等，心源迷则沉浮生死；心源了则永离轮回。故《花严经》云："不能了自心，云何知正道？"了心即佛，本来无我，以此了则名曰解脱。

问曰："是心起于无始，生死之根，是障碍故。是心不证真如，云何谓此是佛？"为贼人子，窃财坏法。以愚者导，不拒深坑。

答曰："夫法身者，不生不灭，无来无往，非空非有，非有，难思难议。现今行者，见色闻声，皆汝识也，能见能闻。亦或有目，不曾见色；亦或有耳，不曾闻声。今见色闻声者，汝之识也，非根。譬如一人，住房舍内，外见山河，非户牖观，堵则不见，开则方见，非门能见。今者亦与彼一样，门亦当开，人不视则不能见门。目亦当开，识不观则如彼不见。只知有人，开目而眠，所见亦无，与彼一样。以此了则六根即门。

譬如房舍，识即是人，而身非人。行者尔时，观彼识形相如何？从头到脚，与空室同。内心识者，如何有青黄赤白？如何有长短方圆？女乎，男也？美丑何也？身内外间，所在何处？十方三世，所有几何？生死来去，是一霎也。空有常断，何时所有？一乎，异也？净乎，污也？可思议乎？不可思议？依此释本，以实观察，无有形相，从头到脚，惟如空室。彼中心识，亦不可得。好好细穷，彼诸色相，根境向处，不思议等，皆不可得。故《经》云：'过去心不可得，未来心不可得，现在心不可得。'又《心地观经》云：'善男子，善女人，如是心心之法，无内无外，亦无中间。于诸法中，求不可得。去来现在，亦不可得。超越三世，非有非无。'《起信》云：'心无形相，十方求之，终不可得。'既依经论自观察，推寻自心不可得，则以何为我？我既无则死生何人？死生何法？若如是则不生不灭，无往无来，非有非空，不一不异，净垢断常，是如何也？依此了即了自心。

大不思议。非法身故，如何是法？菩提无相，不得菩提。此自心亦不得无相。非菩提故，如何是法？又真如者，无生无灭，乃至无说无他念者，名曰真如。行者心不可说，念亦不可。非真如故，如何是法？行者心尚不可得，云何有'生灭思议'？云何无'冥冥杳杳，难说难思'？云何灭'昭昭灵灵，能闻能见'？云何生'三世常显'？云何有'十方无迹出声'？如不明来处，寻时无迹，亦不可往，能作种种。

不可思议。万种相现，不可捕获。病无源，了了常知，体性无生，现化寂静。以五目观，不可见色。以双耳听，不可闻声。四智光息，八声自默。故《心地观经》云：'唯将心法，为三界主。心法本无，不染尘秽。于三世法，谁说为心？过去心已灭，未来心未至，现在心不住。诸法之内，性不可得。诸法之外，相不可得。诸法中间，都不可得。心法本来，无有形相。心法本来，无有住处。一切如来尚不见心，何况余人得见心法？'

以此了则此心法即是真如，是菩提涅槃、第一义谛、萨婆若海、不二大乘、圆足性海等。迷则生死，了则涅槃；迷则无明，了则大觉；迷则为我，了则法身。故《经》云：'法身流转五道，名曰众生。'流转者，即是此心。此心以外，无流转者。是故此心即是法身。

又《涅槃经》云：'何为有心，后定当成佛？'因心是佛，故曰成佛。心非佛则何能是佛？譬磨砖瓦，不能成镜。故《花严经》云：

'若人欲了知，三世一切佛，应观法界性，一切唯心造。'一切心造故，心即是如来。此即心则法界是性。欲了诸佛，应了自心，自心了则自即诸佛。《花严经》云：'心造如来，心为诸佛。佛心不得，心佛不二。'以此了则心已证也。行者自心，诸佛众生，体性一也，不曾为二。故《花严经》云：'心佛及众生，是三无差别。'是又'即心是佛，必定当知。是心以外，佛不可得，佛者明觉'。是心以外，无觉照法。是觉照者，非佛何也？故《经》云'是三无差别'。了不达故，彼无差别，不能了知，口中亦云，心自澄清。

现今行者，欲深了则何者是佛？六根是佛乎？六境是佛？内外求彼根境者，自非觉照。故《花严经》云：'色身非是佛，音声亦复然。'又云：'如来非以相为体，但是无相寂灭法。'《金刚般若》云：'欲以色见我，以声求我，是人行邪道，不能见如来。'以此了则六根六境，非佛所昭。

真实佛者，自即觉照。何为推寻觉照？细观经实，惟如来心自能觉照。了佛者，即是心。何谓'已觉观众生有性'？以彼性识，能分别故，方谓有性。内外根境，非能分别。分别者，惟即自心。佛亦是心，性亦是心。是性非根境，则根境以外，观察此二，形相如何？

行者归心，观察此二，皆无形相。譬如虚空，仔细复观，亦非虚空。虚空可观，心不可观。是二体性心，不可思议，不可言说。一尚归无，云何分令其别异？故《经》云'是三无差别'。是经文者，见者异故，所说无异。行者观察，彼相无异，自不可得。不见异者，自即见异。无异见异，云何非二？二则成异，是异亦无，无处得见。执异断故，方说无异。性超妙义，了者能知。彼迷者心何能了？惟愿令智者心清明。执著去则彼可深了。

昔有开示，佛心众源，本来清净，无缚无解。此者无上真源，可思议也。以此了则上下自他、顺逆怨亲、爱憎趣背，有何取舍？云何能起一切诸见？云何有贪嗔痴等八万四千尘垢厄恼？八境风止，真爱湛然，三毒火灭，妙觉自静，所作所行，无不清净。见闻觉知，皆常真也。昭昭灵灵，冥冥杳杳。观像如海，亦随根现。即如虚空，万功根深，一通不取。四生惟性，三界惟心。见色如梦，闻声同响。无往无来，不生不灭。大如天地，明如日光。"

问曰："今见色者，即是实色，云何谓梦？人所出声，虽为耳闻，彼亦实也，云何谓响？色声是境，云何彼为心源？"

口答曰："彼色如梦谓是心者，现今眼前一切诸色，若实有则生时何出，灭时何退？仔细穷究，彼诸法中，内外推寻，不见隐处。若万法生色像中，则一法皆能育山河大地。若以一法围彼等，则围者法何所生？不可生故，即是常在。自不生故，岂可生他？他能生故，自何不生？自能生故，如何有法可生？以此释故，彼亦可生，不可见实。虽如此故，色生一切，指根无，灭处亦无。譬彼梦中，山河大地，见万相者，梦时何来？自虽不知，觉后何退？亦不知彼。以此了则梦中万法，无往无来。

现今行为，与彼一样。来去可得，有一霎也。是以此等皆以心现，云何不知？梦中法者，梦时即有，觉时即无。觉时法者，梦时即无，觉时即有。觉时可观梦中境，分明不离，不可为无。觉时境者，梦中可计，观亦分明，又何曾灭？观此二双，何者是梦？何者是觉？实不可知。梦则俱梦，觉则俱觉，一通心随性变化。此梦中觉彼，云何分令其别异？观自心则非梦非觉，能梦能觉。以此了则一切万法，心有则有，心无则无。是故万法之体，惟即是心。然后《起信》云：'一切分别，分别自心。一切众生，无始已来。迷心妄持，一切诸法，谓身后有。执此幻身为内，我为体。'凡此三界六趣，皆即心是。譬如镜现像，像皆是镜，自不知。故《起信》云：'一切诸法，如镜中像，无体可得。心生则种种法生，心灭则种种法灭。'以此了则何生差别？"

问曰："诸如前说，皆自心见，他心不见。现今万法俱见，何能证得此二差别？"

答曰："譬梦中境，他人不见。梦中现时，一切诸人，同见万法。谓他心者，彼亦梦中，自心计校，他不曾见，谓他不觉，自转换实。觉后复想，皆随自心，幻化方觉。汝所问亦与彼一样。彼见者，惟即心是，此谓同见。不见者亦惟即心是，谓他不见。譬如梦中，见同见异，谓他是。一切彼等，皆即心是，凡不知也。故《经》云：'未得真觉，恒处梦中。'以此想故，一切皆梦。于彼何疑？是又故'一切皆即是心'。色如是故，声香味触法，与彼一样。惟是心者，声之为性，皆随行处，所闻不同。忧喜苦乐，怨亲顺逆，无尽声音，悉皆心是。心无尽则声有何尽？心即是声。水即如泡，泡即无性。现今大声，即闻性是。无声响闻响无声。譬如风水钟磬，闻性无则声亦无。"

问曰："山野大海，闻虽然无，而今世间，洪水离谷，天昔暴雷，河海波涛，汹涌大声。何谓听者无则无声？今云何闻性无则无声？"

答曰："彼大声者，知有者闻。闻者无故，闻彼声消；闻者有故，方谓闻声。前彼声音，离闻性故，虽见外道，小乘宗是。故《起信》曰：'不知转识现故，见从外来，取色分齐。'《花严经》曰：'言诸佛法不有，经法何有？依随人心，如是说法。'譬彼梦中，闻所说法，尔时彼声，何造而来？声虽可来，凡不可得。睡眠之后，不闻彼声，声有何退？是以此声，闻时无来，觉后无往。谓已去则何作所退？往昔不明。实已去故，睡眠之后，心上平静。声者觉者，俱二如前，昭昭灵灵，声云何往？"

问曰："梦中声者，心中有想，于是如有，非有彼声，谓是心故，寤后声者，从外而来，即实有也。汝云何令梦声寝声俱如心是？"

答曰："前所引'未得真觉，恒梦中不转。'先前觉时形，云何非梦？"

问曰："彼等是梦，声亦是心。非外来故，云何现今心无想？时天雷闪电，人虽惊畏，然非外来。即心是故，云何惊畏？若惊恐则即是外来，汝云何令彼声是心？"

答曰："一切众生，生于无始。六大即心，自不知故，则生惊畏，始非外来。了是心故，一切声音，本无往来，尚皆无响，云何以声令人惊畏？准此了则谤赞凌辱，未来世尽，彼心不动。自心即赞，何盛之有？自心即谤，何衰之有？如是迷惑，不执他言，谓从外来。是又见顺逆爱憎、取舍苦乐、忧喜盛衰等。自心了故，一切是一。八风不能令动，即是一心。是一心者，同他一心，令互为障碍，互为损恼，互为利益，互为解脱。彼者无恼，何以令动？何是所动？准此了则万法梦源，无缚无解，通心显明，性海澄清。声如是故，香味触法，与彼一样。

一切如梦，皆是一心。心不可得，色不可得，声不可得，香味触法，与彼一样。六根八识，皆不可得。起初八万四千尘劳、三界六道，世及出世，皆不可得。若如是则何为解脱？生死轮回，何有来去？前言'皆不可得'。前以□令银无尽。如彼断见，虽非空持，万相显现，皆能察思。犹如梦中，凡不可得。前一切诸法，前世及出世，皆是梦心。一心变化，亦即分明，实不可得，不可取舍。如镜中像，不捉金银不获金，一切影像，皆即是镜。

一切万法，惟即心是。亦即分明，实不可得。色即心故，自聚于色。聚于色故，心无障碍。心无碍故，色即无碍。此相变换，相互变换。海水摄毛端，须弥纳芥子。融此六相，换作十身，具十妙门，彼等现前，皆是因此。贤君入内，眼前能见。无尽妙门，神通妙德，不思议功也。时一一圆明，随法无尽，具德如海，辩亦不能宣说。故《经》颂曰：'妙湛总持不动尊，首楞严王世希有，消我亿劫颠倒想，不历僧祇获法身。'《花严经》曰：'于诸法中，不生二解，一切佛法，疾得现前。初发心时，即得阿耨多罗三藐三菩提。知一切法即心自性，成就慧身，不由他悟。'"

通理大师《性海圆明镜知足》竟。

三　汉夏词汇对照索引

　　本索引收录西夏文《性海圆明镜知足》中的汉文—西夏文对译词语。词语翻译不强求与词典意义一致，而是取决于夏汉对勘以及上下文。词语按汉语拼音音序排列，后面列出西夏原词和在本书中的出处，格式为"页码.行次"，与每句句首标注一致。若同一词语多次出现，则最多列出 5 个出处，并以"／"号分割。

	汉文	西夏文	出处
A	阿难	𗁡𗾈	9A.03
	阿耨多罗三藐三菩提	𗰜𗟻𗄊𗸰𘃎𗊁𘃎𗬩𗿵	26B.05
	爱憎	𗂧𗆷	8B.07/10A.05/10A.06/13A.02－03/20B.02
	爱著	𗂧𗵐	9B.07
	安定	𗼃𗆀	6B.04
B	八法	𘍙𗼘	11B.08/12A.02/12A.05/12A.06/12A.07
	八方	𘍙𗊡	6B.08
	八境	𘍙𗟲	8B.07/11B.01/20B.04
	八识	𘍙𘙰	11B.04/25B.04
	八万四千尘劳	𘍙𗡪𘇂𗤁𘃼𗰣	8A.06/25B.04
	百年	𗝵𗉚	4B.04－05
	本性	𗤒𗀔	1A.06
	悲喜	𗭊𗡮	1B.05/1B.06
	波涛	𗿒𗼽	23B.07－08
	布褐	𗖎𗤒	2A.03/4A.05/4A.08
	怖畏	𗗊𗟻	10A.01/14A.05
	不思议	𗗋𗣼𗖸	16A.03/16B.05
	不足	𘝵𗵟	1B.07/2A.01/3A.07/3A.08/3B.01
C	慈悲	𗗙𗭊	11A.04
	慈孝	𗗙𗍁	6A.02

续表

	汉文	西夏文	出处
	差别	𗱴𗲩	18B. 06/19A. 01/20A. 02/. 22B. 07/. 22B. 08
	诏谀	𗗙𗡅	3B. 04
	阐提	𗤁𗗙 (tśhja¹ thji¹)	8B. 01
	超越	𗡁𗴝	16A. 07
	陈侯	𗹙𗳸 (tśhjĩ¹ xew¹)	4B. 07
	尘劳	𗣫𗶷	8B. 06
	沉浮	𗣷𗭽	13B. 08/14B. 04
	沉轮	𗣷𗵹	1B. 07/3B. 06/8A. 07/9A. 06
	次解	𗩭𗧩	1A. 06
D	大乘	𗙏𗏾	17B. 07-08
	大地	𗙏𗗂	21A. 07/21B. 05
	大海	𗙏𗢳	23B. 06
	大解脱	𗙏𗧩𗭪	9A. 08
	大菩提	𗙏𗗙𗥃	7B. 04
	盗贼	𗲍𗤛	6B. 02
	得道	𗉘𗊬	4B. 05/5A. 03
	得失	𗊬𗤆	1B. 04
	东晋	𗃛𗍫	5A. 01
E	尔时	𗏆𗧿	13B. 01/15B. 03
	尔时	𗏆𗪙	24A. 06
F	法界	𗹙𗴩	1A. 02/18A. 07/18B. 01
	法身	𗹙𗗟	15A. 01/16B. 05/18A. 01/18A. 02/ 18A. 03
	范蠡	𗗙𗢮 (xiwā¹ lji²)	3A. 01
	方便	𗏇𗤛	5B. 03/13B. 04
	分别	𗵒𗲩	10B. 06/19B. 03/19B. 04/22B. 01
	佛法	𗼨𗹙	24A. 04/26B. 04
	佛陀	𗍳𗣼	14A. 03
	富贵	𗍳𗱲	4B. 02
	苻坚	𗣺𗢮 (xu¹ kjij¹)	4B. 08-5A. 01
G	高山	𗁘𗾔	2B. 02
	根本	𗤋𗥃	10B. 08/13A. 07/13A. 08/14B. 01

续表

	汉文	西夏文	出处
H	根境	𗧘𗗂	13A. 07/13B. 02/16A. 03/19A. 04/19B. 04
	功德	𗸐𗴂	1A. 02
	芘舍	𗴍𗴤	2A. 04
	过去	𗢳𗆈	16A. 03/17B. 02
	户牖	𗢳𗊄	15A. 06
	毁家灭祖	𗴟𗰜𗀟𗀤	3B. 05
J	见性	𗾟𗟲	1A. 05
	殷纣	𗡞𗟲(·jĩ¹ tśhjiw²)	4B. 07
	芥子	𗒉𗵐	26A. 05
	解脱	𗸐𗤻	1B. 02/11B. 02/12B. 08/13A. 04/13A. 05
	金银	𗵒𗵉	26A. 02
	金玉	𗵒𗈧	2A. 06-07
	金刚	𗵒𗲠	19A. 06
	筋骨	𗷛𗀷	10B. 03
	锦绣	𗦳𗵾	9B. 06/10A. 07
	经	𗦳	14A. 05
	经	𗦳𗆧	9A. 03/14A. 07/14B. 02/14B. 05/16A. 03
	惊畏	𗉆𗧯	9B. 06/24B. 07/25A. 01/25A. 02
	境界	𗗂𗼮	13A. 04
	镜像	𗈆𗭼	22B. 04
	九有	𗖰𗭽	13B. 06/14A. 03
	具足	𗦇𗵾	11B. 02/11B. 04
	绢丝	𗦳𗷟	2A. 03/4A. 05
	君臣	𗴟𗾞	5B. 08/6A. 04/6B. 01
	君子	𗴟𗵐	3B. 03
K	开始	𗉼𗴆	7B. 03
	苦海	𗀓𗌭	3B. 06/7B. 05/13B. 08
	苦乐	𗀓𗵾	23B. 03/25A. 05
	苦恼	𗀓𗟲	4B. 04/7B. 06/8B. 05/8B. 08
L	来去	𗤂𗆈	2A. 05/14A. 01/15B. 07/21B. 07
	牢狱	𗀗𗢯	6B. 06

	汉文	西夏文	出处
	李斯	羹糸 (lji² sə¹)	5A. 02
	立即	殊肌	26B. 04
	绫罗	龠龠	2A. 03/4B. 01
	六尘	竻婑	7B. 05/9B. 01/10A. 06/11B. 01/12B. 08
	六道	竻蔽	7B. 06/13B. 07/25B. 04
	六根	竻瓻	7B. 05/8B. 05/9A. 01/9A. 02/9A. 05
	六境	竻訛	11B. 05/11B. 07/13A. 05/19A. 03/19A. 08
	六识	竻牒	8B. 06/8B. 08
	六通	竻縫	11B. 02
	六贼	竻甑	13A. 08
	轮回	牥虢	7B. 06/8B. 05/8B. 08/9A. 06/13B. 07
M	美丑	烾娖	15B. 05
	迷执	黻鞯	11A. 03-04
	妙有	緅荒	13B. 03
	妙宗	緅藏	7A. 08
	名利	翊戬	7A. 02
	冥冥杳杳	譅譅縦縦	17A. 02/20B. 06
N	男女	羸孩	6A. 01
	内心	帰絳	15B. 04
	内外	帰搬	12B. 01/15B. 06/19A. 03/19B. 04/21A. 06
	涅槃	爹緂	7B. 08/17B. 07/17B. 08/18A. 04
P	叛乱	祾崴	6B. 05
	譬如	絎桄	4A. 04-05/9B. 03/11B. 08/15A. 05
	菩提	獭烾	7B. 04/16B. 05/16B. 06/17B. 07
Q	七净	黉蒻	2B. 08
	七趣	黉鞲	11B. 04
	器具	瓿瓿	2A. 06
	清净	骸蒻	1A. 01/1A. 08/1B. 03/4B. 05/6B. 07

续表

	汉文	西夏文	出处
	倾家败国	𗼾𗢛𗴿𗩳	1B.06-07
	屈原	𗣼𘄕（khjwɨ¹ ɣjwã¹）	2B.06
	取舍	𗧻𗤱	1B.04/13A.03/20B.02/25A.05/26A.01
	群众	𗄼𗤱	2A.08
R	燃烧	𗫸𘑨	10A.08
	人面兽心	𗤻𗤱𗠱𘊞	3B.04-05
	仁德	𗾇𗤱	6B.04
	仁义	𗾇𗣼	6A.01
	如来	𘜶𗧁	8B.02/14A.06/14A.07/17B.05/18A.08
	辱族危身	𘗐𗫴𘜶𗬜	1B.06
S	三毒	𘕕𘛢	8A.06/20B.04
	三恶道	𘕕𗆧𗀼	8A.07
	三界	𘕕𗃽	8B.08/9A.02/13A.07/14B.01/14B.02
	三年	𘕕𘃡	5A.06
	三十六	𘕕𘐊𘊒	10B.03-04
	三世	𘕕𘑭	15B.06/16A.07/17A.03/17B.02
	山河	𗰖𘂬	15A.06/21A.07/21B.05
	闪电	𘙯𗾥	24B.07
	神圣	𘄒𘟣	1A.01/8B.01
	神通	𘄒𗁟	26A.07
	思议	𘐀𗣼	15B.08/17A.01/17A.05/20A.01/20B.01
	生死	𗉚𗣼	7B.08/8A.01/9A.04/9A.06/11A.03
	声音	𗏁𘈈	23B.03
	盛衰	𘟣𘞮	25A.05
	胜义	𘃨𗣼	1B.01/7B.02
	守护	𗫴𘃨	4B.02
	十恶业	𘐊𗆧𘐀	8A.06
	十方	𘐊𗏹	14B.02-03/15B.06/16A.08/17A.04

续表

	汉文	西夏文	出处
	识幻	𗙴𗙴	9B. 07
	世间	𗙴𗙴	2B. 03/7A. 03/10B. 05/11B. 08
	世事	𗙴𗙴	3A. 06/7A. 04/7A. 05/7A. 07
	世俗	𗙴𗙴	1A. 08/1B. 03
	实有	𗙴𗙴	10A. 06−07/11B. 05/13A. 01/21A. 05
	庶民	𗙴𗙴	5B. 07/. 5B. 08/6B. 02
	睡眠	𗙴𗙴	13B. 06
	睡眠	𗙴𗙴	24A. 07/24B. 01
	顺逆	𗙴𗙴	8B. 07/11A. 07/13A. 03/20B. 02/23B. 03
	四大	𗙴𗙴	10A. 06/11B. 07/12A. 02
	四尘	𗙴𗙴	11B. 07/12A. 02/12A. 03/12A. 04
	四生	𗙴𗙴	8B. 08/13B. 06/
	体性	𗙴𗙴	9B. 01/10A. 03/10A. 07/12A. 03/17A. 06
T	贪吝	𗙴𗙴	1B. 04
	贪心	𗙴𗙴	2A. 05/2A. 06/6A. 08/
	推寻	𗙴𗙴	16B. 01/21A. 06
W	万法	𗙴𗙴	21A. 07/21B. 06/22A. 07/22A. 08/22B. 08
	往来	𗙴𗙴	25A. 02
	未来	𗙴𗙴	16A. 04/17B. 02/25A. 03
	无尽	𗙴𗙴	23B. 03/23B. 04/26A. 07
	无量	𗙴𗙴	8B. 01/8B. 03/8B. 04
	无明	𗙴𗙴	9A. 04/13B. 07/17B. 08−18A. 01
	无始	𗙴𗙴	14B. 07/22B. 02/25A. 01
	武安	𗙴𗙴（·u². ã¹）	5A. 01
	五道	𗙴𗙴	18A. 02
	五脏	𗙴𗙴	10B. 03
	伍员	𗙴𗙴（gu̱² xjwã¹）	2B. 07
X	现今	𗙴𗙴	2A. 01/10A. 07/11B. 04/21A. 04/21B. 07
	现在	𗙴𗙴	16A. 04/

	汉文	西夏文	出处
	悉皆	𗼆𗼆	1B.07/23B.04
	细穷	𗱫𗱫	16A.02/21A.06
	现前	𗼟𗢾	26A.06/26B.04
	项籍	𗢾𗧘（xiow² tshji¹）	4B.08
	小人	𗒹𗷻	3B.03
	形相	𗘅𗢻	15B.03/16A.01/16A.08/17B.05/19B.06
	行者	𗰜𗣆	13B.05/14B.03/15A.03/15B.03/16B.08
	性海	𗤋𗛽	13A.06/17B.08/25B.01/26B.07
	虚空	𗟪𗤺	1A.02/11B.01/19B.07/19B.08/20B.07
	须弥	𗏹𗏵（sju² mji¹）	2541.26A.05
	玄宗	𗟨𗣀	7B.03
Y	演若	𗣆𗤺（·ja² rja²）	14A.05
	一个	𗢳𗥑	5A.04
	一国	𗢳𗴺	5A.07/5A.08
	一门	𗢳𗦴	5A.07
	一年	𗢳𗤻	5A.05/5A.07
	一世	𗢳𗣼	4B.05
	一样	𗢳𗖵	8B.03/10A.06/12B.08/15A.07/15B.01
	一月	𗢳𗼑	5A.04
	一切	𘋠𘋠	17B.05/18A.07/18A.08/20B.03/21A.05
	因缘	𗯨𗯨	14A.07
	饮食	𗰯𗤒	2A.02/4A.05/6A.06
	影像	𗣣𗤺	11A.05/11A.07/26A.02
	庸人	𗾫𗷻	2A.08/6A.05/6A.06/6A.07
	忧喜	𘄽𗋽	23B.03/25A.05
	有性	𗤋𗤋	1A.01/7B.05/19B.04/19B.04
	愚痴	𗧾𗦻	9B.04/9B.08/11A.04

	汉文	西夏文	出处
Z	圆明	𗟲𗢳	1A.02/1B.02/13A.06/26A.08/26B.07
	贼心	𗤙𘄒	5B.01/5B.02/8A.05/
	张良	𘄄𗼗（tśjow¹ ljow²）	3A.01
	障碍	𘊝𗒹	14B.07/26A.04
	昭昭灵灵	𗒹𗒹𗤶𗤶	17A.02-03/20B.06/24B.01-02
	真空	𗵐𘜔	13B.03
	真如	𗷅𗵐	14B.07/16B.07/16B.08/17B.07
	真实	𗵐𗵐	9B.03/13B.04/13B.05/19A.08
	知见	𗆜𗟳	14A.08
	知足	𗋐𗆜	1A.04/1A.08/1B.01/1B.03/1B.04
	智慧	𗤼𗾔	9B.04/10A.01
	忠孝	𘋥𗩴	3B.04
	众生	𗢳𗰽	11B.03/14A.08/18A.02/18B.04/18B.05
	珠宝	𗢳𘃽	9B.06
	子孙	𗩴𘝰	6A.02
	自心	𗣼𘄒	4B.01/13A.02/14B.05/16B.01/16B.04

四　инв. № 2541 原始文献图版

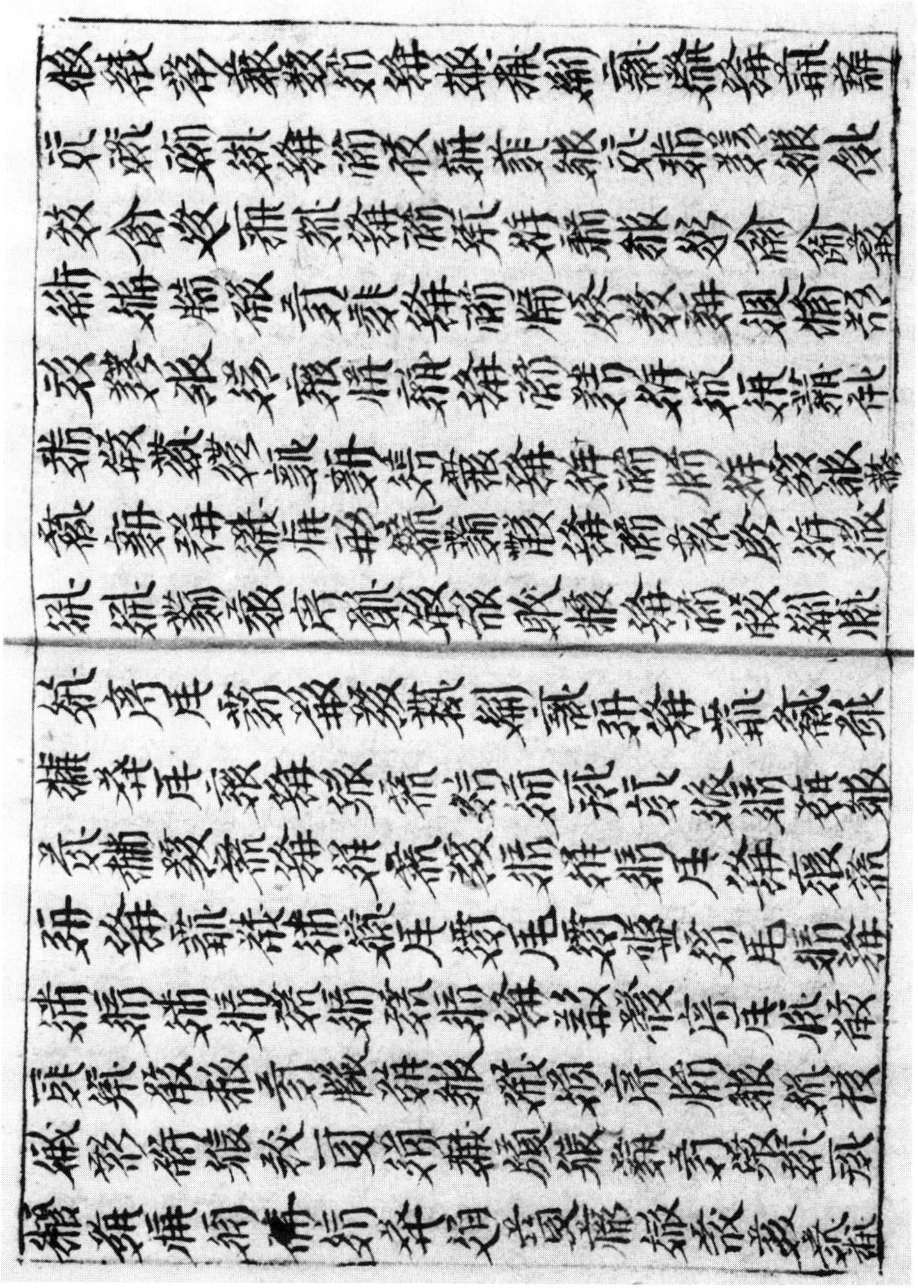

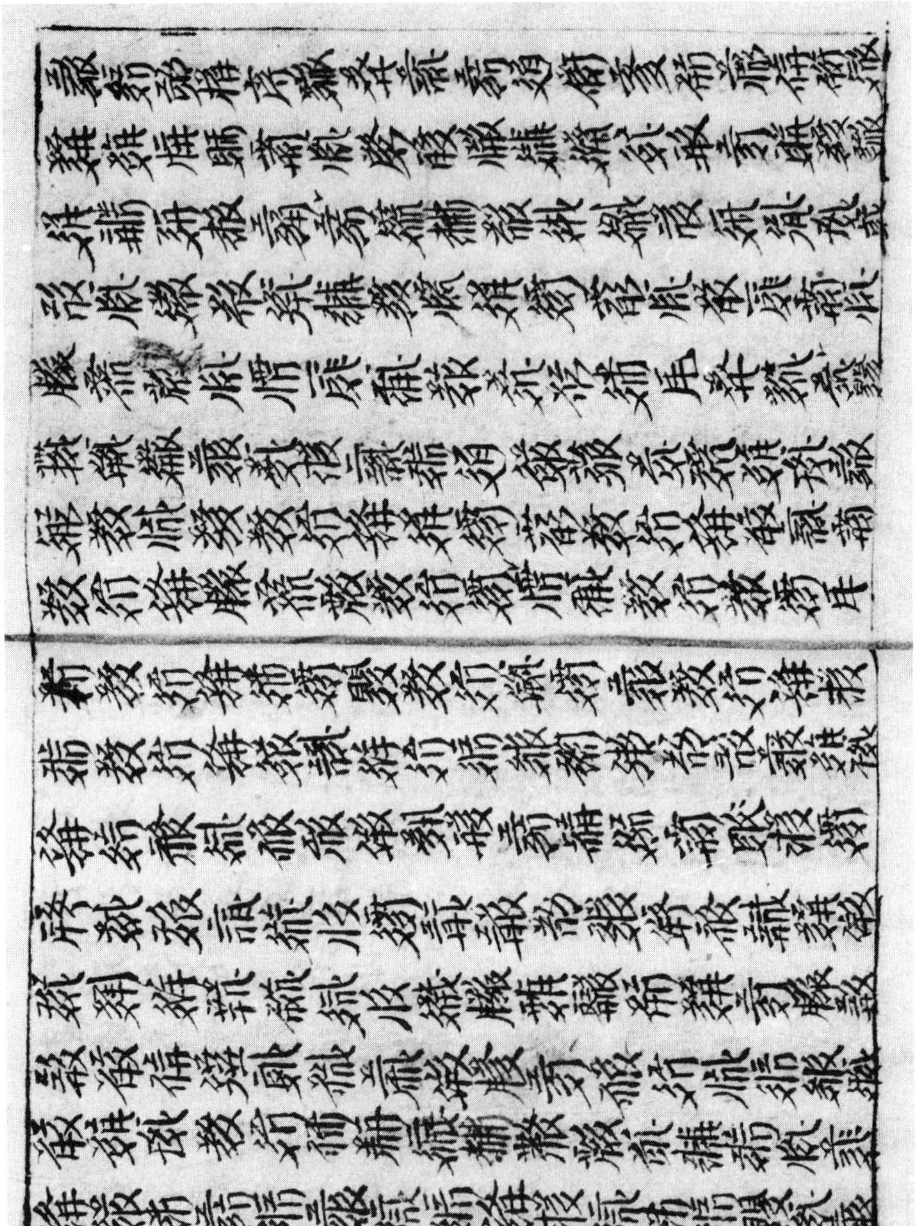

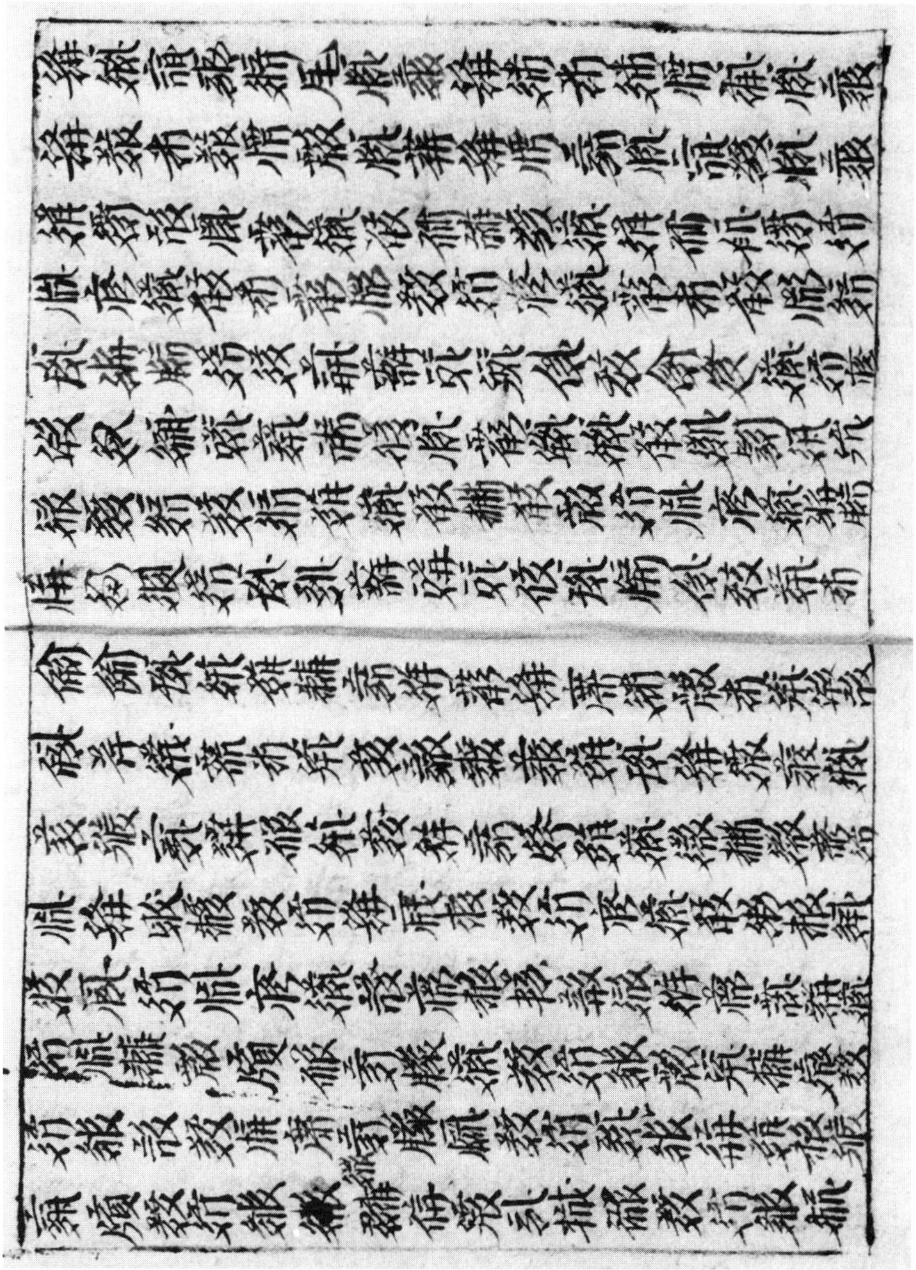

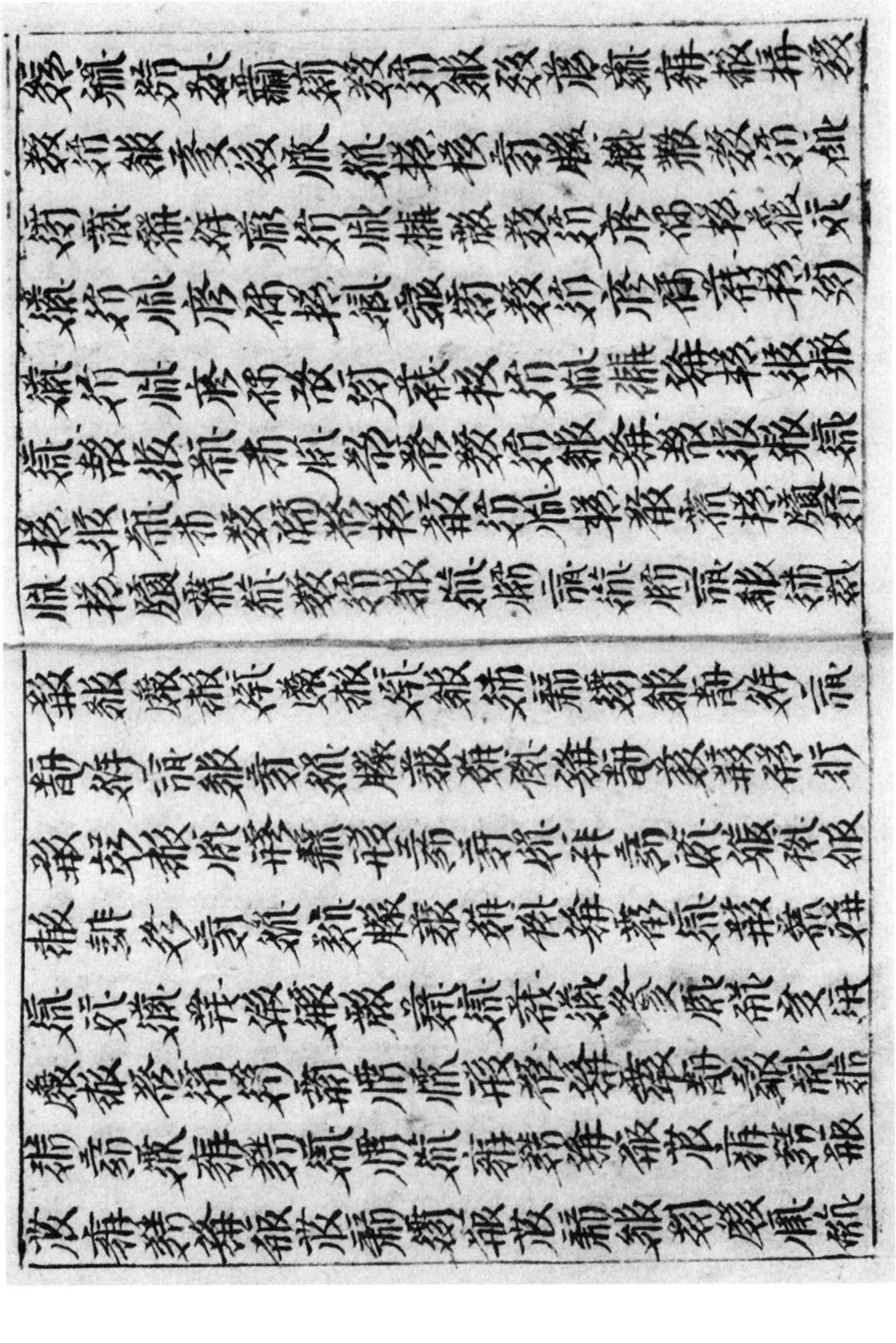

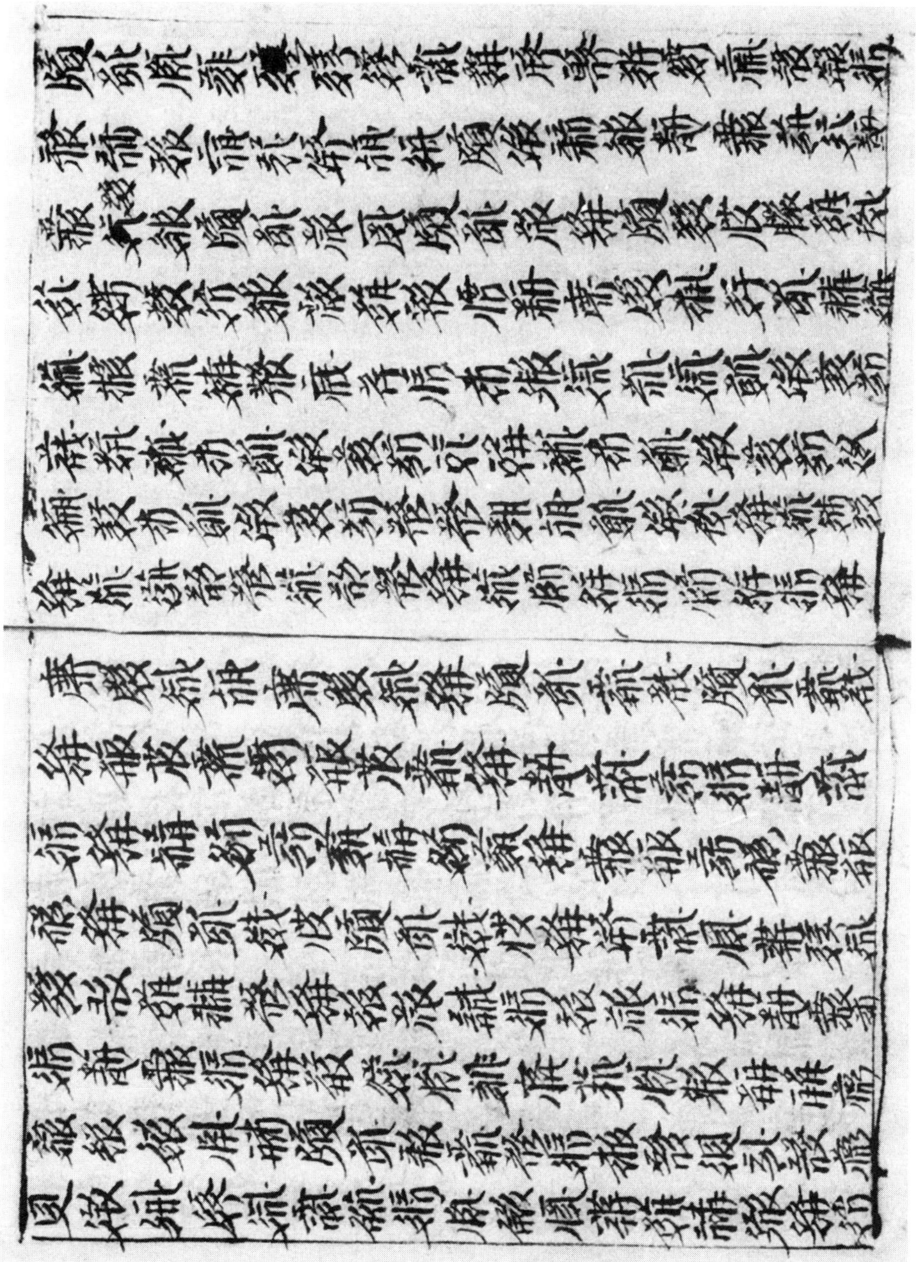

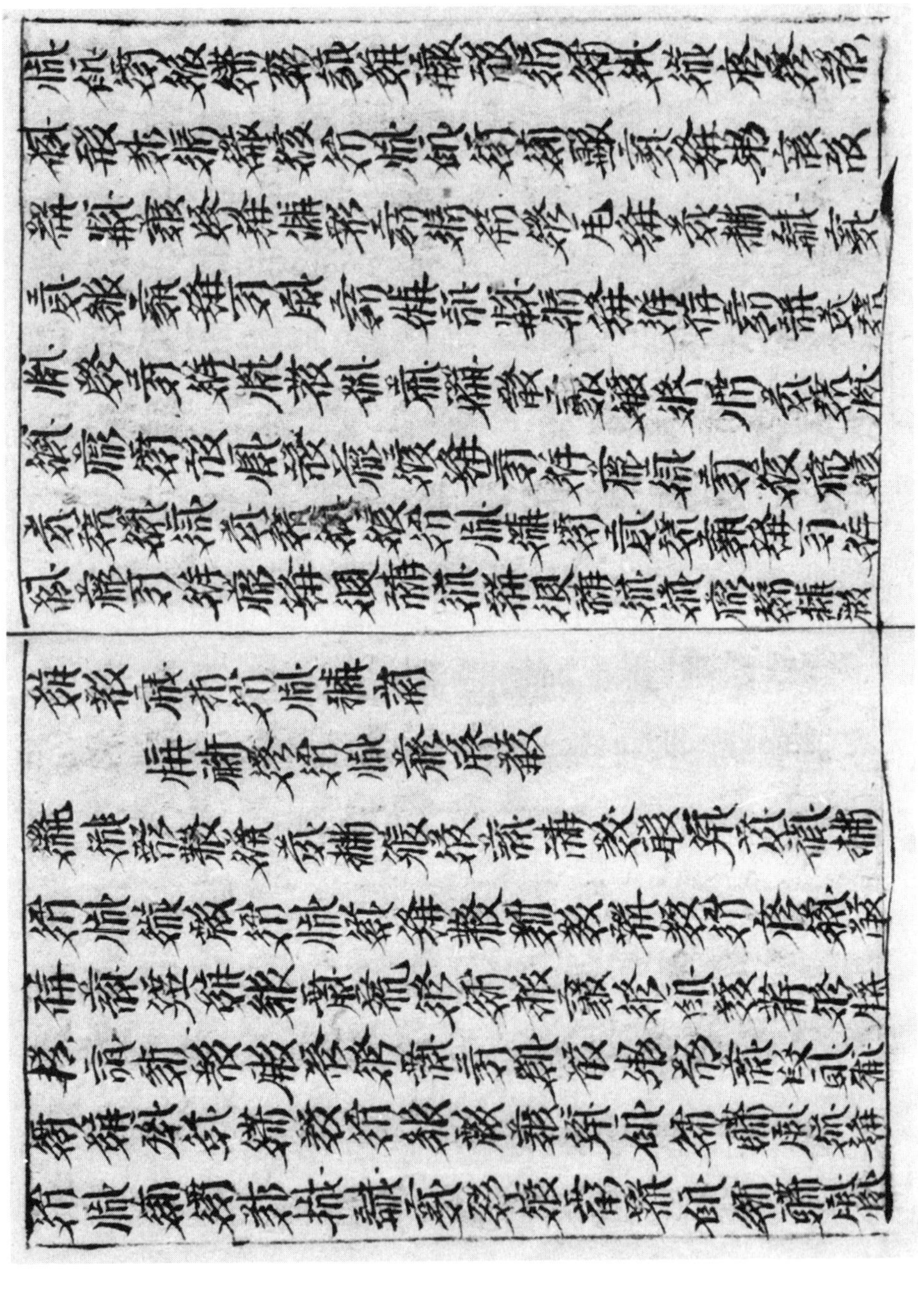

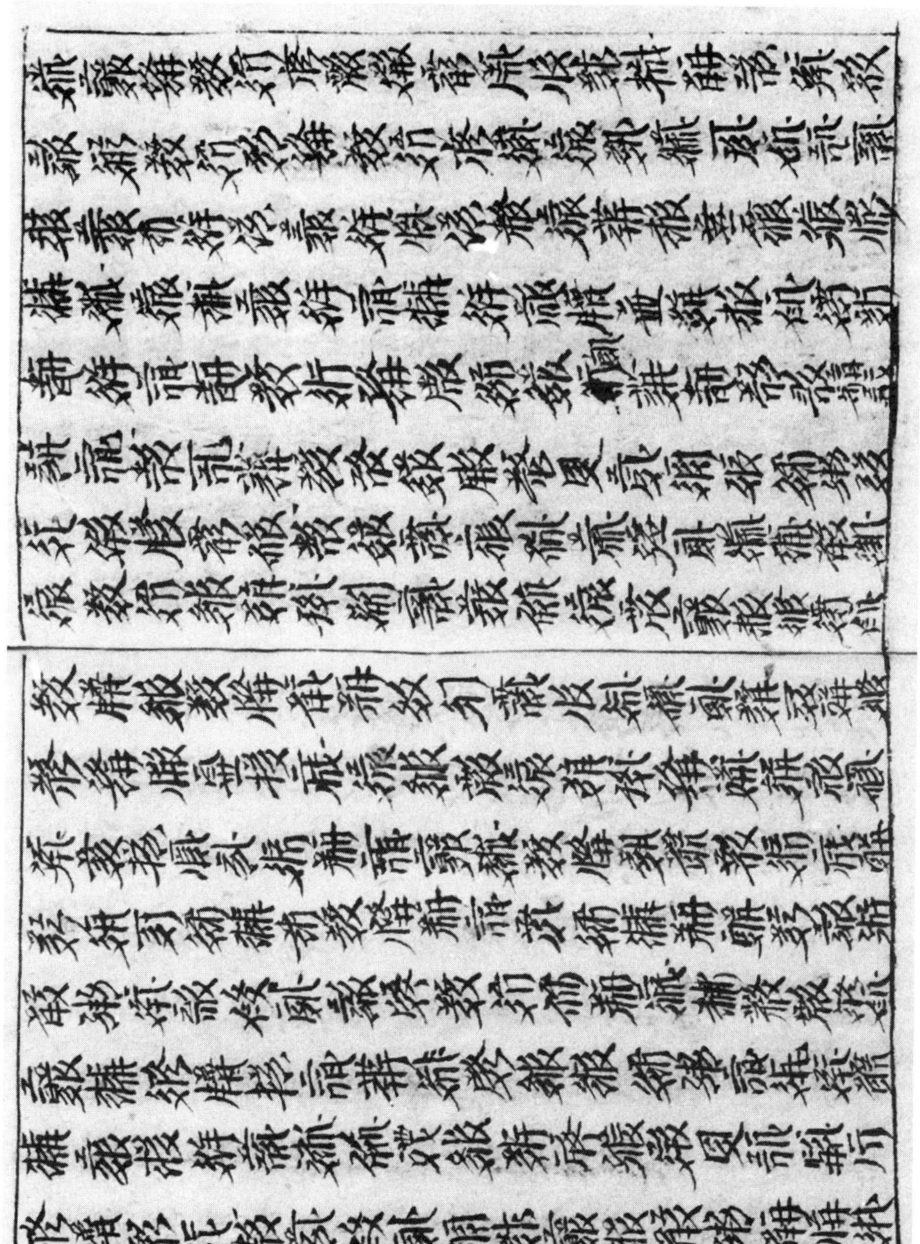

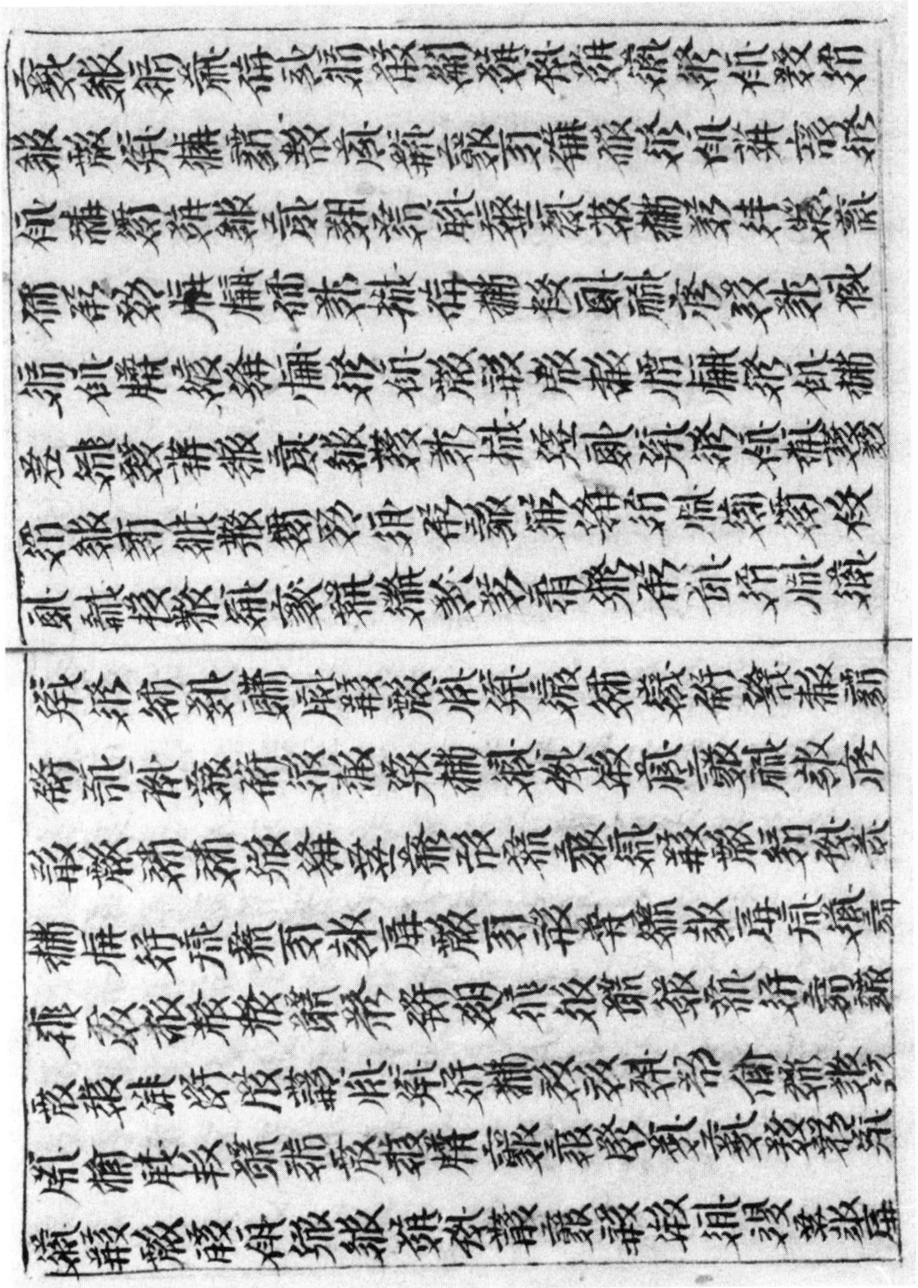

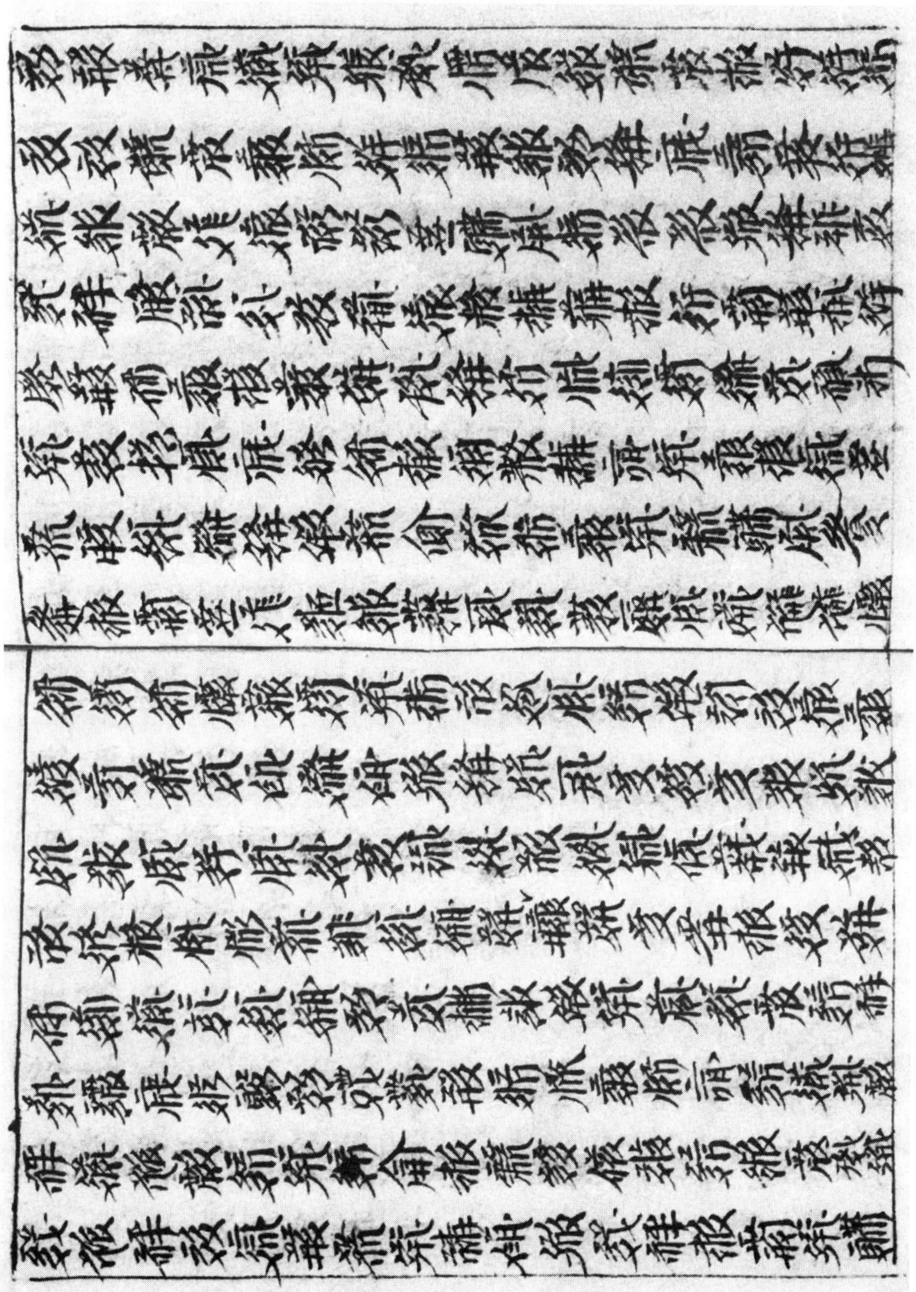

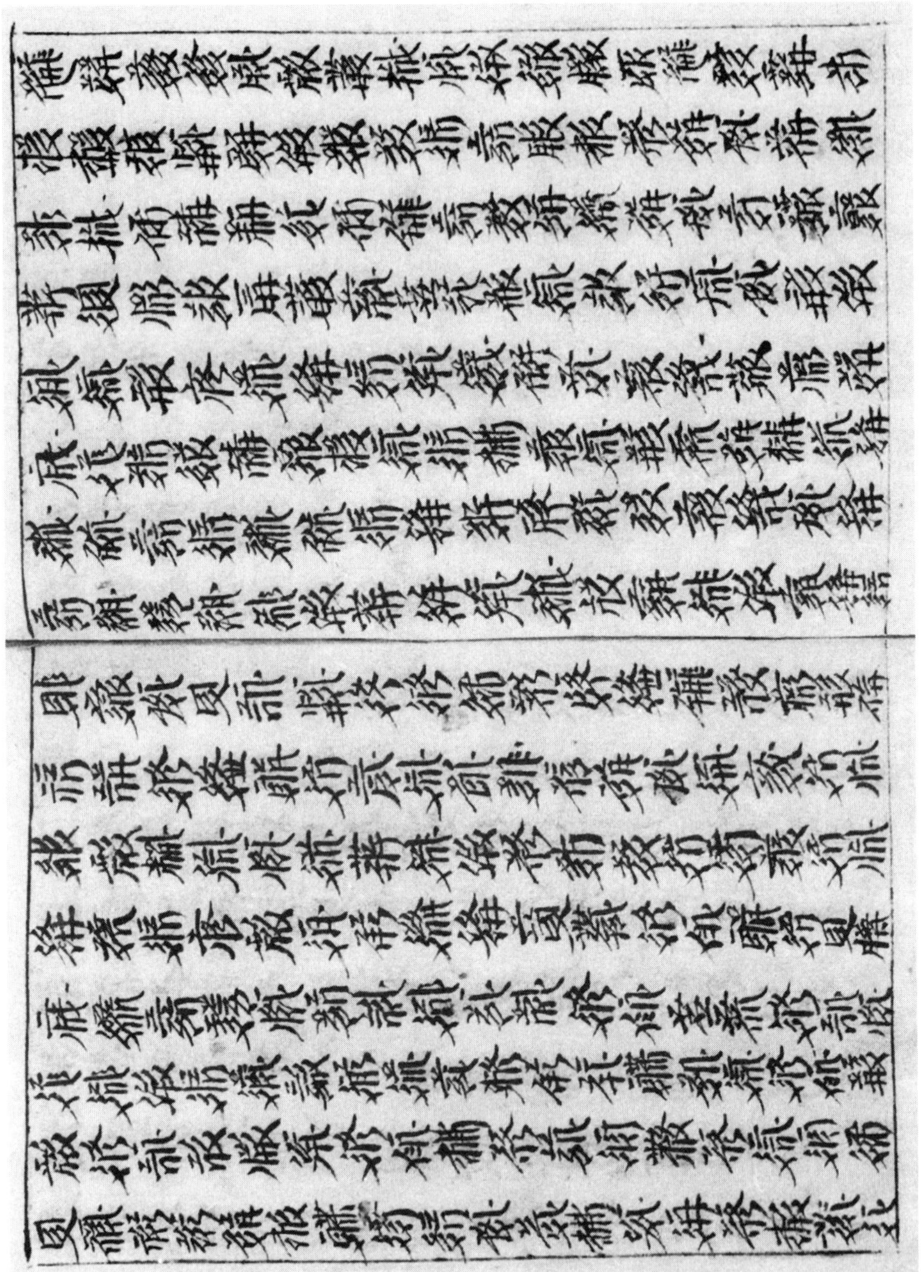

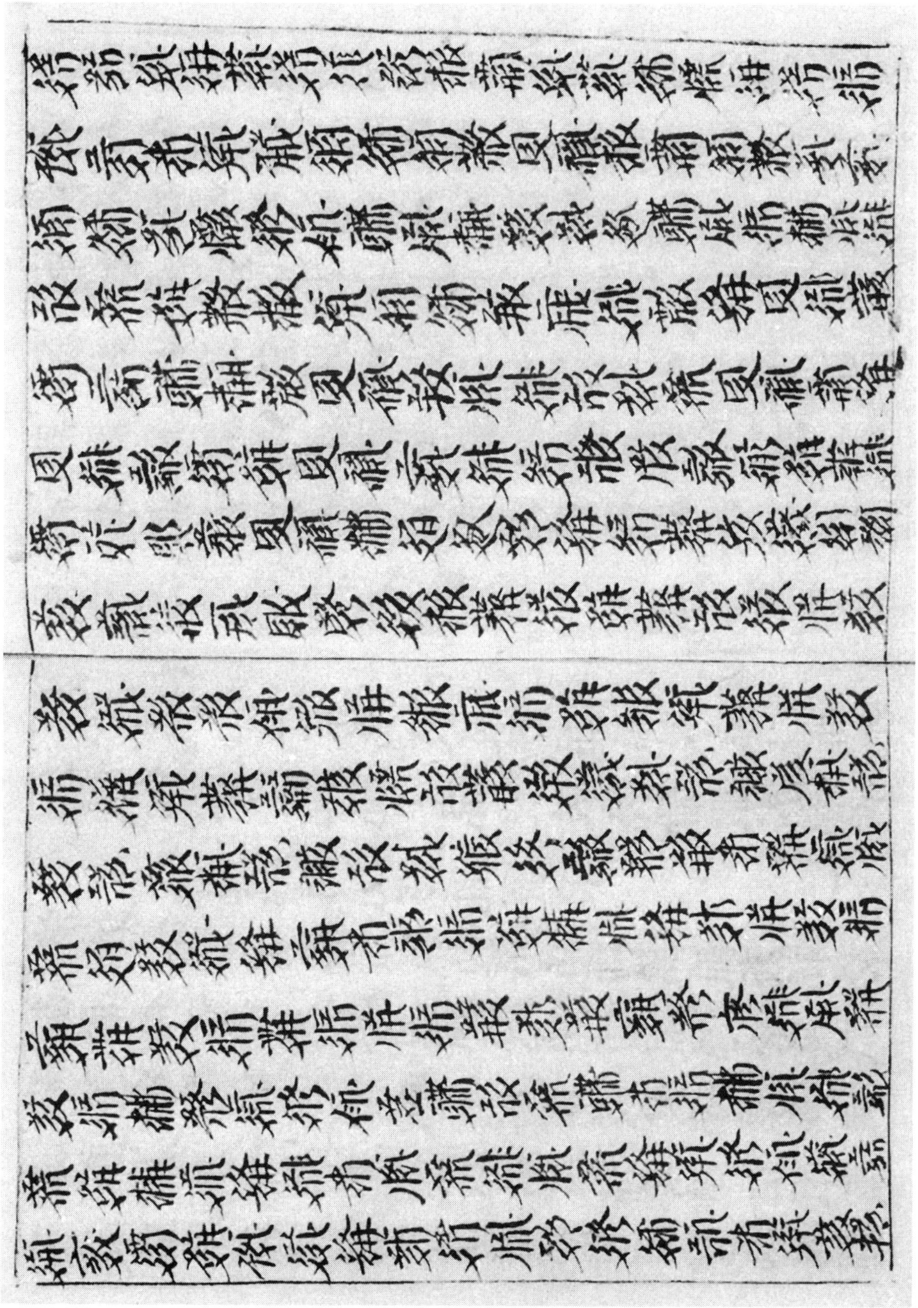

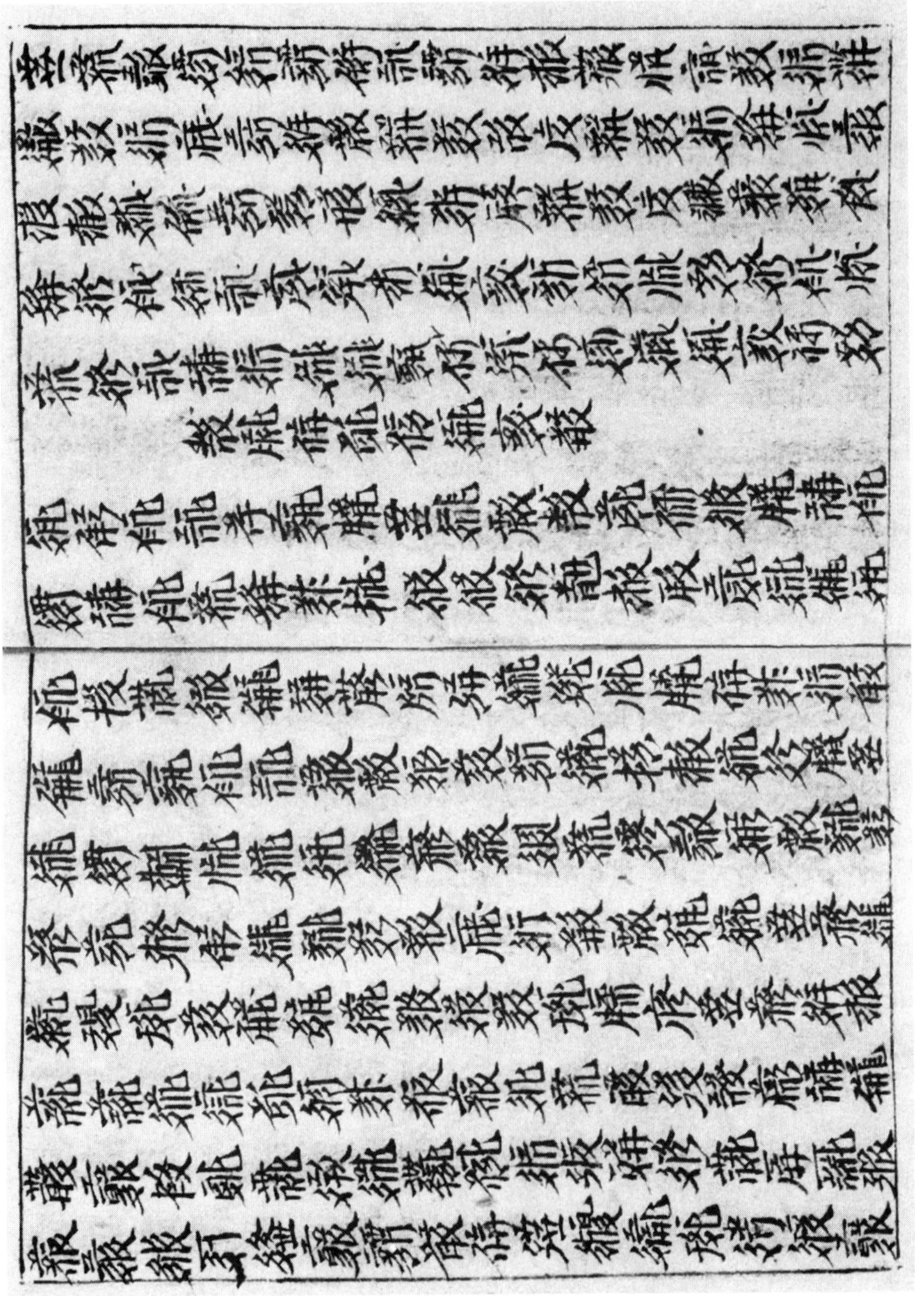

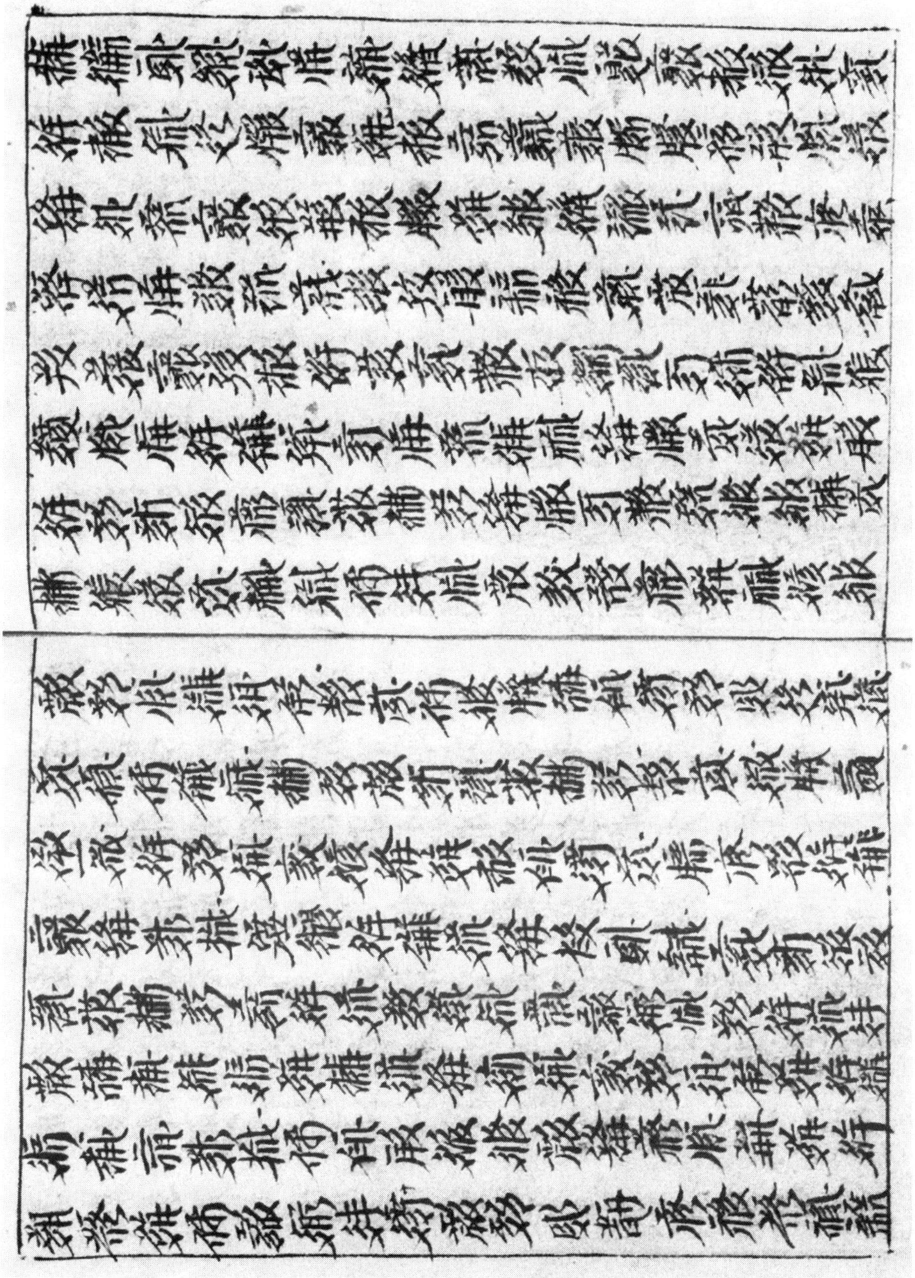

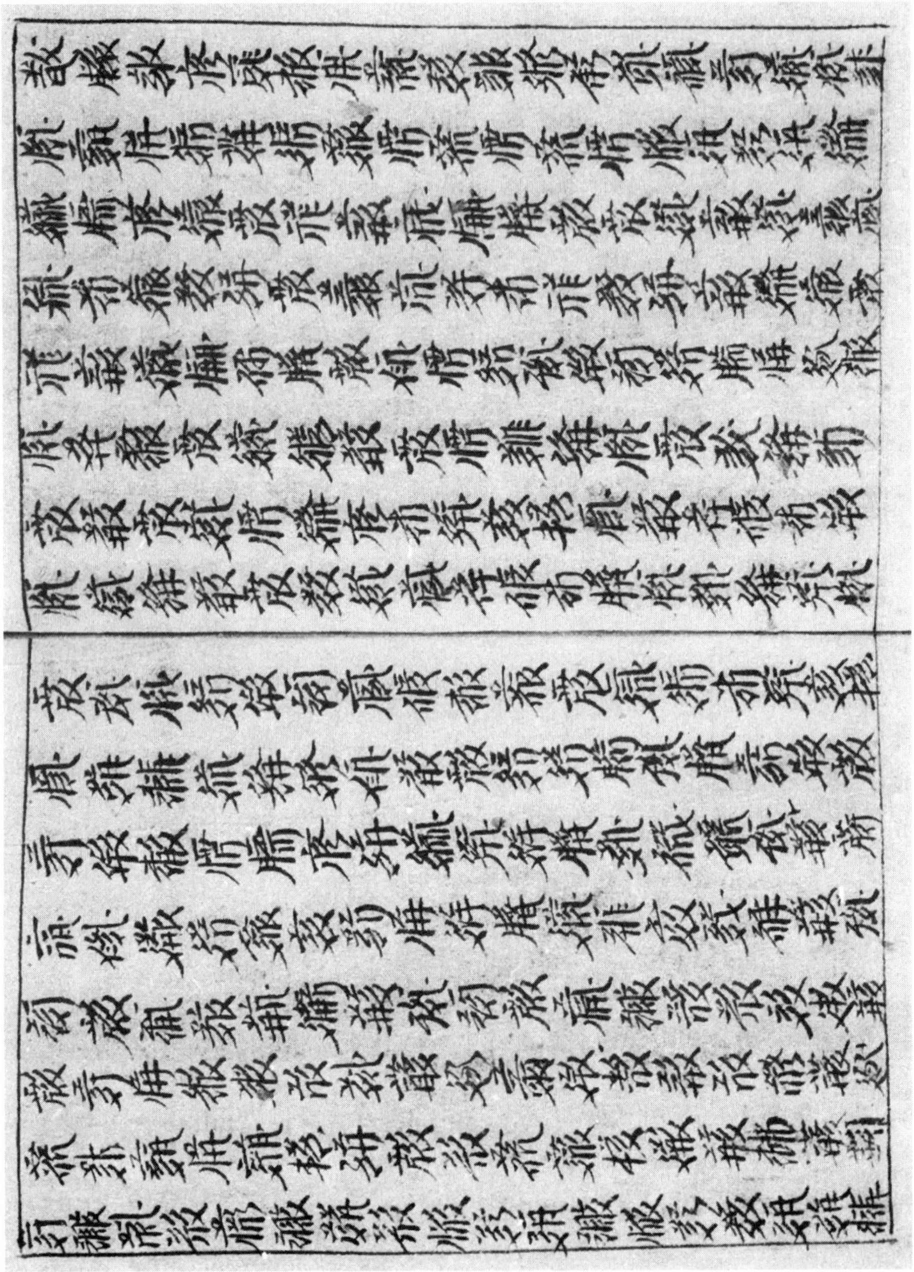

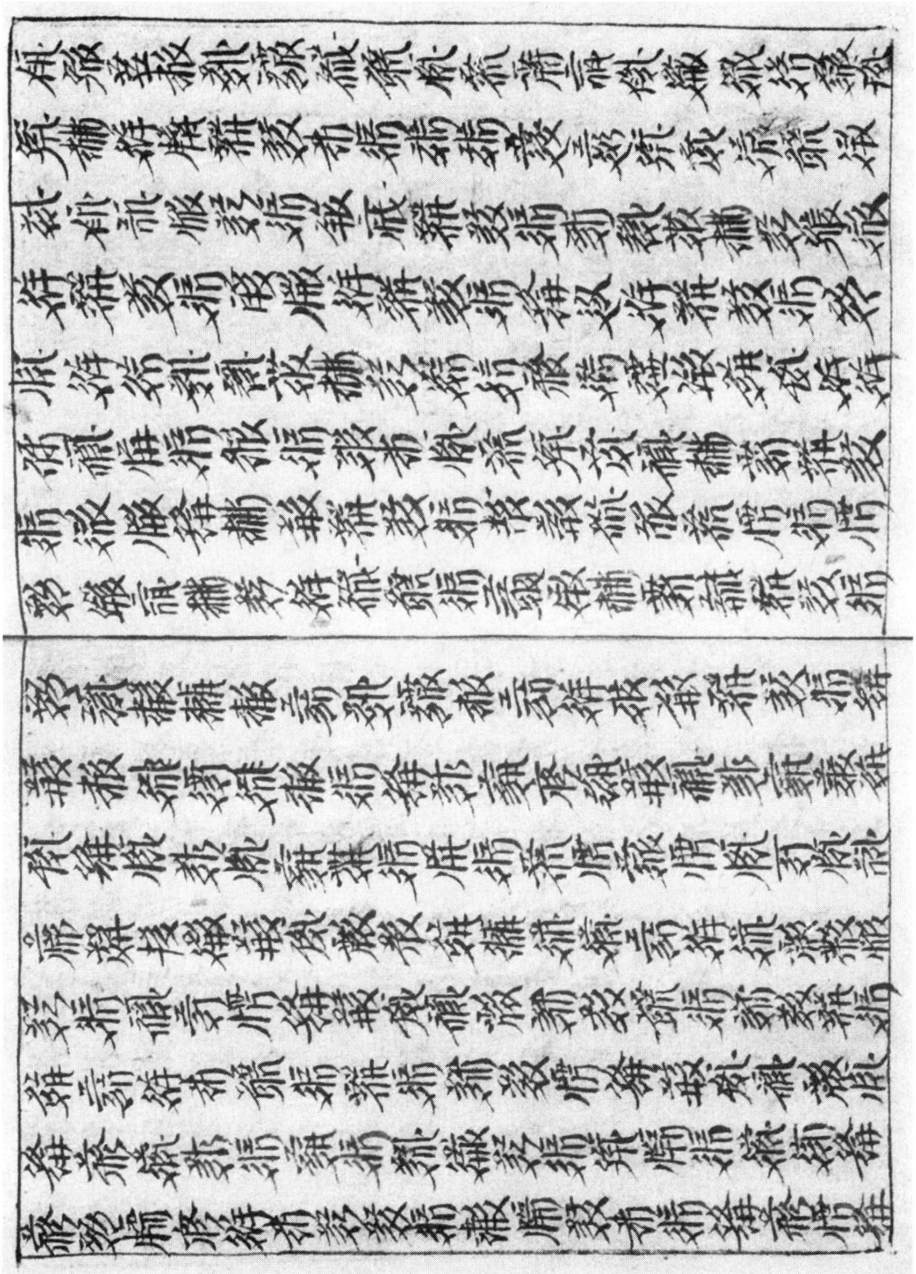

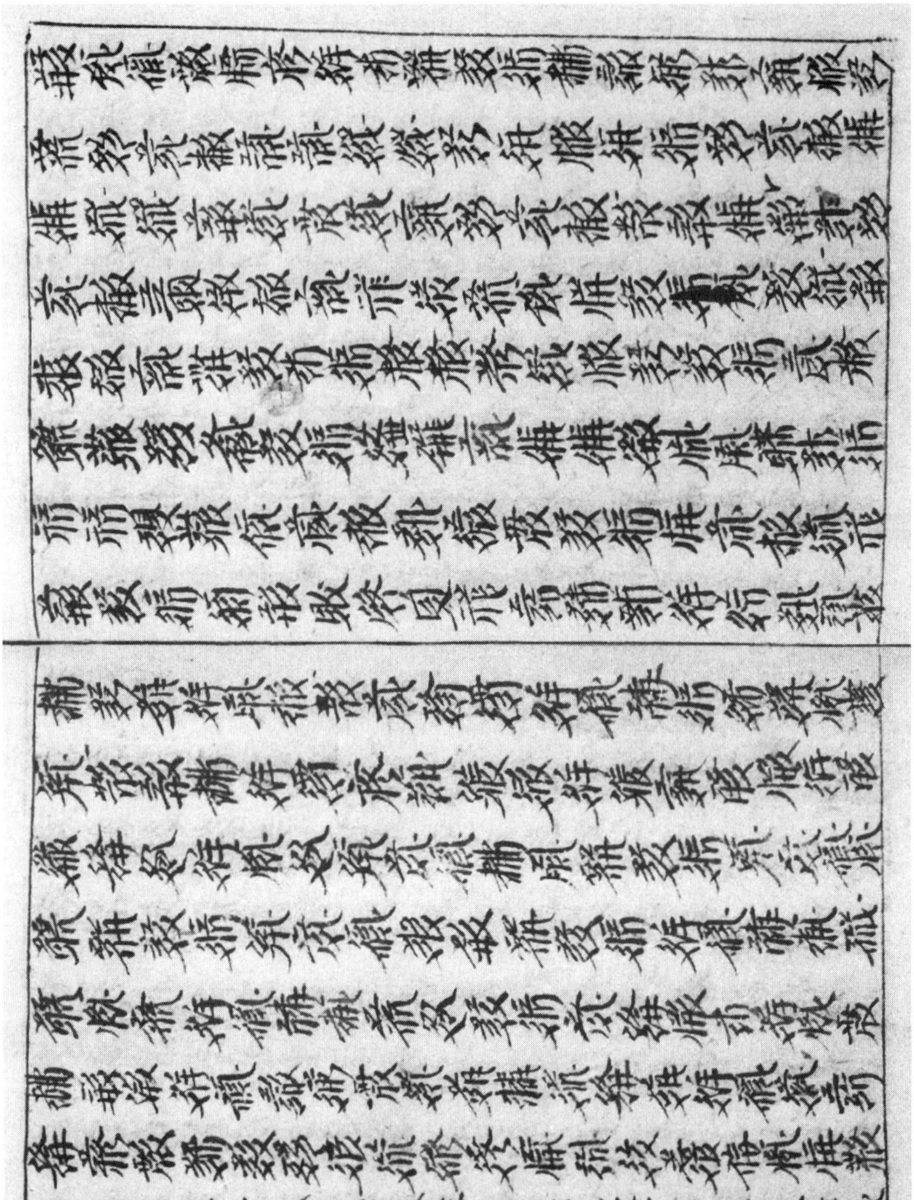

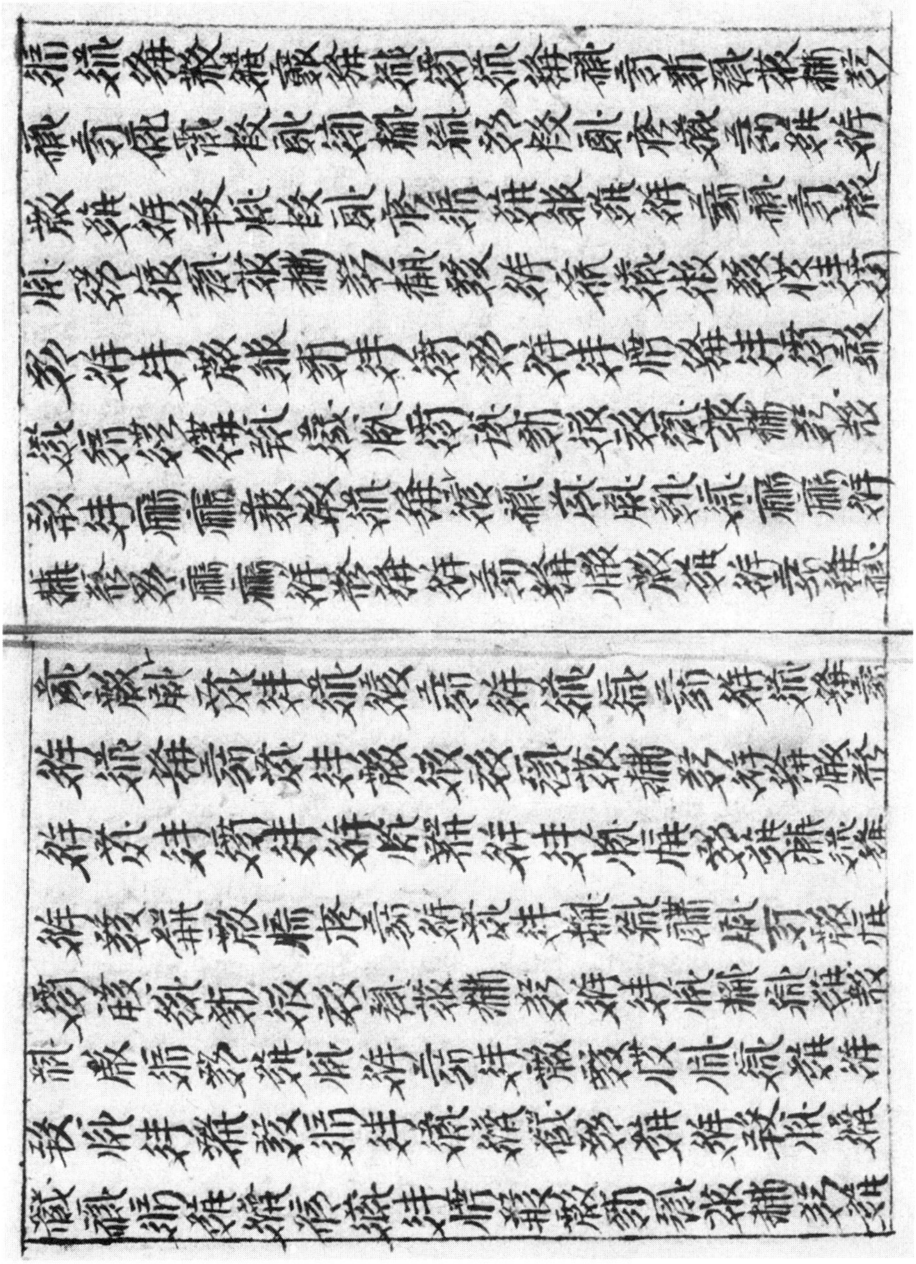

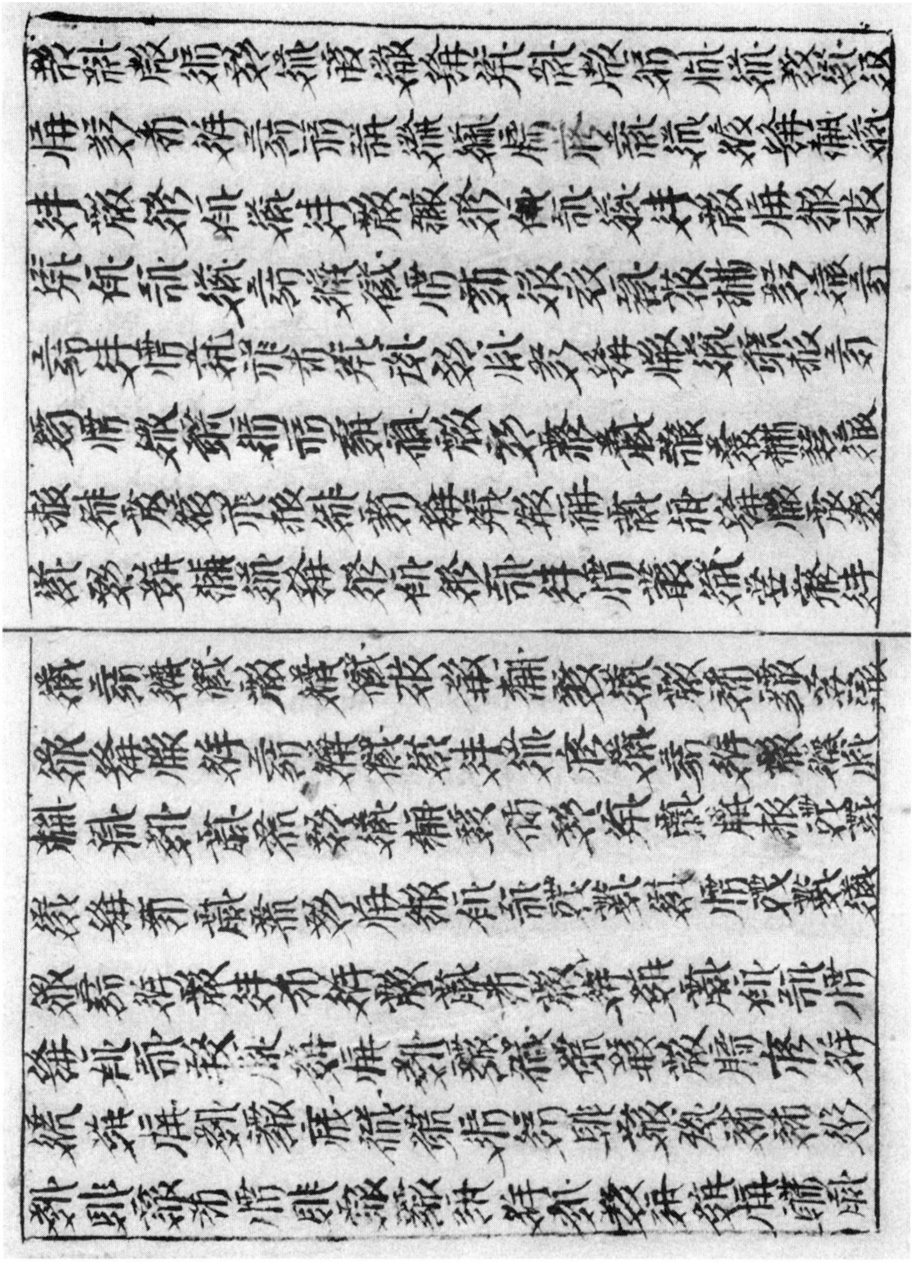

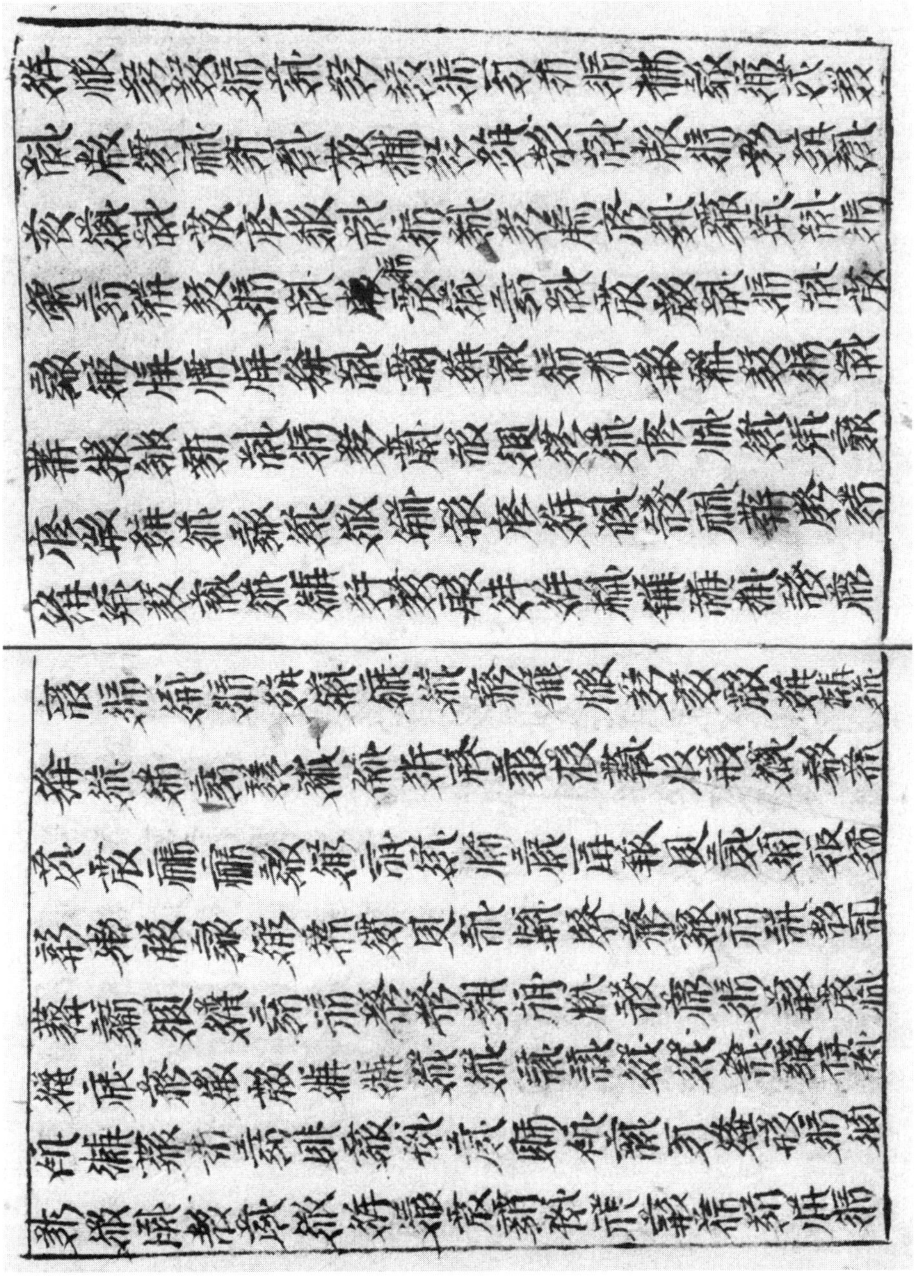

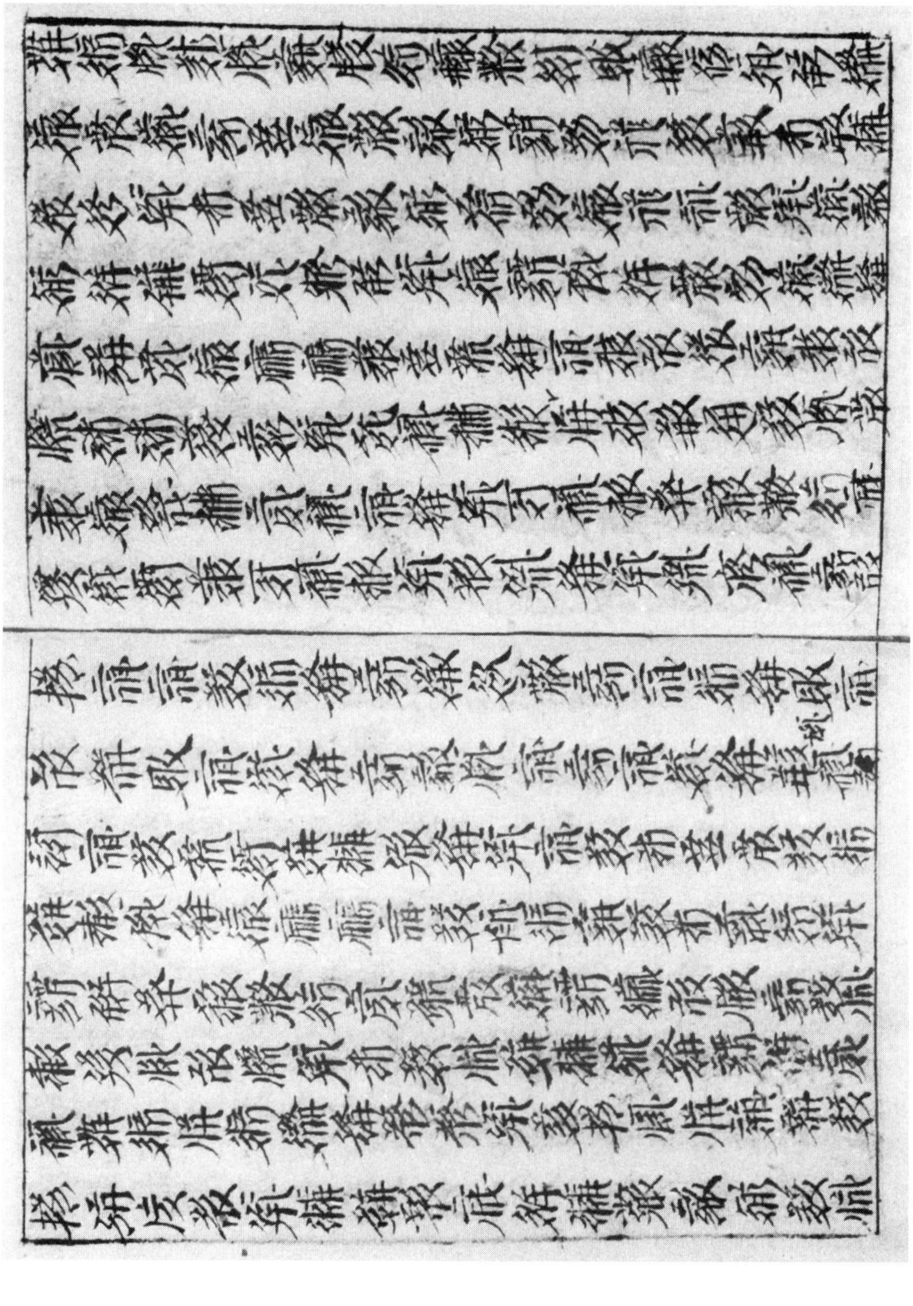

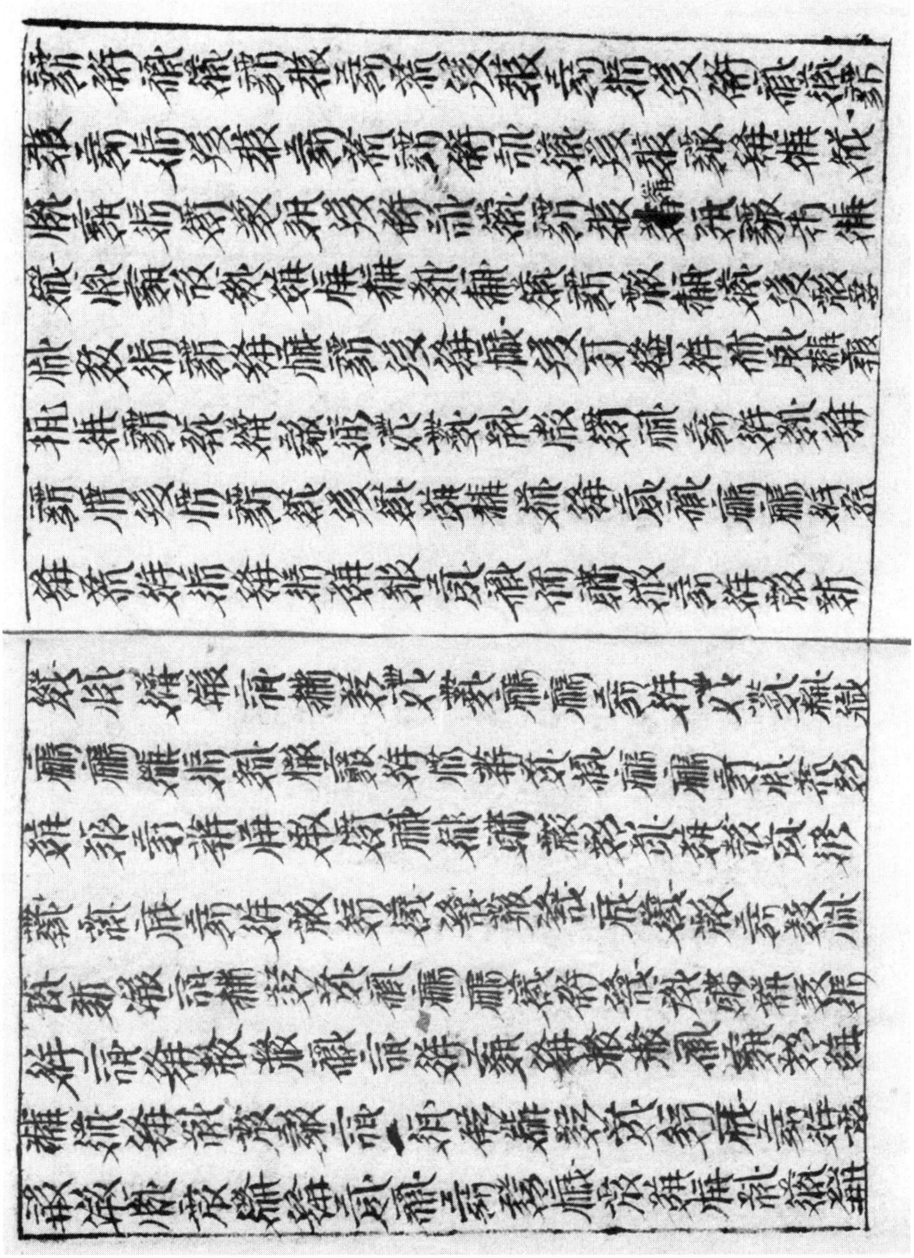

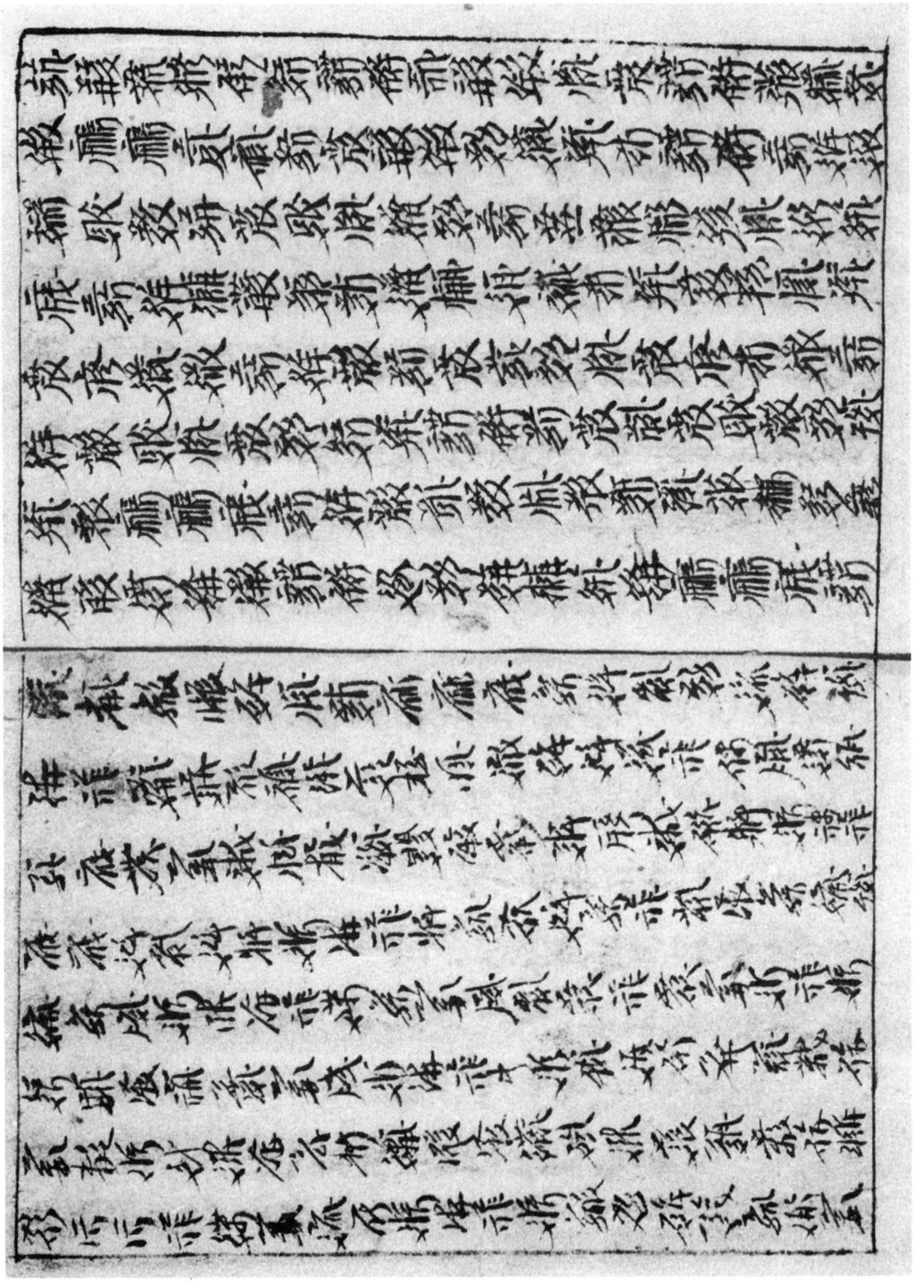

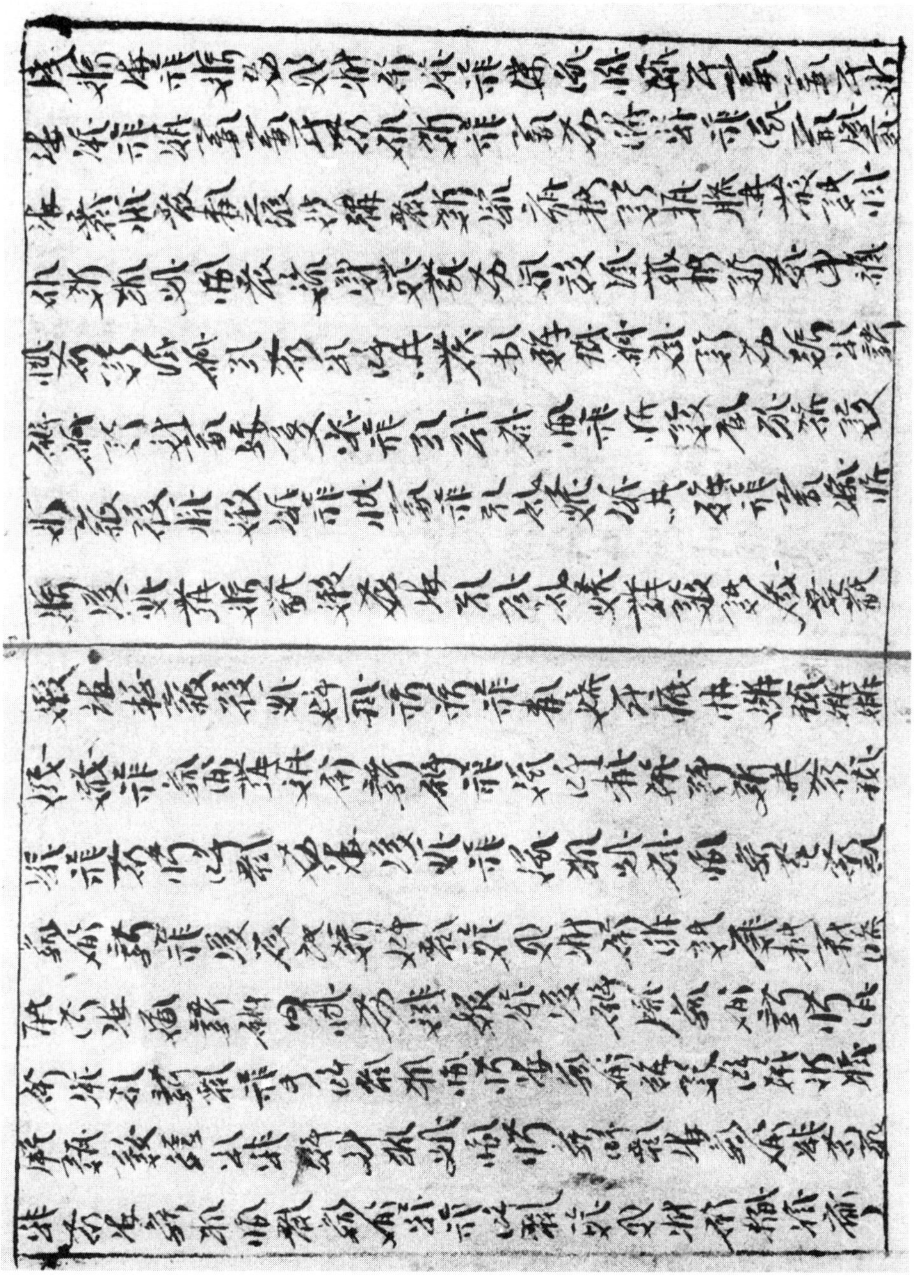

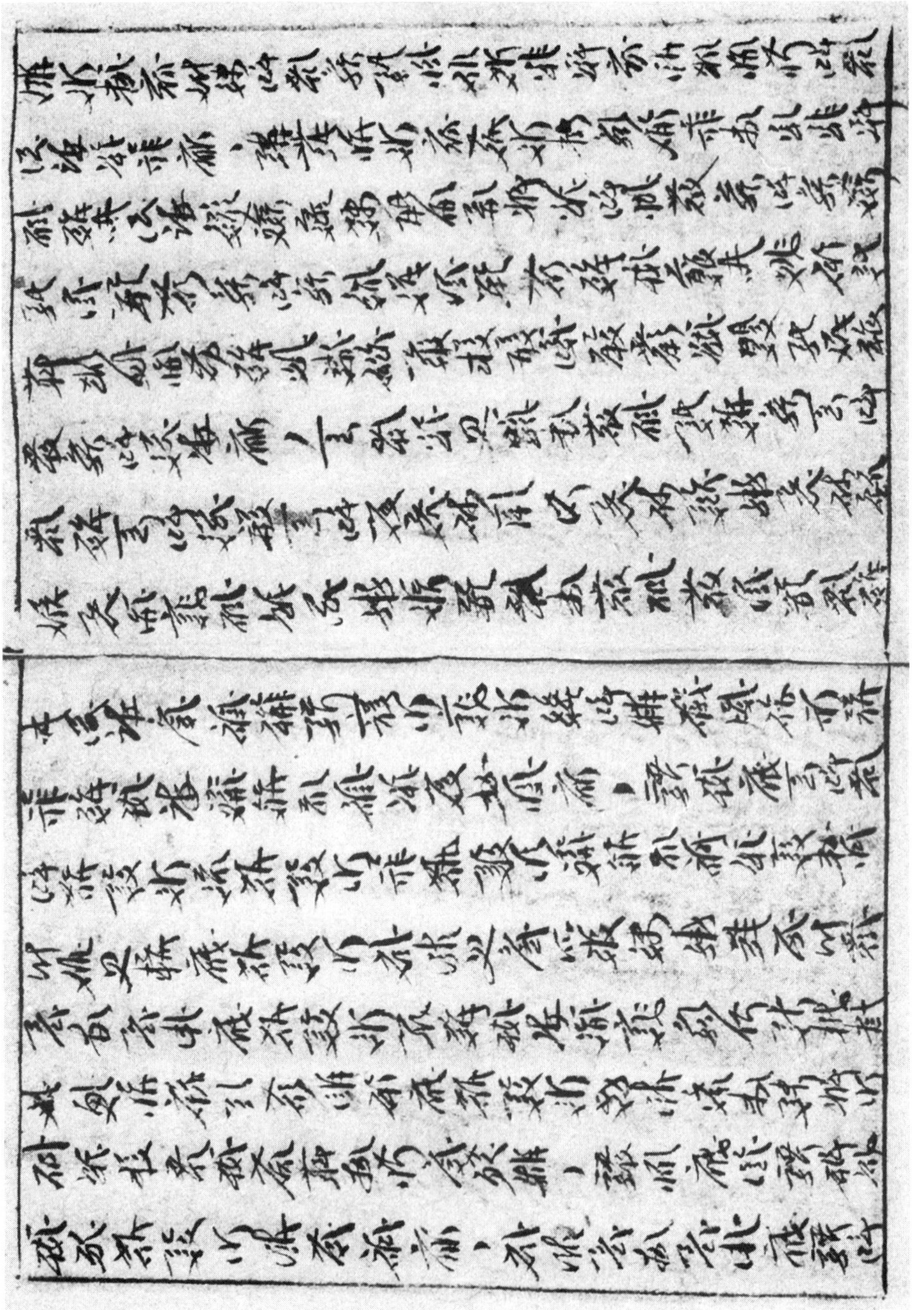

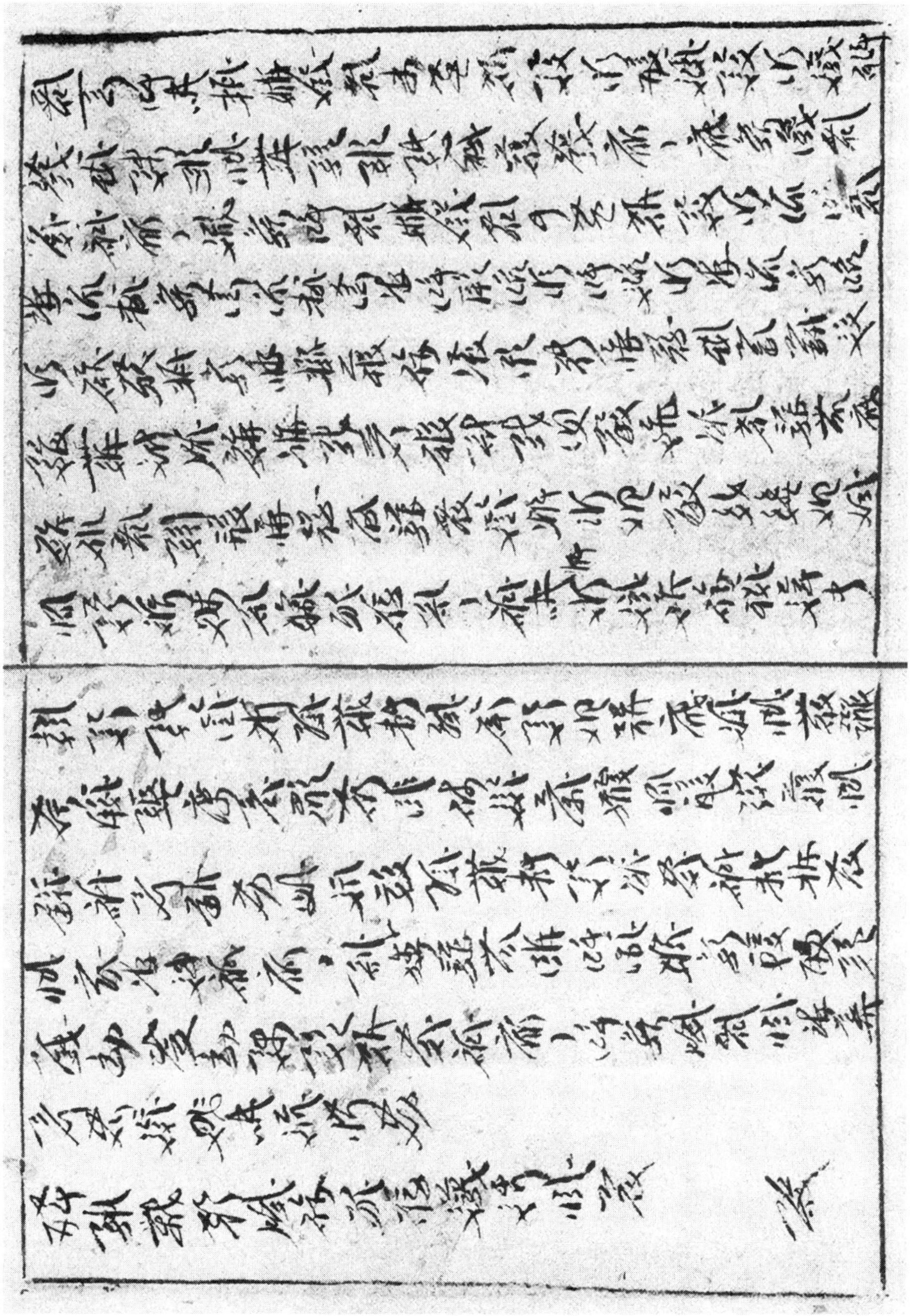

参考文献

包世轩:《辽〈大安山莲花峪延福寺观音堂记〉碑疏证》,《北京文博》,
　　1997 年第 3 期;北京辽金城垣博物馆编《北京辽金文物研究》,北京
　　燕山出版社,2005。

程嘉静、杨富学:《辽朝佛教在西夏境内的流播与影响》,《西夏学》2021
　　年第 1 期。

陈晓敏:《北京地区现存辽金佛教遗迹考》,景爱主编《地域性辽金史研
　　究》(第一辑),中国社会科学出版社,2014。

陈玮:《辽代汉文石刻所见辽夏关系考》,《北方文物》2012 年第 4 期。

陈燕珠:《房山石经中通理大师刻经之研究》,台北:学苑出版社,1993。

戴庆厦等:《藏缅语十五种》,北京燕山出版社,1991。

戴庆夏、朱艳华:《藏缅语、汉语选择疑问句比较研究》,《语言研究》
　　2010 年第 4 期。

丁福保编纂《佛学大辞典》,文物出版社,1984。

董群:《论华严禅在佛学和理学之间的中介作用》,《中国哲学史》2000 年
　　第 2 期。

董群:《延寿对宗密禅教融合论思想的继承和发展》,宗教文化出版
　　社,2005。

俄罗斯科学院东方研究所圣彼得堡分所、中国社会科学院民族研究所、上
　　海古籍出版社编：《俄藏黑水城文献》（第 5 册），上海古籍出版
　　社，1998。

俄罗斯科学院东方研究所圣彼得堡分所、中国社会科学院民族研究所、上
　　海古籍出版社编《俄藏黑水城文献》（第 7 册），上海古籍出版
　　社，1997。

俄罗斯科学院东方研究所圣彼得堡分所、中国社会科学院民族研究所、上
　　海古籍出版社编《俄藏黑水城文献》（第 10 册），上海古籍出版
　　社，1999。

俄罗斯科学院东方研究所圣彼得堡分所、中国社会科学院民族研究所、上
　　海古籍出版社编《俄藏黑水城文献》（第 26 册），上海古籍出版
　　社，2017。

冯国栋、李辉：《〈俄藏黑水城文献〉中通理大师著作考》，《文献》2011
　　年第 3 期。

龚煌城：《西夏语言文字研究论集》，民族出版社，2005。

郭延成：《"中道一心"抑或"一心中道"——论永明延寿的"一心"与
　　中道思想的关系》，《辽宁大学学报》（哲学社会科学版）2010 年第
　　5 期。

古松崇志著、姚义田译《从考古、石刻资料看契丹（辽）的佛教》，《辽金
　　历史与考古》（第一辑），辽宁教育出版社，2009。

古松崇志著、姚义田译《法均与燕山马鞍山的菩萨戒坛——大乘菩萨戒在
　　契丹（辽）的流行》，《辽金历史与考古》（第三辑），辽宁教育出版
　　社，2011。

何剑明：《论佛教法眼禅宗的兴盛与南唐国的衰亡》，《学海》2004 年第
　　5 期。

黄成龙：《羌语动词的前缀》，《民族语文》1997 年第 2 期。

黄成龙：《蒲溪羌语研究》，民族出版社，2008。

黄春和：《辽代燕京禅宗传播史实考述》，首都博物馆编《首都博物馆丛刊》（第 13 辑），地质出版社，1999。

黄春和：《辽〈大安山莲花峪延福寺观音堂记〉通理实行补考》，北京辽金城垣博物馆编《北京辽金文物研究》，北京燕山出版社，2005。

惠宏、段玉泉编《西夏文献解题目录》，阳光出版社，2015。

克平著，顾荫宁译《唐古特语表示动作方向的范畴》，《语言研究》1984 年第 2 期。

克平著，段玉泉译《西夏语的动词》，《西夏研究》2011 年第 1 期。

李灿、侯浩然：《西夏遗僧一行慧觉生平、著述新探》，《西夏学》2010 年第 2 期。

李范文编著《夏汉字典》，中国社会科学出版社，1997。

李范文：《简明夏汉字典》，中国社会科学出版社，2012。

李范文：《西夏语比较研究》，宁夏人民出版社，2004。

李辉、冯国栋：《曹洞宗史上阙失的一环——以金朝石刻史料为中心的探讨》，《佛学研究》2008 年第 17 辑。

李辉：《金朝临济宗源流考》，《世界宗教研究》2011 年第 1 期。

李想：《唯心净土：唐宋时期净土思想评判的多元表述》，《世界宗教研究》2023 年第 9 期。

李想：《永明延寿的净土信仰及其唯心净土思想》，《世界宗教文化》2022 年第 4 期。

林向荣：《嘉戎语研究》，四川民族出版社，1993。

林英津：《孙子兵法西夏译本中所见动词词头的语法功能》，《中央研究院历史语言研究所集刊》，1987。

陆绍尊：《普米语方言研究》，民族出版社，2001。

马学良等：《藏缅语新论》，中央民族学院出版社，1994。

马学良主编《汉藏语概论》，民族出版社，2003。

马忠建：《西夏语语法若干问题之研究》，中国社会科学院研究生院博士学位论文，1987 年。

聂鸿音：《西夏文〈新集慈孝传〉释读》，《宁夏大学学报》（哲学社会科学版）1999 年第 2 期。

聂鸿音：《黑城所出〈续一切经音义〉残片考》，《北方文物》2001 年第 1 期。

聂鸿音：《西夏文〈新集慈孝传〉研究》，宁夏人民出版社，2009。

聂鸿音：《〈仁王经〉的西夏译本》，《民族研究》2010 年第 3 期。

聂鸿音：《西夏文献论稿》，上海古籍出版社，2012。

聂鸿音：《西夏语名物化后缀 sji^2 和 lew^2》，《语言研究》2013 年第 2 期。

聂鸿音、孙伯君：《西夏译华严宗著作研究》，宁夏人民出版社、中华书局，2018。

聂历山：《西夏语词汇与语法研究资料》，李范文主编《西夏研究》（第 6 辑），中国社会科学出版社，2007。

齐心、王玲：《辽燕京佛教及其相关文化考论》，《北京文物与考古》（第 2 辑），北京燕山出版社，1991。

彭瑞花：《论辽代菩萨戒的流行》，《宗教学研究》2018 年第 1 期。

彭向前：《西夏语中的对比连词 mjɨ1 djij2》，《西夏学》2016 年第 1 期。

彭向前：《党项西夏名物汇考》，甘肃文化出版社，2017。

任杰：《通理大师对房山刻经事业的重大贡献》，《法音》1988 年第 3 期。

山西省文物局、中国历史博物馆主编《应县木塔辽代秘藏》，文物出版社，1991。

史金波：《西夏佛教史略》，宁夏人民出版社，1988。

史金波、黄振华、聂鸿音：《类林研究》，宁夏人民出版社，1993。

史金波：《西夏文教程》，社会科学文献出版社，2013。

孙伯君：《契丹语词缀 ＊-gin/-ɣin 及其他》，《民族语文》2005 年 2 期。

孙伯君编《国外早期西夏学论集》（一、二），民族出版社，2005。

孙伯君：《简论西夏文"𗼲"＊djij$^{2.33}$ 的语法功能》，《西夏学》2010 年第

5 辑。

孙伯君：《西夏文〈修华严奥旨妄尽还源观〉考释》，《西夏学》（第六
　　辑）——首届西夏学国际论坛专号（下），2010 年。

孙伯君：《西夏文〈正行集〉考释》，《宁夏社会科学》2011 年第 1 期。

孙伯君：《鲜演大师〈华严经玄谈决择记〉的西夏文译本》，《西夏研究》
　　2013 年第 1 期。

孙伯君：《西夏文〈观弥勒菩萨上生兜率天经〉考释》，《西夏研究》2013
　　年第 6 期。

孙伯君：《西夏文献丛考》，上海古籍出版社，2015。

孙伯君：《西夏文献与"丝绸之路"文化传统》，《西南民族大学学报》
　　（人文社科版）2017 年第 8 期。

孙伯君：《元代白云宗西夏文资料汇释与研究》，中国社会科学出版
　　社，2022。

孙宏开：《羌语动词的趋向范畴》，《民族语文》1981 年第 1 期。

孙宏开：《羌语支属问题初探》，《民族语文研究文集》，青海人民出版
　　社，1982。

孙宏开：《从词汇比较看西夏语与藏缅语族羌语支的关系》，《民族语文》
　　1991 年第 2 期。

孙宏开：《论藏缅语语法结构类型的历史演变》，《民族语文》1992 年第
　　5 期。

孙宏开：《论藏缅语族中的羌语支语言》，戴庆夏主编《中国少数民族语言
　　文字研究》，民族出版社，2012。

索罗宁：《西夏佛教的"真心"思想》，杜建录主编《西夏学》第 5 辑，上
　　海古籍出版社，2010。

索罗宁：《白云释子〈三观九门初探〉》，杜建录主编《西夏学》第 8 辑，
　　上海古籍出版社，2011。

索罗宁：《禅宗在辽与西夏：以黑水城出土〈解行照心图〉和通理大师

〈究竟一乘圆明心义〉为例》，怡学主编《辽金佛教研究》，金城出版社，2012。

索罗宁：《西夏汉传佛教文献研究》，甘肃文化出版社，2022。

索夫洛诺夫著，孙颖新译《〈西夏语语法〉绪论》，杜建录主编《西夏学》（第 7 辑），上海古籍出版社，2011。

唐统天：《辽道宗对佛教发展的贡献》，《社会科学辑刊》1994 年第 4 期。

佟洵主编、孙勐编著《北京佛教石刻》，宗教文化出版社，2012。

王洪君：《著名中年语言学家自选集·王洪君卷》，上海教育出版社，2015。

王颂：《十一世纪中国北方广泛流行的华严禅典籍与人物》，《世界宗教文化》2018 年第 4 期。

魏道儒：《辽代佛教的基本情况和特点》，《佛学研究》2008 年第 17 辑。

魏道儒：《中国华严宗通史》，凤凰出版社，2008。

魏道儒：《华严学与禅学》，宗教文化出版社，2011。

魏道儒等著《中国汉传佛教》，魏道儒主编《世界佛教通史》，中国社会科学出版社，2015。

温金玉：《辽金时期燕京律宗一系考察》，《宗教学研究》2020 年第 2 期。

西田龙雄著，鲁忠慧译《概观西夏语语法的研究》，《宁夏社会科学》2010 年第 5 期。

西田龙雄：《西夏语の研究》第一卷（1964）、第二卷（1966 年），东京：座右室刊行会。

西田龙雄：《西夏文华严经》Ⅰ、Ⅱ、Ⅲ，京都：京都大学文学部，1975、1976、1977 年。

（法）向柏霖：《嘉戎语研究》，民族出版社，2008。

向柏霖：《西夏语的名词性谓语》，《民族语文》2008 年第 4 期。

向南编《辽代石刻文编》，河北教育出版社，1995。

向南、张国庆、李宇峰辑注《辽代石刻文续编》，辽宁人民出版社，2010。

邢福义：《汉语复句研究》，商务印书馆，2001。

杨复吉:《辽史拾遗补》卷四,商务印书馆,1936。

杨军、鞠贺:《辽朝佛教信徒"兼奉诸宗"考论》,《古代文明》2020年第4期。

杨文斌:《延寿、宗密"禅教合一"论的差异》,《安徽大学学报》(哲学社会科学版)2009年第2期。

袁志伟:《西夏华严禅思想与党项民族的文化个性——西夏文献〈解行照心图〉及〈洪州宗师教仪〉解读》,《青海民族研究》2017年第1期。

张国庆、陶莉:《辽代高僧"杖锡""挂锡"及相关问题探究——以石刻文字资料为中心》,《辽宁大学学报》(哲学社会科学版)2011年第6期。

张曼涛主编《现代佛教学术丛刊》(23、64),台北:大乘文化出版社,1978、1979。

张珮琪:《西夏语的格助词》,杜建录主编《西夏学》(第5辑),上海古籍出版社,2010。

张珮琪:《西夏语的副词子句》,《西夏学》2018年第2期。

张珮琪:《西夏语的复合谓语结构析探》,《西夏学》2021年第2期。

赵洋:《辽代通理禅师佛性思想及其与〈楞严经〉关系考辨》,《佛学研究》2020年第1期。

赵振华:《元朝白马寺释源宗主塔铭考》,《考古与文物》1999年第3期。

竺沙雅章、申军:《关于黑水城出土的辽代刻本》,国家图书馆善本特藏部编《文津学志》(第二辑),北京图书馆出版社,2007。

朱子方:《辽代佛教的宗派、学僧及其著述》,《辽金契丹女真史研究》1986年第1期。

Morisse, M. G. *Contribution préliminaire à l'étude de l'écriture et de la langue Si-hia* ", *Mémoires présentés par divers savants à l'Académie des Inscriptions et Belles-Lettres*, 1re Série, tome XI, i_^{e} partie (1904).

Solonin, K. J. , *The Teaching of Daoshen in Tangut Translation: The Mirror of Mind*, F. Girard, I. Hamar, R. Gimello eds. , *Huayan Buddhism in East Asia:*

Origins and Adaptation of a Visual Culture （Wiesbaden：Harrasowitz Verlag，2012）．

Горбачева，З. И. и Е. И. Кычанов. *Тангутские рукописи и ксилографы.* Москва：Издательство восточной литературы，1963，стр. 119.

Кепинг，К. Б. *Сунь чзы втангутском перевобе.* Москва：Издательство «Наука»，1979.

——*Тангутский язык：Морфология.* Москва：Издательство«Наука»，1985.

Софронов，М. В. *Грамматика тангутского языка.* Москва：Издательство «Наука»，1968.

后　记

　　这几年的时间似乎被按了加速键，转眼博士毕业已一年有余。此书在博士论文基础上修改而成，现得以出版，幸得诸多贵人相助。感谢我的博导孙伯君研究员全程悉心指导。2019 年我考入中国社会科学院大学（研究生院）攻读博士学位，承蒙聂鸿音先生和孙老师不弃，忝列师门。开学后孙老师赠予的第一本书是《西夏译华严宗著作研究》，恰巧一年后确定的博士论文材料也是一部华严禅著作，其原始文献图版已于 2017 年刊布，但学界鲜有提及。

　　2020 年 5 月我开始了文献的四行对译工作。博士论文开题时聂先生强调了研究西夏语的方法和角度，之后处理越来越多的语料时我才恍然明白，这是不断面临的选择题。2021 年初到法国联培，外方导师马颂仁教授（Pierre Marsone）对我初步整理的全文译释和通理大师考一节的内容，尤其关于原文中典故的出处方面提出了启发性的建议。BULAC 图书馆和塞纳河边的 Bnf 见证了我在法期间博士论文的写作。最常去的是 Bnf 的地下一层，下楼途中肃穆而隐秘的氛围容易让人产生从事机密工作的错觉。在那里我参照汉文本将《究竟一乘圆明心义》的西夏文本做了四行对译，借以理解《性海圆明镜知足》的内容并辅助汉译。在对勘时注意到西夏语"𗒘"总出现在某个句式中，便搜集相关例句，同时请教了当年到 EPHE

任教的向柏霖教授。BULAC 图书馆里自习的学生比较多，时常满座，并列类复句的内容基本是在那里完成的。在 2021 年下半年的师门"拍砖会"上汇报了这部分后，孙老师建议我先写成小论文，并将原本计划的西夏语并列类复句专题研究扩展至西夏语复句的专题研究。2022 年初航班大面积熔断，我在出发前三天才确定航班紧急回国。回国后半年几乎不得外出，除了写博士论文只能看小院的花开了又落，想来也是一段特别的时光。

博士论文答辩时，魏道儒先生对论文中涉及佛教的内容进行了非常精要的指导，提升了我对文义的理解。聂鸿音、段玉泉、张铁山、乌云高娃和尹蔚彬诸位答辩专家分别从文献、语言和历史等方面提出了宝贵的意见。会上孙颖新老师帮助识别了几处草书。谨此致谢！

感谢中国社会科学院大学的李思琬老师和社会科学文献出版社的李建廷老师为本书出版所付出的辛劳。感谢索罗宁教授对本书初稿提出的修改意见。书中难免有错误和疏漏之处，概由本人负责。

2024 年 3 月于魏公村

图书在版编目（CIP）数据

　西夏文《性海圆明镜知足》研究 / 吴宇著. -- 北京：
社会科学文献出版社，2025.6. --（中国社会科学院大
学文库）. -- ISBN 978-7-5228-4154-0

　Ⅰ. K877.94

　中国国家版本馆 CIP 数据核字第 20240SR294 号

中国社会科学院大学文库·优秀博士学位论文系列
西夏文《性海圆明镜知足》研究

著　　者 / 吴　宇

出 版 人 / 冀祥德
组稿编辑 / 李建廷
责任编辑 / 杨　雪
责任印制 / 岳　阳

出　　版 / 社会科学文献出版社·人文分社（010）59367215
　　　　　 地址：北京市北三环中路甲 29 号院华龙大厦　邮编：100029
　　　　　 网址：www.ssap.com.cn
发　　行 / 社会科学文献出版社（010）59367028
印　　装 / 三河市东方印刷有限公司

规　　格 / 开　本：787mm×1092mm　1/16
　　　　　 印　张：19.75　字　数：284 千字
版　　次 / 2025 年 6 月第 1 版　2025 年 6 月第 1 次印刷
书　　号 / ISBN 978-7-5228-4154-0
定　　价 / 128.00 元

读者服务电话：4008918866